/// 有毒污泥愛你好

作者 史韜柏、藍普頓
譯者 白舜羽、劉粹倫
編校 黃宇瑩
協力 劉美玉、彭誼芝、倪薇平、黃穎文、黃鈺婷
設計 方法原創 way2creative.com
總編輯 劉粹倫
發行人 劉子超
出版者 紅桌文化／左守創作有限公司
地址 10464臺北市中山區大直街117號5樓
電話 02-2532-4986
讀者信箱 undertablepress@gmail.com
經銷商 高寶書版集團
地址 11493臺北市內湖區洲子街88號3樓
電話 02-2799-2788
ISBN 978-986-87809-0-3
初版一刷 2011年12月
定價 新臺幣350元

／

臺灣印製

有毒污泥愛你好：寫給21世紀的黑心事件備忘錄
譯自：Toxic sludge is good for you : lies, damn lies, and the public relations industry
John Stauber, Sheldon Rampton著；
白舜羽，劉粹倫譯
－初版．－臺北市：紅桌文化，左守創作，2011.11
面；公分 ISBN 978-986-87809-0-3（平裝）1. 公共關係
541.84 00023501

TOXIC SLUDGE IS GOOD FOR YOU
By John Stauber and Sheldon Rampton, introduction by Mark Dowie

／
Printed in Taiwan

推薦

新聞低頭，權貴公關便抬頭

／林照真　交通大學傳播與科技系助理教授

每天早上，白宮的資深幕僚要決定：「今天我們希望媒體報導什麼？」可見當權者對駕馭媒體已是自信滿滿。這件事點破了民主發展的困境：新聞業受操縱而無法報導真相。據本書所論，問題癥結在於公關濫權。

公關業與新聞業的宗旨不同。新聞記者對大眾有告知、教育並啟蒙的任務，就是為了讓他們具備知識，瞭解狀況並參與公共事務。可是就公關業而言，給大眾洗腦以達到自己的目的才是首要考量。本書指出，新聞媒體的獨立性逐漸喪失，公關操控議題的能力日益強大；更因為公關技巧的濫用，討論公眾議題的目的與範圍也逐漸變化。

事實上，作者既未全盤否定公關，也未否定公關是民主社會中影響他人意見的正當做法，比如關說、草根運動、媒體宣傳，都在型塑公共決策過程中扮演要角。但是，有能力使用公關手法的人，往往不是市井小民。公關之所以危害民主，是因為大型公關公司接受企業和政府重金委託，大肆宣傳，操控輿論，左右世局。公關高手可以讓弊案纏身的客戶重建形象，也可以用危機管理技巧讓身處劣勢的客戶轉憂為喜。

公關技巧愈來愈險詐，運用範圍愈來愈廣。公關公司可藉宣傳活動把吸菸包裝成婦女解放的象徵，使女人沒有顧忌地購買香菸，還能使大眾相信核能安全可靠、污泥與重金屬中毒事件毫無關係。當今，美國兩大政黨更受企業金援，聘請公關公司替自己宣傳理念，跟販售汽車、時尚商品、藥品等廣告手法如出一轍，民眾難辨真假。

不僅如此，第一次波斯灣戰爭爆發前夕，為了使人民支持出兵，美國政府甚至請公關公司設計「賣點」。在一九九〇年的某場聽證會上，一名科威特女孩作證指出，她目睹伊拉克軍人走進醫院，把嬰兒從保溫箱拿出來丟在地上，讓他們在冷冰冰的地板上死掉。

這則新聞震驚了美國社會，也確立了美國攻打伊拉克的正當性。但是，媒體沒有察覺的是，作證的女孩其實是科威特貴族，她受公關公司指導作了偽證；後來，就連科威特政府的調查人員也表示這女孩所言為假。但無論如何，公關宣傳的目標已經達到，美國出兵已成事實。

不僅政府可以藉公關來推銷戰爭，企業也可以藉公關一手「漂綠」，一手擊潰環保人士。由〈打壓春天〉一章可見，公關公司如何利用種種技巧把客戶污染環境的行為合理化，而環保人士如何節節敗退，組織被滲透、挑撥、同化後還被敵人收編，忘記投入環保運動的初衷。

值得一提的是，本書指出，許多侵犯人權的政府花大錢在華府遊說，藉此美化國際形象、贏得外援。作者舉的第一個例子就是臺灣，可是並未細談臺灣政府如何向白宮遊說。這一點值得臺灣記者深入調查報導，讓讀者也能監督臺灣政府的公關活動。

從推銷商品到替政府化妝，種種公關手段之所以有效，一大原因就是公關業掌控了民主社會的支柱——新聞媒體。以前，很少人會把公關和新聞這兩種產業相提並論，可是近來轉行公關的新聞記者愈來愈多，兩種產業的依存關係才漸漸為人所知。媒體愈是依賴公關，對掌權者的監督能力愈是薄弱，民主政治就愈是衰微。

在臺灣，這方面尚缺乏系統性的研究，但已有若干跡象顯示公關對媒體的影響愈來愈大。大量公關人員曾經在媒體服務，善於製造可使媒體採納的新聞。我們期待新聞工作者更了解公關業的運作方式，並且努力報導真相、維繫新聞自主權，拒作公關的俘虜。本書中文版的問世，即是希望藉由西方經驗，揭示公關在新聞實務中的濫權現象，以尋求媒體和公民的因應之道。

這本書揭露了二十世紀的公關黑幕，是作者寫給所有民主社會的備忘錄，不論新聞記者或閱聽大眾，讀後都能有所省思。

序

高舉自由的火炬／

馬克．道威

乍看之下，這幅景象就像經濟大蕭條之前，一般常見的「婦女解放」造勢活動：在一九二九年紐約復活節大遊行上，一群名媛沿著第五大道昂首闊步，一路上大方地點菸吸菸。在大多數美國人的印象中，這還是第一次看到不是阻街女郎的女人在大庭廣眾下吸菸。

這場活動的幕後黑手是佛洛伊德的外甥柏納斯。他把這次遊行稱為「高舉自由火炬的大遊行」。柏納斯後來坦承，美國菸草公司總裁希爾給他一大筆錢來籌劃這次的活動。早在大眾得知幕後主使人是誰之前，活動的目標就已經達成——突破女性不可公然吸菸的禁忌。在短短幾個月內，就連最有教養的淑女也公然吞雲吐霧，美國菸草公司出品的「好彩香菸」更是銷售長紅。

公關業至今仍把這場活動譽為業界史上的「一大勝利」。有人認為，就是因為柏納斯這個妙招奏效，一個美國色彩強烈的嶄新產業就此崛起。

大多數的人都知道有公關這麼一回事。我們會自認聰明地說：「那一看就知道是公關搞出來的啊！」好像我們已看穿了那些天花亂墜的宣傳廣告，絕不會落入匿名公關專家的圈套。其實，除了以公關為業的人，很少人了解這一行的運作方式有多麼微妙，更少人察覺到自己有多麼常被洗腦。也沒什麼人知道我們所看到的「新聞」和資訊，有多少出自公關業者之手。公關業界有句不成文的口號：「最好的公關是看不見的。」

本書旁徵博引，揭發這可悲的真相：當今公關專家介入公共傳播之深，前所未見。公關人不再只是給懶惰的記者編輯寫寫備忘錄、準備預錄新聞（VNRs）和包裝好的文稿而已。公關人所為，也不僅僅是像劇場公關索冷堡對自己選擇的這門行業下的註腳：「在曇花一現的產業……替人搭起通往成功的橋梁」，當然這現在也公認是公關職務的一部份了；然而涉及公共事務時，公關業的運作手法已演變得相當複雜，必得像史鞱柏和藍普頓在書中這樣抽絲剝繭，我們才得以略窺一二。

公關這個產業本身已變成傳播的媒介，意圖扭轉大眾的觀感，重塑現實，製造輿論。這產業由一群組織精密的同行所經營，只有圈內人才看得懂彼此玩的是什麼把戲。資深公關人讀讀國內各大報頭版、看看電視新聞片段，就能認出是哪個同行把某則報導置入、處理或竄改的，甚至知道是哪位業界高層安排這則報導、策劃如何扭曲內容、或執筆文中CEO的引言。但是，你我有辦法看清嗎？難不成我們以為有哪個頑強的記者，會憑著專業與決心，客觀地扮演「眾人的耳目」，下功夫研究時事、加以調查，又把結果盡可能精確地報導出來？

身為記者，這本書於我別具意義。不只是因為我三天兩頭就會跟那些「通訊主任」、「公共資訊專員」、「社區關係聯絡人」通電話。更是因為，美國公關業的男男女女目前有三分之一都是記者出身，當記者時就學會如何調查人物和機構，如何處理新聞，如何寫出動人又詳實的報導。奇怪的是，許多人雖轉入公關這一行，做的卻仍是記者的工作。有研究媒體的學者指出，約有四成的「新聞」都源自公關辦公室，媒體幾乎原封不動地報導出來。所以某位公關高層才會得意地說：「上乘的公關到頭來跟新聞沒兩樣。」

同樣令人憂心的是，美國有十三萬名記者，卻有十五萬名公關從業人士。加上媒體新聞編輯部一直縮編，兩者的人數差距愈拉愈大。美國甚至有些頂尖的新聞學院，把超過半數的畢業生直接送進公關產業。像我這樣的老派記者都覺得，這麼做簡直是背叛了新聞專業。因為我們在課堂上是教學生如何與公關人周旋，他若是要你照他的意思報導他的客戶，你可以如何兜過這個障礙通往真相。

媒體愈來愈依賴公關所提供的內容，而且公關高層的權力也變得異常地大。就算是敢衝敢撞的記者，遇見公關大老也得恭敬三分。跑全國新聞的記者知道，全國最常被引用的消息來源有三分之一都是偉達和博雅提供的，誰也擔不起得罪這兩家公關公司總裁的後果。

／／／

大家通常會把公關和廣告業劃上等號。確實，紐約麥迪遜大道上，如威智湯遜、揚雅等廣告商，幾乎都有附屬或合作的大型公關公司。但是公關公司的業務往往更隱密而陰險，不僅是設計動人心弦的口號和影像而已，現代的公關暨廣告大企業所掌管的專案，可以靈活地融合「付費媒體」（廣告）和「免費媒體」（公關），策劃廣及全球的宣傳活動。再加上大多數公關公司的標準服務，包括危機管理、商情刺探、有計畫地審查並滲透公民或政治團體，公關公司就把持這麼一整套強大的勸說技術，供大企業和任何付得起服務費的人採用。你若打開報紙看到頭版有奇異電子的廣告，你很清楚這是宣傳。可是你恐怕想不到：頭版另有一則關於奇異電子的新聞，很可能也是幫奇異做廣告的公關公司所安插的；這家公司說不定還派了密探潛入抗議奇異危害環境的社運團體，破壞他們的活動。新聞的獨立精神，早已受廣告業的影響而退讓，如今更為了與自己互依互存的廣告和公關而折腰。

這種結合廣告、公關的龐大宣傳機制，企業界用「整合行銷傳播」一詞稱之。它的影響非常深遠。現代的廣告手法長於運用心理學閾下刺激理論*、製作操控消費者潛意識的影像，已使得汽車、漱口水、香菸等商品暢銷。而今天，舉凡理念、政策、意識形態、候選人、獨裁者、有害產品，我們也不假思索地用類似的手法加以推銷或保護。宣傳，本來是演講撰稿人、社論主筆、演說家可敬的專長。如今宣傳不訴諸清醒的頭腦，而是直攻大眾的潛意識，這對於文化、民主、公共健康的危害令人不堪設想。

正如兩位作者逐章所闡明的，公關專家若有操控媒體的管道、粗通大眾心理學、持大把鈔票，就能在這社會隻手翻天覆地，化輸家為常勝軍——不管是產品、政客、企業還是觀念，都難不倒他。公關業貪財趨利，把過多的權力和影響力給了不需要的人，又慣於瞞著公眾行事。鑑於此，社會所賦予這產業的權力真是大得驚人。

譯註* 閾下刺激理論指刺激強度足以喚起感覺，卻難察覺刺激的存在，業者藉此讓消費者在不知不覺中被洗腦。有個著名的例子：某電影院在放映電影時，以高速穿插「吃爆米花」和「喝可樂」的字句，此舉刺激了爆米花與可樂的銷量。

在民主社會中，閱聽人務必了解資訊出自何處、如何傳播；尤其有人企圖欺瞞時，更是不能掉以輕心。因此，公關如何運作，不可不知。本書據實分析公關業在幾件當代大事裡所扮演的角色，讀後使人更明是非。同時也解構現代公關業的成就，可知公關業如何把客觀的事實融入捏造的訊息，或改變大眾對某事的觀感，或扭轉某事本身的結果，因為在那樣的社會裡，事實不會見容於世，真理也不會盛行。

馬克・道威曾任著名獨立報導雜誌《瓊斯媽媽》*的發行人和編輯，獲頒十四項新聞報導大獎，包括空前的三次國家雜誌獎。

譯註*《瓊斯媽媽》(*Mother Jones*)是美國獨立新聞組織所出版的雜誌，採取自由主義的立場，深入調查報導政治、環境、人權、文化的最新消息。該雜誌獲獎無數，是美國同類刊物中普及率最高的。

目次

第一章 書還沒印出來就燒了它

殺人等於是殺了一隻理性的動物，毀掉神的形象；毀掉一本好書則是摧毀理性，蒙蔽神的視野。

／彌爾頓《論出版自由》

在一九九〇年九月七日的內部備忘錄中，凱旋公關公司的資深副總裁葛莉森警告大家：「凡文件都是最高機密，就算只是寫給自己看的便條，也務必蓋上機密章……記得我們有碎紙機，文件請一併交由琳奈特銷毀。所有對話也請保密，在大廳、電梯、餐廳等地方講話，請多加留意！所有供應商都必須簽署保密條款。如果要傳真文件給客戶、分處或其他人，請先致電，告知對方有傳真。如果你知道有傳真要進來，你本人或專案負責人須等候在傳真機旁，直到文件進來為止。我們不想看到這些文件晾在一邊，任人自由取閱。」[1]

葛莉森是一九六九年畢業於西北大學新聞學院的高材生，[2]從上述記錄看來，她顯然深諳保密防諜的重要。萬一風聲走漏，導致凱旋公關這樁封殺新書的祕密計畫曝光，媒體一旦聞風而至，到時事情可就棘手了。

加州葡萄乾顧問委員就是這個事件的案主，也是凱旋公關的客戶。這個商會由加州葡萄乾業者共同成立，在一九八六年，藉由一系列以「加州熱舞葡萄乾小子」為主角的電視廣告異軍突起。這個以黏土動畫技術所創造的葡萄乾小子會唱又會跳，大受歡迎的程度，遠勝早先製作的電視廣告。凱旋公關必須代客戶回覆粉絲寫給葡萄乾小子的信件，應付媒體大眾熱切洽詢現場表演的電話。趁著這波熱潮，凱旋公關推出葡萄乾小子大型人偶，參加白宮復活節滾彩蛋比賽和聖誕樹點燈儀式、梅西百貨感恩節大遊行，還上哥倫比亞廣播電視公司（CBS）的節目，表演「黏土人過聖誕」！

一九八八年夏天，葡萄乾小子從紐約到洛杉磯，巡迴全國二十七座城市，沿途在飯店大廳、兒童醫院、安養中心、超級市場等地演出，許多城市的市長也出席同歡並授予市鑰。葡萄乾小子還拜訪歷史地標，手舞足蹈唱著當時的流行歌曲；又在慈善募款會場表演，向傳奇樂手雷·查爾斯及其黏土分身「雷葡萄乾小子」致敬。有超過三千人加入「加州葡萄乾小子粉絲俱樂部」，市場調查報告也發現，葡萄乾小子的人氣僅次於喜劇演員「天才老爹」比爾·寇斯比。[3]

當然，對加州葡萄乾顧問委員會而言，真正的利益來自葡萄乾的銷售。自從葡萄乾小子首次亮相以來，葡萄乾的銷售量足足上升了十七％。然而，在光鮮亮麗的成績背後，一場風暴正悄悄醞釀，葛莉森的祕密備忘錄就透露了凱旋公關的危機處理計畫。

這場危機的「禍源」是一位名叫史坦曼的科普作家。一九八五年，史坦曼任職《洛杉磯週刊》時，撰文報導聖塔莫尼卡灣區附近魚類遭有毒廢棄物污染。這事情不但發生在他家附近，他還驚訝地發現自己的血液中竟然含有超高濃度的DDT和多氯聯苯。史坦曼讀到的研究指出，這些化學物質跟癌症等其他疾病的高發病率相關。他不禁好奇地問：「我所吃的食物，究竟還有多少其他有毒物質？更奇怪的是，為何多年前早已知情的政府官員，竟然隱瞞了那麼久？」為了找出答案，史坦曼展開了長達五年的調查，並利用「資訊公開法」（又名「陽光法案」）取得隱晦不明的政府研究報告。根據這次調查，他寫了一本名為《有毒星球的飲食之道》的書，預計一九九〇年出版。

史坦曼的調查揭露：無論是葡萄乾、優格或牛肉等美國食品，都可以發現上百種有毒致癌物與其他污染物殘留的證據，其中大部份是殺蟲劑。例如書中有一例子是，他發現政府稽查員「在十六份葡萄乾的抽樣調查中，找到內含一百一十種工業化學物與殺蟲劑殘留」，因此建議大家只吃不使用農藥、有機栽培的葡萄乾。[4]《有毒星球的飲食之道》把這些資訊集結成冊，讓讀者有機會選擇安全的食物。不過，消費者總得先聽過這本書，才能夠運用書中資訊吧？一般新書宣傳，都是在出版後數週間，以媒體評論和作者訪談等行銷活動來打開知名度，而加州葡萄乾顧問委員會正是要抓緊機會、使盡全力，確保史坦曼的新書胎死腹中。

公關公司既然是規劃公關宣傳的專家，還有誰比他們更適合發起反宣傳，使記者對史坦曼及其新書視而不見？

限間諜親閱

上述葛莉森備忘錄的副本來源是凱旋公關的員工，這名檢舉人受良知驅使，冒著被開除的風險，決定揭發凱旋公關意圖隱瞞加州葡萄乾等食物中高含量的農藥可能危害人體的事實。

我們的消息來源指出：「當我在報告中讀到兒童罹癌率明顯上升，但大眾卻不知道為什麼，我真的非常沮喪。我堅信人有知的權利，因為那些『葡萄乾小子』有可能會傷害孩童。這個國家已經沒什麼審查制度了，有錢人說了算。」

根據一九九四年的《奧德懷公關公司名錄》，凱旋公關是全美第六大的公關公司，每年索取淨額超過五千萬美元的服務費。總部設於紐約，代表許多食品企業客戶，如都樂食品公司、溫蒂漢堡、馬鈴薯協會、奧斯卡邁耶食品、美樂啤酒、龜甲萬、亨氏企業、美國牛肉公會、加州杏仁委員會、加州葡萄乾顧問委員會。[5]凱旋公關除了為客戶撰寫新聞稿與舉辦記者會之外，更大力推銷一項在公關產業中日漸成熟的「危機管理」服務。根據《奧德懷公關服務報告》，凱旋公關極力吹捧其處理公共議題的經驗，諸如「精通處理有毒廢棄物、低放射性輻射廢料等問題；擅長經營超級基金污染場址的社區關係、舉辦農藥毒理學議題的科學研討會」，無所不包。[6]

葛莉森的公關專業是「食品行銷策略諮商」[7]，公司就是雇她來「處理」像史坦曼出書的這類危機。她的備忘錄規劃出「各領域職責分配」，諸如「情報蒐集」，由凱旋公關某員工和加州葡萄乾顧問委員會的歐博諾負責。早在《有毒星球的飲食之道》出版數月前，凱旋公關就設法「取得手稿和出版商的宣傳行程」。葛莉森並建議發言人「針對市場上對此議題最有興趣的書商或媒體進行一對一的簡報或訪談……我方正設法取得巡迴行程以『蓋過』史坦曼的曝光。最好在他出現之前，各位發言人就已經消毒完畢了」。[8]

為取得這項資訊，凱旋公關雇了暗樁加入這本書的行銷宣傳計畫，以便掌握史坦曼什麼時候上什麼節目。檢舉人指出：「凱旋公關內部有一張清單，列出哪些媒體會接到不具名電話，然後打電話給這些談話性節目，質疑史坦曼的新書。」清單上包括《紐約時報》特定記者、名嘴賴瑞金的談話節目、《華盛頓郵報》。凱旋公關安排的樁腳會致電抱怨節目只邀史坦曼，呈現一面之詞，有失公允；或直言抨擊史坦曼是個「荒唐可笑的極端份子，說的話毫不可信」。

不過，凱旋公關並非唯一一家暗中扯史坦曼後腿的公司，愛德曼公關公司的瑞妮也聯絡上美國熱門的晨間新聞談話節目《今日秀》，提供反史坦曼新書的佐證，並設法讓「美國飲食協會會長」上節目反駁史坦曼的論點。顯然，她的反宣傳策略奏效了，《今日秀》雖訪問了史坦曼，但訪談片段從未播出。[9]

政府也來參一腳！

葛莉森的備忘錄同時推薦了「外部親善大使」的人選來加入此次反宣傳，有共和黨加州州長威爾森和民主黨募款人柯艾妻。農藥產業關說團體和共和黨的深厚關係，更讓這次反史坦曼新書的祕密行動擴及白宮等美國政府機關。

惠蘭是著名的反環保人士。化工業砸下重金贊助的美國科學健康委員會就是由她主持的，該委員會也是凱旋公關的客戶。一九九〇年七月十二日，惠蘭寫信給當時的白宮幕僚長蘇努努，信中十分擔心史坦曼等人「善於恐嚇消費者，已危害美國的生活水準，長此以往恐威脅國家安全」。這封信被轉呈給食品藥物管理局、農業部、美國衛生暨公共服務部、環保署、衛生署，惠蘭也聯絡「親密戰友」前任衛生局長庫柏博士[10]，促其加入反史坦曼的戰局。庫柏在一份廣為流傳的公開信中把史坦曼的新書貶為「垃圾」。[11]

一九九〇年九月，史坦曼新書發行前夕，美國農業部透過農業推廣服務處發起反新書宣傳活動，由四位政府雇員霍爾、普莉、賈曼史奎爾、波莉領軍，運用聯邦挹注資金進行反宣傳。根據一份政府內部通知文件，農業部認為「經過相關各界跟媒體的溝通，已有效把民眾對本書議題的潛在顧慮降到最低」。全國食品加工業協會是食品和農藥業者所成立的商會，他們製作針對史坦曼新書的「機密分析」作為備忘錄附件。備忘錄也提醒收件者，此資訊「僅供內部使用，不得外傳媒體」。[12]

馬可斯博士當時擔任美國環保署的資深科學顧問，他以個人身分為《有毒星球的飲食之道》撰寫引言，此舉大大觸怒惠蘭。惠蘭要求白宮幕僚長蘇努努親自調查此事，並施壓要求刪除這段引言。馬可斯斷然拒絕，隨即遭環保署開除。[13] 如今，政策已修正，明言禁止官員為書寫序。

幫你決定該吞些什麼

你每天都會吃東西，或者，你現在就正在吃。

民以食為天，吃是基本的權利，吃得健康更是理所當然。知也是我們的權利，即使邊吃邊讀也行。因此，我們理當有權知道自己吞下肚的東西是從哪兒來的，即使是凱旋公關或白宮，也不能剝奪我們吃與知的機會。

你絕對不會投票給會限制你瞭解食物來源的政府官員，你也不可能投票給凱旋公關；更別說，除非必要，你根本不會知道有這家公關公司。你一定沒有授權這些人來干涉你的生活，或反過來說，他們從沒徵求過你的意見。畢竟凱旋公關又不是為你工作，加州葡萄乾顧問委員會才是他們的金主。

在民主政治中，最讓人珍視的價值莫過於言論自由的「百家爭鳴、百花齊放」。

失去了言論自由，所有其他自由都無法立足。民主社會中，想法不管多荒謬、多討厭，都有發表的自由，進一步引起注意或被接納。只要打開電視，俯拾皆是荒謬、討厭的言論：在週日的公共事務節目中，你可以看到共和黨員、民主黨員、最愛美國的共和黨員、愛自己敵人的民主黨員在電視上大放厥詞；在《時事縱橫》或《歐普拉秀》的節目上，你可以看到自稱狼人、聖母崇拜者、末日預言家等美國社會中某些極端份子在高談闊論。

不幸的是，看不到的才要命。

《有毒星球的飲食之道》一書對於健康、環境、食物安全等公共議題提出發人省思、不容忽略的呼籲，卻淪為公關反宣傳的受害者，還沒受到公共意見的檢驗就被消音。但這還不是個案，以下還有幾個例子：

一九九二年，羅彬斯推出作品《願人人得溫飽》，提倡吃全素。他也遭摩根麥爾斯公關公司的反宣傳活動盯上。這次反宣傳活動背後的金主是全球最大的牛奶推廣團體「美國乳品委員會」。摩根麥爾斯是全國排名第四十二的公關公司，總部位於威斯康辛州傑弗遜市。旗下有六十名員工，一九九三年的服務費淨額為三千七百萬美元，在其代表農產業的專業領域中全美排名前五。其客戶包括幾近壟斷全美乳酪買賣的卡夫食品、製造牲畜用抗生素大廠亞普強製藥、「草脫淨」的製造商山德士，他們生產的這種除草劑是已污染上千水井的致癌物。[14]

如同凱旋公關的反宣傳，摩根麥爾斯扮演藏鏡人，暗中破壞羅彬斯的新書宣傳，以掩其光芒，減少讀者。摩根麥爾斯一九九二年九月十七日的備忘錄中，表示「摩根麥爾斯正密切監控羅彬斯的媒體巡迴行程」，藉此削弱他呼籲讀者少買乳製品的影響力。這份備忘錄在重要乳品業的聯絡人之間廣為流傳，內含羅彬斯的巡迴計畫並提供戰略警告：「切勿發佈新聞稿或聲明，這只會讓他的訊息引起注意……理想的做法是，所有回應均來自與乳品業無關的第三方。」[15]

一九八一年九月二十二日，《華盛頓郵報》的報導指出：「杜邦公司的公關用一通電話就讓月讀俱樂部斷了一本書的財源，只因為該書描述杜邦家族與企業不光彩的歷史。」—《杜邦：尼龍幕後祕辛》的作者柯比席格深

世風日下

by 湯姆明天

該重新檢視新聞是怎麼來的……**第一步：**某家公司做了非法或不道德的事，給人抓包，便找公關公司來滅火……
我們把污泥倒進自來水系統，民眾很不滿。
交給我們處理！以後他們會感激你還來不及！
第二步：公關公司用種種下流陰險的手段操縱輿論，例如，偷偷地把社論安插到全國報紙裡。
SEPTEMBER 27, 1992
有毒污泥有何不好？
by Joe Pundit
又例如，散播精心設計的預錄新聞，手頭短絀的地方新聞媒體也沒剪輯就播出……讓企業宣傳看起來像客觀報導。
看吧！有毒污泥其實有益身體健康！
第三步：就這樣大作假新聞，操縱媒體，就可以左右輿論了……公關公司深諳此道：謊話多重複幾次就變成真話了。
我們之前怎麼會那麼擔心污泥有毒？
真的～我們之前怎麼那麼傻！
©T.M. TOMORROW

入挖掘，毫不留情地批判杜邦家族的私德和商場行徑。初稿流入杜邦家族的手上之後，他們便指派公關代表布朗致電月讀俱樂部編輯，表示某些杜邦家族成員認為該書內容「低劣下流」，「不排除採取法律行動」。

月讀俱樂部當時已經跟普倫提斯霍爾出版社簽約，打算把這本書列為十一月的商業類精選好書。但在布朗來電幾天後，俱樂部便要求出版社取消出書計畫。出版社顯然也畏懼訴訟，不但毀約，連違約金都不要，甚至把印刷數從一萬五千本降到一萬本、廣告預算從一萬五千美金砍到五千五百美金。儘管該書受到各大媒體的好評，如《洛杉磯時報》書評就稱讚該書「可讀性極高……也極為重要」，也無法扭轉劣勢。普倫提斯霍爾出版社主管葛倫奎則下令該書編輯卡文不得向作者透露此事。事發三個月後，卡文終究在良知驅使下違命，告知作者杜邦施壓一事。卡文隨後以「不具生產力」為由遭解職。[16]

公關公司也對社運人士瑞夫金的書《超越牛肉》進行反宣傳。《超越牛肉》一書呼籲大眾基於倫理、健康與環保因素停止食用牛肉。這樣的訊息自然會被美國牛肉公會與乳品委員會大力抵制。美國牛肉公會和乳品委員會正好分別是凱旋公關與摩根麥爾斯的客戶。瑞夫金的敵人雇用商業間諜假冒志工滲透瑞夫金的辦公室，這個間諜名叫維特馬克，暱稱巴德，本書將在第五章詳述他滲透其他組織的行徑。這次他取得瑞夫金的巡迴宣傳行程，隨後就群魔亂舞，天下大亂。[17]

在《向環保宣戰》一書中，作者海菲格記載：「根據杜頓出版社公關穆琳的說法，一九九二年春天，瑞夫金的全國新書宣傳巡迴，礙於鬧場不斷而不得不取消。

安排瑞夫金上節目的廣播與電視製作人，不停接到自稱穆琳本人打去的電話，要求取消或破壞瑞夫金的計畫。最後，穆琳只好跟製作人用密語溝通。舊金山當地的廣播製作人愛賓德幾週前桌上就擺著《超越牛肉》，但是第一次打電話聯絡穆琳，不出個把鐘頭，竟然就接到憤怒的騷擾電話，並收到一個譴責瑞夫金的匿名包裹。讓人不禁懷疑杜頓出版社的紐約辦公室可能已遭竊聽。」[18]

讓世界遠離民主、永保安康

公關產業二十世紀以前根本還未誕生，如今卻已穩定發展，將來勢必會突飛猛進。沒有人確知美國每年究竟花多少錢處理公共關係，不過少說也有一百億美元。「打知名度」曾是節慶小販或騙子口中的「工作」，他們抽便宜的雪茄，穿廉價的西裝。今天的公關業者來自資深記者、退休政客與熱衷躋身企業名流的大學畢業生，穿梭在企業執行長、參議員與總統之間，運用心理學、民調、複雜的電腦資料庫，掌控鉅細靡遺的資料，得以指出個別城市社區中不同的消費心理。新聞從業人員以往藉發佈新聞稿、製造噱頭、炒作議題來吸引客戶；在今天的電子時代，公關產業要吸引客戶，則使用0800免付費電話、電話行銷、先進的資料庫、電子佈告欄、多點同步傳真、預錄新聞。預錄新聞指的是一則新聞從頭到尾由公關公司撰寫腳本、拍攝、製作，最後由衛星傳送到世界各地數百個電視臺，其設計用意在模仿真正的新聞，通常以「故事單元」的形式在電視新聞上播放，既不透露消息來源，也不警告觀眾這其實是設計過的付費廣告。葛雷公關公司的資深副總裁表示：

「事實上，你在電視上看到的，大多是公關公司的罐裝產品；報紙或電視上的新聞，大多也不是新聞。」[19]

也有不少公關產業發起的「草根公民活動」在華府、各州和地方政府進行遊說，這些團體並非真的民間組織，而是因應企業利益而成立、由企業資助的假貨。比方說，全球最大的公關公司博雅公關為服務菸草業的客戶菲利普莫里斯，創辦「全國吸菸者聯盟」，以便發動癮君子進行「吸菸者人權」的民間遊說活動。騙術高超的公關使人憤世嫉俗，有時甚至會使信仰幻滅。《花花公子》和《閣樓雜誌》為對抗檢察總長密斯的「色情調查委員會」，抵制委員會認為「反對該委員會者，動機不是出於經濟私益，就是支持色情」的指控[20]，請葛雷公關創立了一個名為「美國憲政自由陣線」的團體。另外，為了擊潰環保人士，公關公司也創造了聽起來很環保的遊說團體，比方說「全球氣候聯盟」或是「英屬哥倫比亞森林聯盟」以擾亂視聽。

公關公司在為這些行為辯護時，總宣稱他們單純只是在參與民主程序，並為公共論辯貢獻一己之力。但實際上，這個產業謹慎地將大部份活動隔絕於大眾的視野之外，「隱晦、低調」分明就是操弄公眾意見和政府政策的策略之一。另一個公關公司同業說：「說服就定義來說本來就必須要是隱微的，最好的公關看起來就是新聞本身，你永遠不會知道這只不過是公關策略，你只會發現你的觀點漸漸改變。」[21]

今天的公關業和民主的關係就類似嫖妓與性的關係一般——若是基於愛情而你情我願，雙方都可以享受到人際交流最美的部份；然而，如果是出於買賣關係，整件事就得遮遮掩掩，變得下流不堪。公關業所使用的許多技巧本身都無可非議，比如說關說、草根動員、透過媒體向大眾呈現想法等。作為獨立個體，我們不但有權參與這些活動，也有責任參與這些型塑我們社會與生活的決策。一般公民有權為改變社會而組織結社，無論是為了更好的工作條件、健康照護、公平貿易、食物安全、免於毒害、社會正義、人道外交政策等等。但市井小民無法負擔公關公司所進行的天價宣傳活動，這些所費不貲的宣傳活動裡面隱藏了其客戶的特殊利益，而這些客戶往往是大型企業、商會，甚至還有政府。有錢能使鬼推磨，公關產業動員了私家偵探、律師、多方傳真、衛星傳送、複雜資訊系統等昂貴的高科技資源，這些在操作與效力上足以壓倒性地擊潰真正想要改革的公民。

向公關人回嘴

雖然公關產業是二十世紀的產物，左右意見的藝術卻是源遠流長，最早可以追溯到古希臘時代的雅典城邦，西方民主的發源地。亞里斯多德的《修辭學》仍可說是關於此主題最有洞見的作品之一，他主張修辭是一門藝術，而非由邏輯所主宰的科學。科學處理的是可測量、已知的事實，或是根據非真即假的命題所建立的證明規則。然而，在社會生活中，人們面對的往往是許多未知且不可知的情境，加上各團體的利益衝突，要斷言某命題是「真」是「假」幾乎不可能。科學的邏輯無法評估真實的程度，僅能以「也許」、「可能是」、「可能不是」等詞彙來表達陳述。因此，人們不再以理性邏輯去評估，而是用「修辭」（也就是溝通和說服的藝術）當成標準來判斷。

亞里斯多德也體認到修辭既能啟蒙、也能誤導，口若懸河的演講家可以將聽眾引向不智的選擇。為此，他主張廣泛教授並理解修辭學，社會中的智者才能有效反駁不智的修辭。社會利益唯有在大眾得以從諸多主張中做出選擇時，最能實現，同時，人們也應具備察覺詭辯的能力。

亞里斯多德的分析已有兩千三百年的歷史，但仍提供了解決我們這個公關年代裡民主問題的最佳方案。今天的公關業是個強大的巨人，但如同聖經裡的歌利亞，它也有致命傷：一旦大眾明白公關業操縱民意的手法，通常它就會失去誤導和操弄的能力。比方說在內華達州，阿爾塔米拉傳播的總裁威廉斯被稱為「內華達的政治王者的推手」，他在一九九二年曾試圖說服州政府讓當地作為核廢料的國家貯藏地點。然而當核能產業的公關活動遍佈於內華達州的報紙上，公共意見卻果斷地否決了這個計畫。[22]

美國革命先賢主張，自由的代價是時時戒慎恐懼。一位反英國統治的農夫寫道：「每個人都應善用其心智能力，思考並自我檢視，如此才有機會免於桎梏，也才有可能與其統治者相當，做出準確的判斷。」另一位革命先賢加茲登則認為，在「狡猾、虛偽、曲意奉承的人做出對你不利的事情」之前，就該快刀斬亂麻，因為這樣遠比事後補救容易得多。[23] 時至今日，民主的代價跟當時亞當斯、傑弗遜的時代並無二致，公關產業就是庇護了虛偽狡猾的人，我們必須奮力抵抗他們。

公關產業有點像一九三三年上映的電影《隱形人》中的主角，電影中，瑞恩斯飾演一個企圖統治世界的邪惡科學家，犯下搶劫、謀殺等種種罪行，再以隱形能力逃避追查。《隱形人》是早期的特效片，運用鋼絲及其他把戲，使煙灰缸、手槍、種種物品漂浮在半空中，就好像被隱形的手操縱一樣。

然而公關產業想操縱的不是煙灰缸和手槍，而是公眾意見和政府政策，但他們也只有在維持隱形的時候才辦得到。

我們希望這本書的文字像是一大罐鮮艷的螢光橘噴漆，往藏鏡人身上灑過去，逼他們現出原形，讓社會大眾瞭解到企業和政府如何以技巧成熟的的文宣廣告影響公眾意見、決定公共政策，同時又（希望自己）隱藏於公眾視野之外。

在民主社會中，所有人都必須知道誰是真正的老大，誰在做決定，這決定又照顧到誰的利益。民主只有在幕後藏鏡人消失之後，才會運作得最好。

第二章／強迫推銷的藝術和政治宣傳的科學

如果國家不是開放由人民治理，
而是被不知名的祕密政治力所左右，一定會變得更危險。

／**沙卡洛夫**（原子物理學家，人稱蘇聯氫彈之父）

一八三六年，馬戲團傳奇表演家兼經紀人巴納姆買下年老色衰的黑奴海瑟，就此展開演藝經紀生涯。他公開展示這名老婦，宣稱她是「華盛頓總統童年的保姆」。

海瑟自稱高齡一百六十，是真是假？巴納姆有句名言：「每分鐘都有傻瓜誕生。」他很狡猾，偽裝成各類讀者，接連投書給紐約報社編輯，使大眾對這保姆的身分半信半疑，急於一探究竟。他用各種分身投書，有的譴責巴納姆是騙子，有的誇讚他是做功德的大好人，因為他「讓大眾有機會親近喬治·華盛頓的奶媽」。這些投書引發話題，新聞報導和時事社論沸沸揚揚地談論起海瑟，糊里糊塗的大眾如羊群般湧入電視臺現場，想要親眼見證。只因紐約客爭相前往觀賞這抽煙斗的老黑嬷，巴納姆一個禮拜的門票收入，最多高達一千五百美金。

海瑟過世後，醫生的解剖結果估計，她的真實年齡只有八十上下。巴納姆公關手腕可真是了得，面對這窘境，還直呼「震驚！非常震驚！」又說沒想到這女人就這樣耍了他。[1]

巴納姆明白知名度對經營「天下第一」馬戲團影響重大，大家稱他惡棍也好，聖人也罷，都無妨，重要的是新聞報導寫對了他的名字、經常提到他。巴納姆可謂出於樂趣和利益來玩弄新聞的先驅。

一八三〇年代廉價小報興起，公認是現今「大眾傳播」的開端。如《紐約太陽報》一類的小報，以廉價吸引廣大讀者。由於流通量夠大，這些小報得以從廣告主而非讀者獲得主要的收益來源。如此一來，廣告主有更大的權力來操控新聞和社論的版面。廣告主付費，報社就提供「業務配額新聞版面」，行置入性行銷之實。這個雙方都矢口否認的陋習，今日仍時有所聞，在商業、食品、汽車的新聞版面尤其普遍。[2]

這種做法隨著時間變本加厲。根據詹姆士．梅爾文．李的《美國新聞史》，到了十九世紀末，恐怕「多付一點錢，就可以在版面上插入貌似新聞的廣告。這些廣告主付費的廣編特輯偶爾會標星號或箭號以示區別，但絕大多數都沒有標示，不會告訴讀者當中的買賣關係，或某則新聞並非屬實」。[3]

企業之所以用「廣編特輯」當「新聞」，就是想要抵消讀者本能中對於廣告的抗拒。如同現今，當時的讀者也認為廣告就是「洗腦」，而獨立記者所撰寫的報導較足以採信。

史上首批宣傳大隊

公關產業出現之前，常有收入菲薄的記者為了賺取外快，受企業雇用為「媒體經紀人」，對報社進行廣告和公關活動；客戶多來自馬戲團、百老匯、娛樂圈。這些記者逢迎諂媚、死纏爛打，當然也少不了祭出銀彈「打點」客戶的知名度。這群惡名昭彰的人是形色各異、老謀深算、不擇手段、遊走四方的詐騙集團，專為客戶偷拐搶騙，搖尾乞憐。[4]一九一一年，作家威爾．厄文形容他們是唯一一群「被罵是騙子，還引以為傲的人」。[5]

跟巴納姆一樣，早期的媒體經紀人善於為客戶打響知名度，而非建立「形象」或「名譽」。然而，鐵路公司、電力公司，或如標準石油等大企業也逐漸體認到一件事：輿論會影響公司的獲利能力。當時有記者建議紐約中央鐵路公司調整列車時刻以便利民眾，老闆范德比憤怒地回應：「便民個屁！」隨即引發眾怒，紐約州甚至立法強迫他賣掉所持有的公司股份。[6]

世紀之交，諸如格蘭奇農業反壟斷運動或社會黨、美鈔黨、人民黨、進步黨等團體發起的社會運動，直接挑戰大企業的權力。勞工運動同時醞釀滋長，激進份子煽動被剝削的農民「少種玉米，多生恨」。致力於揭露政府企業的惡行的新聞記者愈來愈多，老羅斯福總統稱之為扒糞者（muckrackers）。[7]新聞大亨赫斯特旗下報紙為文批評權貴人士，譴責企業的壟斷和濫權，撻伐銀行和信託等剝削公眾利益的「盜寇」。如范德比家族之流，這些人人喊打的強盜資本家，根本就對民眾不屑一顧，他們的行為舉止使得輿論轉而反對鐵路興建，也讓國會和各州在一九〇八到一九一三年間，通過超過兩千條法案，影響整個鐵路產業。[8]

艾維．李是首批提供建立企業形象服務的顧問之一。據公關產業史學者克利的研究，艾維．李首先為J.P.摩根旗下的國際收割機公司擺平了反托辣斯訴訟，隨後在一九〇六年受聘於賓州鐵路。賓州鐵路要他「不用客氣，盡量採取攻勢，在大眾面前表明我方立場」。[9]他的資歷使他成為鐵路鉅子哈里曼的代言人。一九一四年，他擔任小洛克斐勒的顧問。當時洛克斐勒家族經營壟斷性的標準石油公司，作風殘酷，聲名狼藉。後來老洛克斐勒隨身攜帶一袋硬幣，在公共場合發送給孩童，才改變了冷血邪惡的形象，據說就是採納了艾維．李的建議（雖然艾維．李的前合夥人T.J.羅斯認為這是誤傳）。[10]

艾維·李首創現今稱為「危機管理」的公關技巧：協助身處劣勢的客戶擺出優雅好看的一面。他任職鐵路公司時，鐵路公安事故頻傳。一開始公司總是隱瞞消息，不是用免費的鐵路通行證行賄官員，隱瞞事故報告，就是在報告上輕描淡寫生命財產的損失。曾擔任報社記者的艾維·李深知此舉會啟人疑竇、招來惡名，因此他反其道而行，提出「開放政策」——主動通報媒體。他任職賓州鐵路不久，便有事故發生，他不但未試圖隱瞞，反而邀請記者免費前往事故現場，更即時提供設備以利採訪。公司高層起初覺得他一定是瘋了，但不久就瞭解到「開放政策」遠比老方法容易贏得人心。[11]

艾維·李為了推廣他的「開放政策」，於是向全國各報社分送〈原則宣言〉。這份宣言至今仍可見於公共關係的教科書中：

> 我們不是祕密的媒體機構，所有工作都攤在陽光下，宗旨是提供新聞。我們不是廣告機構，你要是認為我們的資料比較適合送到業務部，可千萬別這麼做。我們講究資料精確，迅速提供所有議題更進一步的細節，所有需要直接求證的編輯，都能得到我們熱情的協助……一言以蔽之，我們的原則是用坦誠開放的態度，表達企業和公部門的考量，針對公認有價值、想要知道的話題，提供媒體和大眾即時而準確的資訊。[12]

根據克利的公關史研究，艾維·李的方法並不限於呈現企業活動中「最好看的一面」。他更以顧問自居，自行研究輿論，指導企業「建立自己的說法」、「讓大眾欣然接受」。他處理公關問題的萬靈藥就是「把家裡清理乾淨，然後告諸世人」。[13]

然而，克利坦言，艾維．李的「雙向」公關方法實行起來有很大的限制。因為他的客戶幹的都是大眾絕不可能「欣然接受」的勾當。事實上，艾維．李替洛克斐勒家族服務的第一份工作，就是要消弭「拉德洛大屠殺」所造成的臭名。在這個屠殺事件中，洛克斐勒家族無情地打擊工會，讓企業保安跟科羅拉多州政府軍用機關槍掃射礦工的罷工紮營處，造成多名婦孺死傷。艾維．李運用一系列的文宣讚揚洛克斐勒家族，稱這次事件為「迎向科羅拉多工業自由而奮鬥」。艾維．李的傳記作者希博說：「這些文宣表面上說得都對，但綜觀所有事實，多半錯誤而扭曲。」[14]

大混戰

逐漸崛起的公關產業隨第一次世界大戰蓬勃發展。艾維．李與其他公關業先鋒加入美國政府團隊，試圖動員輿論支持參戰。克里爾所領導的「公共資訊委員會」用海報、看板、廣告、展示品、手冊、報紙等來推銷「一場能結束所有戰爭的戰爭」，倡導「為了民主世界的安全而戰」。

托賓和畢德威合著的戰爭動員史《動員美國平民》一書寫道，公共資訊委員會所發起的「大規模戰爭文宣，成效之卓著，恐怕史無前例」。委員會「熱切地用文宣對大眾疲勞轟炸，內容要不是宣揚美國龐大的戰爭動員，就是陳述同盟國之邪惡，以凸顯協約國師出有名。此時沒有任何人提出質疑或發出異議，可能是各媒體的觀點逐漸形成共識，也可能是司法部的『勸說』奏效」。[15]公共資訊委員會招攬七萬五千名社會賢達擔任「四分鐘領導人」，在教堂、劇場和公民團體間傳達戰爭訊息。艾維・李的公關專案讓紅十字會的會員從四十八萬六千人暴增到兩千萬人，並在大戰結束前募集四億美金。該委員會也使用歷久彌新的手法：用精彩的故事把德國人比為野獸或匈奴，描繪德國人多麼殘暴，以助長民眾因戰爭而引發的恐慌心理。[16]

這場戰爭展示了政治宣傳的力量，也讓委員會成員博得公關菁英的名聲。他們戰後回到社會上服務企業，把戰時學到的公關技巧加以改良並應用，協助企業適應從戰時到平時的經濟轉型。

戰後幾年，艾維・李的公關公司再度為洛克斐勒家族辯護。這件案子發生在西維吉尼亞州，起因於洛克斐勒煤礦公司與礦工的戰爭。近四十萬名礦工為抗議工程安全措施不足、薪資微薄以及公司的種種惡行（比如用「公司券」代替薪水，迫使員工只能在公司所經營的黑店消費），逼不得已走上罷工一途。為鎮壓罷工，煤礦公司聘請荷槍實彈的平克頓私家偵探，美國總統哈汀也派遣聯邦部隊進駐，西維吉尼亞州州長宣佈戒嚴，貪污的洛根郡警長查芬，用煤礦公司的賄賂雇用工賊當「副警長」。戰況慘烈，至少七十名礦工死亡。

艾維・李的工作是替煤礦公司收拾殘局，挽回名聲。他出版名為《那盞礦工的燈》、《煤礦二三事》的新聞快報，吹捧煤礦公司的善行，並收錄「查芬警長的第一手報導」，報導中「揭露你所不瞭解的一面」，抨擊工會收取會費，並宣稱「公司所經營的商店幫礦工看緊荷包」。[17]

艾維．李儘管時有引人側目的行徑，但當時的企業仍爭相聘請他來改善形象。許多史家和公關同業都視他為「公關之父」，而若非退休前爆發醜聞、留下污點，他或許當之無愧，毫無疑義。一九三三年，希特勒掌權不久，他的公司就為德國法本化工集團服務，提供促進美德關係的諮詢，他因此被指控為納粹主義宣傳家。一九三四年七月紐約《鏡報》的頭條指艾維．李是「洛克斐勒的膀臂，納粹的幕後黑手」。同年十一月，正當他醜聞纏身，卻因腦癌而過世。《猶太前鋒報》的訃聞形容他是「納粹政府的代言人」。[18]

柏納斯和「共識工程學」

艾維．李因為和納粹掛勾而失勢，另一位公關先鋒柏納斯趁勢崛起，成為這領域的開山鼻祖之一。克利的公關史研究描述他「冰雪聰明，辯才無礙，堪稱公關業界最犀利風趣的人。最重要的是，一九一九年六月他在紐約開業時，這一行還在萌芽，是他開創了嶄新的公關理論」。柏納斯能有今天的名聲，大致可歸因於他持續地自我宣傳、建立「全美第一公關專家」的形象。在他活躍的那幾年，同業多半厭惡他那無止盡地自我吹捧。根據克利的說法：「柏納斯絕頂聰明，成就斐然。但若要用個老派的詞來形容他，他就是個目空一切的臭屁王。」[19]

柏納斯生於維也納，是精神分析之父佛洛伊德的外甥，他在公關領域的成就使得佛洛伊德的理論在美國得以普及。柏納斯率先在公關業運用心理學和社會科學的理論，策略性地誘使公眾相信宣傳活動。他主張：「我們瞭解了群眾心理的機制和誘因，就可以隨心所欲在他們不知不覺中加以控制、驅使。」[20]他將這種型塑民意的科學稱為「共識工程學」。[21]

柏納斯操弄民意的一大特長，就是間接使用「第三方權威」的意見來為客戶喉舌。他說：「只要你能影響意見領袖，無論他們是否有自覺，你自然可以影響到他們的支持者。」例如，為了替客戶促銷培根，他給內科醫師做問卷調查，結果顯示他們建議早餐應該吃得豐盛。他把調查結果分送給五千名內科醫師背書，同時以廣告強力宣傳，使大眾相信早餐吃「培根蛋」等同於吃了頓豐盛的早餐。[22]他的客戶包括美國總統柯立芝、寶僑、CBS、奇異電子、道奇汽車。他的貢獻並不止於這些位高權重的客戶，還把傳統媒體機構與心理學、社會學的技巧結合，開創公關的新境界，創造了筆者所謂「唬爛的科學」。[23]

公關史學者克利記載：「無論是誰，第一次碰到柏納斯，就會聽他談起他這位佛洛伊德舅舅。他跟佛洛伊德的關係，永遠是他思考和提供意見的前提。」作家厄文・羅斯說：「柏納斯喜歡自比成問題企業的精神分析師。」一九二〇年代早期，柏納斯便安排了一家美國出版社把佛洛伊德的《精神分析引論》譯成英文。除了推廣佛洛伊德的學說，柏納斯也利用兩人的關係，建立自己是思想家和理論家的名聲。特別是他出版了《塑造民意》、《宣傳》這幾本得意之作後，名聲更是屹立不搖。[24]

柏納斯把「公共關係諮詢」定義成「實踐社會科學家」的專業，「就像產業工程師、管理工程師、投資顧問，在各自領域中具有核心技能」。[25]公關專家為了協助客戶瞭解人類的行為，應用社會學、社會心理學、人類學、歷史學作為輔助。[26]

這個「公共關係」的全新定義，和早期媒體經紀或馬戲團掮客幹的勾當，簡直天差地別。柏納斯在最重要的著作《宣傳》裡主張，必得用科學方法操弄輿論，才能化解社會上的混亂和衝突。他說：「自覺而聰明地操弄群眾的習癖和意見，在民主社會中具有重要的功能。誰能操弄這個社會中看不見的機制，就等於組了隱形的政府，成為國家真正的統治力量……我們無時不被統治，我們的心智被影響、品味被型塑、思想被引發，而幕後主導的大多是我們素昧平生的人。然而，這也是組織民主社會的合理結果。社會要正常運作、人群要一起生活，大多數人就必須用這種方式互相合作……幾乎所有人的日常活動，舉凡政治、商業、社會行為、倫理思考等等，都被一小撮人所主宰……這些人對群眾心理和行為模式瞭若指掌。如操縱傀儡般遙控大眾心靈的人，就是他們。」[27]

相較於艾維．李「所有工作都攤在陽光下」的宣言，柏納斯對於公關這一行的真相、操弄的本質可說是直言不諱。他頌揚政治宣傳的優點，界定了公共關係的場域，但顯然不是很多人支持公關業。最高法院大法官法蘭克福在寫給小羅斯福總統的信中形容柏納斯和艾維．李是「毒害大眾心靈的專家，愚昧、狂熱、自私自利的剝削者」。[28]柏納斯說，在民主社會中「操弄群眾」再自然不過，而且有其必要。就這點而言，歷史也證明他錯得離譜：法西斯勢力在德國掌權，這件史實顯示政治宣傳是把雙面刃，即便可以「解決衝突」，卻也可以顛覆民主。

柏納斯的自傳記載了一場一九三三年在自宅的晚餐聚會，他回憶道：「赫斯特報社的外國特派記者維岡熟諳歐洲政治，前一陣子才從德國回來。他告訴我戈培爾*的事，談及戈培爾打算用政治宣傳計畫鞏固納粹政權。戈培爾還帶維岡參觀他的政宣資料室，維岡說，那裡有他看過最完整的蒐藏。戈培爾跟維岡說，他參考我的書《塑造民意》，設計出一套滅絕德國猶太人的宣傳計畫。我聽了深感震驚……顯然納粹德國攻擊猶太人，不僅僅是出於仇恨，而是蓄意、有計畫的滅種。」[29]

譯註* 戈培爾 (Joseph Goebbels) 是希特勒的親信，曾擔任納粹政權的政宣部部長(Reich Minister of Propaganda)。

第三章／代打菸民上場

我可以告訴你為什麼我喜歡投資菸草業：
這行一本萬利，香菸又容易上癮，最棒的是消費者還會忠於品牌。
／**股神巴菲特**（曾是雷諾菸草公司最大的股東）

公關產業頭一批主要客戶，當然少不了菸草業。二十世紀初，菸草公司運用公關心理行銷技巧，先吸引女人，然後引誘孩童上鉤。柏納斯、艾維・李、約翰・希爾都替菸草業做過公關，領先業界發展出至今仍廣泛使用的公關技巧，例如第三方倡議、潛意識訊息強化、偽科學、偽草根團體、辯護性廣告、用廣告預算購買新聞的置入性行銷等等。

第一次世界大戰前，吸菸的女人給人感覺粗俗無文，吸菸的男人扭扭捏捏。那時候男子漢要不抽雪茄，要不嚼菸草；男人吸菸的風尚是大戰期間才興起的。在咆哮的二〇年代，美國菸草公司委託公關專家開發市場處女地，準備把「好彩香菸」推銷給美國女性。美國菸草公司起初聘請廣告人拉斯可，用假的數據資料捏造問卷，把「好彩」塑造成「健康的香菸」，宣稱醫師都認為好彩香菸「較無刺激性」。拉斯可也請大都會歌劇院的名伶代言廣告，標榜「香菸溫和不刺激喉嚨」、「好彩──我的保嗓祕方」，表示吸菸對金嗓子的傷害微乎其微。[1]

生產雀斯菲爾德牌香菸的李麥菸草公司則找來柏納斯打擊對手美國菸草公司。柏納斯成立「香菸聲音文化協會」，目的是「替那些不斷代言香菸廣告、嗓子都啞了的歌手和演員找尋棲身之所」。這樣的反諷策略大為成功，逼得美國菸草公司總裁喬治華盛頓・希爾決定把柏納斯挖角來自己的陣營。柏納斯跳槽不久，卻發現美國菸草公司早在一年前就委託了艾維・李的公關公司。他問起此事，希爾只輕描淡寫地說：「我把你們兩個都請來，這麼一來，我的對手就兩個都請不到了啊！」[2]

柏納斯推出了一波宣傳，好使女人相信抽菸可以駐容養顏。宣傳口號是：「嘴饞了嗎？吃甜食不如來根好彩！」這波宣傳利用女人對身材的焦慮，讓好彩香菸的銷售量在一年內暴增三倍。值得一提的是，「維珍妮細菸」這個品牌還保留著「香菸讓人保持苗條」的訊息。[3]

但吸菸在「良家婦女」眼中仍是禁忌。柏納斯為使她們改觀，請益於心理分析師布里爾。布里爾提出經典的佛洛伊德式分析：

有些女人把香菸視為自由的象徵……吸菸是口腔情欲的昇華，嘴裡叼根菸可以刺激口腔部位，女人抽菸是再自然不過了。進一步說，一開始吸菸的女人恐怕是雄性激素過剩，才會做出這麼像男人的行為舉止。但如今婦女解放後，許多女人做著跟男人一樣的工作，反而壓抑了許多女性的欲望……香菸是男性的象徵，是自由的火炬。[4]

柏納斯聽了這席話，靈機一動，策劃了一場傳奇的公關活動，這場活動至今仍是公關課程的經典教材。他安排亮麗的社交名媛參加紐約著名的復活節遊行，手上揮舞著點燃的香菸，嘴裡喊著「香菸是自由的火炬」，把香菸當作婦女解放的象徵；他當然也讓這些名媛抽菸遊行的照片，在世界各地廣為流傳。[5]

從一次世界大戰到一九五〇年代，香菸廣告和宣傳幾十年來靠著看板、雜誌、電影、電視、廣播，不停地向大眾滲透。柏納斯等公關先驅替菸草業在全球建立了穩固而強勢的地位，把抽菸和性、青春、活力、自由的認同緊密連結。菸草業的戰果也為公關業贏得好評，以致今天公關業興盛，產值驚人。

真相總是傷人

一九五〇年代初期有一份科學研究報告，首先記載了菸草和癌症等致命疾病的關聯。一九五二年《讀者文摘》刊出一篇影響深遠的文章，標題為〈盒裝癌症〉。一九五三年，溫德博士的報告向科學界證實了吸菸和癌症脫不了關係。兩年後，類似的文章紛紛出現在《紐約時報》和各大雜誌，如《好家政》、《紐約客》、《看》、《家事好幫手》等，以致香菸銷售量急遽減少。[6]

菸草業一片驚慌。這場源於科學發現的公關風暴，被業界贊助的「菸草協會」在內部備忘錄稱為「一九五四緊急事件」。菸草業必須為商業利益做困獸之鬥，推出公關業史上歷時最久、成本最高、效果最好的危機管理宣傳活動。用內行話來說，這場宣傳旨在「推廣抽香菸、防備各方攻訐」，辦法是「不直接否認香菸有害健康，而是慫恿大眾去質疑這個指控；不鼓吹抽菸，而是主張人人有抽菸的權利」。[7]

這回，菸草業聘請公關業龍頭偉達公司的創辦人約翰．希爾來化解危機。希爾策劃了一場高明而昂貴的宣傳活動，他的手法至今仍被用來解救企業處理公眾的反感和政府的禁令。後人多認為，希爾雖精明狡獪，卻是個講道義的商人，他有封信寫道：「公共關係的工作不是要……愚弄美國大眾來替管理階層賺錢」。但一九五〇年代他出馬拯救菸草業，所作所為卻是愚民以牟利。到今天，偉達公關仍負刑責，必須出庭應訊。[8] 根據一九九三年「密西西比州控告菸草商卡特爾」的訴訟案所述，偉達公關的角色如下：

……為化解民眾疑慮，成立「菸商研究小組」，日後又稱「菸草研究會」。

菸商研究小組成立之初，即在四百種報紙上刊登全版廣告，估計可使四千三百萬美國民眾看到……廣告標題為〈寫給癮君子的肺腑之言〉……文中表示，菸商必須負起「特殊的社會責任」，保證會去了解吸菸和健康的關聯，並贊助獨立研究……也會跟公共衛生專員密切合作……

菸商研究小組刊登以上廣告，誘使民眾以為可以放心吸菸，接著依舊為菸草業喉舌，維護利益。雖在廣告裡開誠佈公，再三保證會充分揭露重要資訊，卻從未把照顧民眾的健康視為當務之急……實則聯合菸商，策劃宣傳，蓄意混淆視聽，誤導民眾忽視吸菸對健康的危害。菸草商及其公關，雖信誓旦旦要致力於守護民眾健康、資助獨立研究，卻由菸草同業公會出面駁斥科學界和醫界的研究報告，加以推翻，使其影響化為烏有。[9]

菸霧彈與照妖鏡

菸商研究小組為求公信，聘請曾任美國癌症控制協會（即美國癌症協會前身）的會長李德醫師主持研究計畫。[10]他向大眾保證，一旦研究發現吸菸會導致癌症的直接證據，「下一步就是要致力消除菸草的有害成份」。這話由這麼一位社會賢達的口中道出，聽起來很誠懇，似乎由衷關心民眾健康。民眾的反應也正如菸草業所預期，偉達公關的研究顯示，僅有九%的報紙發表不利菸商研究小組的評論，而竟有六成五毫無保留地表達支持。[11]

菸草業一定知道，科學家已漸漸掌握菸草的知識。菸商研究小組的附設圖書館裡，蒐藏來自兩千五百種醫學期刊、各類科學和醫學論文、剪報、政府報告等等。小組的員工從中挑出有關菸草是否危害健康的科學文獻，結論不明或不利於菸商的一律刪除，最後集結成一本十八頁，名為《香菸爭議的科學觀點》的小冊子，廣為發行。估計有醫師、國會議員、新聞媒體等超過二十萬人收到這本冊子。

一九五〇年代菸草公司倍增廣告預算；一九五三年的預算為七千六百萬美元，到一九五七年已增為一億兩千兩百萬美元。單單在一九五四年，菸商研究小組又額外支出九十四萬八千餘美元，其中有四分之一都進了偉達公關的口袋，其餘多為行政費用。菸商研究小組雖聲稱一定會資助獨立研究，投入科學研究的金額卻只有八萬美元，不到該年度總預算的十分之一。[12]

一九六三年，「菸商研究小組」更名為「菸草研究會」。除了這個打著科學旗幟的組織之外，偉達公關又在一九五八年協助成立獨立組織「菸草協會」，專事公關和遊說。到一九九〇年，菸草協會已經被《公共關係期刊》稱之為「史上最難對付的公關遊說機器」。菸草協會雇用一百二十名公關專家，每年花費兩千萬美元做宣傳，對抗美國公共衛生署長、國家癌症研究所、美國癌症協會、美國心臟協會、美國保肺協會所組成的聯合陣線。[13]

美國癌症協會認為菸草業的公關策略是拖延戰術，「用既有的統計數據和病理資料誤導民眾，讓人以為戒菸根本沒必要」。[14]一九九〇年代的醫學研究估計，美國五千萬吸菸人口中，每年有四十萬人因罹患吸菸相關疾病而過世；吸菸可能是美國半數吸菸者死亡的主因。[15]反菸團體積極遊說，一邊教育大眾吸菸之害，一邊要求政府嚴格立法，以防青少年吸菸成癮，並保障大眾拒吸二手菸的權利。儘管如此，菸草業依然獲利豐厚，甚至進軍亞洲、東歐和第三世界國家，開發尚未有相關法令規範的新市場。[16]在美國，反菸團體雖一再要求聯邦或地方政府嚴格立法、加徵稅率以防治菸害，但處處受到菸草業的公關老將掣肘，效果不彰。

死灰復燃，浴火重生

菸草業維持上風的一個方法，就是砸下重金，暗中協助成立空殼團體，像是博雅公關成立的「全國吸菸者聯盟」便有充裕的資金，幾百萬美元的支出全部由菲利普莫里斯菸草公司贊助。

全國吸菸者聯盟的宣傳手法高超，獨步業界，運用全版新聞廣告、電話直銷、有給職募款人、免付費電話、新聞報，每週吸引數以千計的吸菸者加入他們的行列。到了一九九五年，聯盟聲稱已有三百萬名會員。聯盟的目標，是讓癮君子同仇敵愾，發動公民地面部隊，好讓博雅公關加以調度動員，實現菲利普莫里斯的政治目標。菲利普莫里斯深知，要獲得政治勢力必須「展現兵力」，慫恿癮君子為菸草公司上戰場。吸菸者聯盟就這樣神不知鬼不覺地偽裝成草根團體，把吸菸受害者組織起來，保護菸草業的利益。

儘管說出來沒什麼人會相信，不過菸草業曾表明立場，要跟挺菸勢力撇清關係。一九九〇年，菸草協會的道森受美國《國會季刊》專訪時就表示：「如果我們資助挺菸團體，把他們弄到華盛頓來，不就落人口實，被當成菸草業的傀儡軍團嗎？」

不過，顯然危及存亡時，菸草業也顧不得遮遮掩掩了。一九九四年，《國家評論》的撰稿人史東觀察到吸菸者聯盟「長得愈來愈像博雅公關的分公司」，並提到博雅公關「從去年開始，就運用草根遊說單位『倡議溝通團隊』，在吸菸者聯盟廣徵會員」。不但博雅公關副總裁杭柏擔任該聯盟總裁兼執行長，博雅公關高層如利茲、沙林傑等也都積極參與；此外，知名民主黨黨員凱利在該聯盟裡也相當活躍，他所屬的布曼公關也是博雅公關旗下的公司。[17]

吸菸者聯盟的會員明明受吸菸之害，反倒出面捍衛吸菸的權利；這團體究竟有什麼法寶，把這些人動員起來？答案是，高科技直效行銷技術結合傳統動員，號召吸菸者「走上街頭」來凝結社群意識。就像其他團結的草根團體，吸菸者聯盟也編撰文字淺白而聳動的會訊《菸民之聲》，讓會員互通消息。根據一九九四年六月號《菸民之聲》，吸菸者聯盟付錢給數百名青年走路工，派他們在全國大城小鎮的酒吧、保齡球館尋找新會員。掌管入會事宜的席柏說：「芝加哥分部派了一百八十名青年上街宣傳，短短兩個月就募集超過四萬名會員。」

吸菸者聯盟所刊登的全版廣告上有免付費電話，許多人一開始就是撥打這支電話，聽了一番為自己伸張權利的話才入會的。只要打電話過去，就可獲贈三個月的《菸民之聲》、十張會員招募卡和可以貼在餐館商家牆上的標語紙，上面寫著：「我吸菸。我每個月在這家店花——美金。」如果會員說動十個人，使每人願付十美元入會，還可以獲贈一件吸菸者聯盟的免費T恤乙件。消息靈通的死忠會員還可以打電話去索取更多的會員招募卡和標語貼紙，或者獲得最新的遊行訊息，來「提醒」官員、政客，別忽視萬寶路菸民的需求。最近，吸菸者聯盟就以限時專送把會訊寄給無數的老菸槍，鼓吹他們去信美國職業安全衛生署抗議，以阻止通過「工作場合禁菸」的新法規。

博雅公關的文宣部隊甚至玩文字遊戲，質疑反菸團體的愛國情操，指他們是「什麼都反的美國人」。《菸民之聲》呼籲：「這群『什麼都反』的美國人推動工作場所禁菸，根本就是歧視吸菸的人，大家一定要站出來抗議！」「檢查看看你那一州的州法有沒有保障個人權利！」[18]

戰事吃緊，亟需後援

近年來，加州成了菸草戰爭的前線，也是菸草業節節敗退的地方。一九八八年，社運人士發起一個重大的反菸行動，菸商耗費兩千萬美元巨資設法阻撓，卻徒勞無功。此後，加州通過數百條地區禁菸條例，菸品消費減少了二十七％，是全美防治菸害最成功的一州。[19]

菲利普莫里斯委託加州的公關公司道芬集團進行反擊。道芬集團總裁史提森堡用菸商贊助的五十萬美元成立名為「加州人支持全州限菸組織」的偽草根團體。

吸菸者聯盟利用這個唬人的名稱混淆視聽，收集到夠多的連署，使加州在一九九四年十一月舉辦「一八八號提案」公投。道芬集團還用看板大肆宣傳：「贊成一八八號提案，支持更嚴格的全州限菸，你正確的選擇。」[20]

一八八號提案「表面上」主張限菸，但提案內容卻剛好相反：該提案主張放寬限菸法令，因此若該提案通過，就會削弱全加州工作場所禁菸令，和兩百七十個城市反菸條例的法律效力。[21]反菸團體指控道芬集團誤導民眾，使他們以為該提案旨在保護非吸菸者和青少年的權益，所以才連署公投請願書。可是當民眾得知「加州人支持全州限菸組織」的幕後金主是誰，就投票否決了提案。美國癌症協會宣告：「菸草業丟出兩千五百萬美元的菸霧彈，引誘加州民眾贊成一八八號提案。如今真相大白，選民說出了真實的心聲。」[22]

這次公投案，連半數的吸菸者都認為應該加強禁菸規範，菸草業的公關宣傳的確吃了大敗仗。[23]但菸草業的真正目的不是左右民意、贏得美名，而是不要輸在政治和法律的戰場上，就因為這樣的生存策略，菸草業四十年來仍不見衰相。一九九四年五月一場公關座談會上，美國菸草協會的首席遊說專家羅里亞指出，全球菸草銷售量仍持續成長。他認為那些批評菸草業的人是給政治正確沖了昏頭；他們預測菸草業會衰敗，更是無稽之談。媒體為菸草業寫訃聞，寫了好幾十年，卻從來沒有派上用場。羅里亞提醒在場的公關人，菸草業或許必須奮鬥求生，但這產業一向如此，也打了不少漂亮的勝仗。[24]

模糊的倫理

美國公關學會共有一萬六千名公關從業人員，博森*和史提森堡都是會員。學會會員誓言遵守十七條〈專業守則〉，有一條規定是「執業時應順應公眾利益行事」。

公關傳奇人物柏納斯策劃「自由的火炬」遊行，使美國女性覺得吸菸沒什麼不妥。日後，他表示當初若知道菸草有害健康，萬萬不會接下這門生意。柏納斯說：「公關這門專業，初期擘劃時，跟其他專業的運作方式沒有兩樣。也就是說，公關專業也是把技術應用在科學上；這裡說的科學就是社會科學。科學的宗旨是追求公共利益，不是金錢遊戲……今天，吸菸致癌已獲證實，只要是愛惜羽毛的公關公司，都不會受菸商委託。」[25]

晚年的柏納斯反躬自省，公關產業裡像他這樣的人並不多見，多數人發言也無足輕重。根據一九九四年一份非正式調查，三十八家公關公司，僅有几家會拒絕菸草業委託。[26]

柏納斯本人不吸菸，一九九五年三月過世，享年一百零三歲。暮年時他東奔西走，呼籲美國公關學會清理門戶，但徒勞無功。柏納斯表示：「依目前的情況，沒有操守的業者也可以簽署專業守則，成為會員，同時偷雞摸狗，完全不受規範拘束。在法界或醫界，這樣的人準會被除名……現在公關業無法無天……真是糟糕，搞得不管是誰，有沒有專業知識和素養，都可以號稱『公共關係』是自己的專長。」[27]

譯註* 博森（Harold Burson）是博雅公關的創辦人。

第四章 轉吧！七彩原子能

全人類曾經把核能當成光明和希望，連我自己也這麼想過。如今，我們盲目地擴建核能發電廠，卻讓美國烏雲罩頂……製造大規模毀滅性核子武器的能力，已經發展得令人恐慌。現在，全美數十座核電廠廢料再處理和回收的問題已經迫在眉睫。

／**利連撒爾博士**（物理學家、諾貝爾獎得主、第一屆美國原能會主席）

柏納斯不停地用種種方式來打造公關業的「專業形象」，其中一個做法便是建立非正式論壇，讓公關專家跟政商名流互相認識、集思廣益。為了招賢納士，一九三八年一月他在自宅設宴，來賓有大學教授、新聞記者、商界領袖、公關專家。會後他寄了晚宴的記錄給《時代雜誌》，《時代雜誌》便在一月二十四日報導：「二十多位全美頂尖的宣傳高手經常夜宴曼哈頓。這個不對外公開的高層團體自稱公眾意見委員會，主席是全國首席公關人：暗黑權謀高手柏納斯……要不是因為委員們在重要議題上總是意見相左，這個小團體很有可能在某個邪惡的超級政府中扮演要角。」[1]

確實，這個團體屢屢不合，內部很快動搖起來。柏納斯在新聞稿裡自喻「全國首席公關人」，讓偉達公關創辦人希爾心裡很不爽快。他抱怨說柏納斯把他寫得像是「公關大師的學徒」一樣，於是他自己另外創辦了一個晚餐社交論壇，每月定期召開；當然，柏納斯並未受邀。有一回伯利恆鋼鐵公司的公關總監作東，帶這個論壇的會員參觀工廠，有個會員開玩笑說：「我們都來『伯利恆』朝聖了，不妨自稱『智者』吧。」*此後這群公關菁英就沿用「智者團」的名稱，定期開會討論社會、經濟、政治潮流。

第二次世界大戰近尾聲時，美國政府欲發展原子彈，正籌備機密的「曼哈頓計畫」，就公關議題向智者團徵詢意見。在國安人員守門之下，曼哈頓計畫總監葛洛夫將軍和智者團在紐約市的大學俱樂部會面。葛洛夫將軍簡略介紹了核能發展，然後請教智者團如何處理新墨西哥州第一次試爆的公關問題。於是，美國陸軍部依

譯註*《聖經》記載，耶穌誕生時東方三智者見伯利恆上空有顆明星，跟著這顆星來到耶穌的出生地。

智者團的建議，邀請《紐約時報》記者勞倫斯以代表取材記者（media pools）的身分來觀察試爆，再把美軍轟炸日本的消息轉給其他軍方召集在馬尼拉的記者。[2]

戰爭結束後，美國在原子彈研發上面臨新的公關問題。蘇聯自行發展原子彈之後，美國核武獨霸地位迅速瓦解。到了一九五二年，兩國的核武都從原子彈晉級到氫彈。氫彈的毀滅力量更勝原子彈，比夷平廣島的爆炸力強了一萬五千倍。隨著美蘇雙方敵意漸增，大眾開始憂慮原子能潛在的可怕後果：萬一又發生「世界大戰」，這些炸彈一旦爆炸，所釋放出來的能量足以摧毀好幾座城市；那時候大家早已知道，這場戰爭沒有贏家。[3]

原子能的和平用途

一九五三年，美國總統艾森豪在聯合國發表著名的演說〈原子能的和平用途〉。借用《聖經》中「化干戈為玉帛」的道理，他宣示「原子能的和平用途並非未來的夢想，此時此刻，我們已經證明有這樣的能力……為世界上資源匱乏的地方提供充足的電力……美國誓言……要協助解決原子能可怕的困境，並且善用人類奇蹟般的創造力，全心全意找出解決之道。我們有這樣的能力，不應自取滅亡，應為生命做出貢獻」。[4]

艾森豪的演說開啟了新一波扭轉核能形象的宣傳活動。不久之前，核能只被證實可用於毀滅性武器。現在，美國原子能委員會（簡稱「原能會」）信誓旦旦地表示，興建核能發電廠後，電費會「便宜得連電錶都用不著」。美國政府終止了核子原料的所有權獨佔，鼓勵私人公司發展商用核能，[5]也承諾會把原子能源技術分享給低度發展的國家。政府為了讓原子能神奇的形象深植人心，又是製播教育影片，又是印發手冊，又是邀請專家發言。專家說，只要一粒豌豆大小的鈾礦，便能釋放出讓一部車子開到月球再開回來的能量。[6]一九五四年的勞動節，距離發表〈原子能的和平用途〉的演說還不到一年，艾森豪便上國家電視臺作秀——他手上的「魔杖」一揮，遠在賓州小鎮西萍港的電控挖土機就開挖，美國第一座核能發電廠正式動工。[7]

但是，表象和現實再一次天差地遠。雖然科學家已經證實了使用核子反應爐發電的可能性，但美國各家電力公司認為核能發電既昂貴又沒必要，並不看好這項技術。事實上，西萍港反應爐每千瓦的發電成本，比當時主流發電成本還要高出十倍，只能靠聯邦政府的補助，價錢才能跟傳統的燃煤發電競爭。[8]因此，興建西萍港核電廠的象徵意義大於實質意義。此舉所要傳達的訊息是：原子能的確有「和平」用途。

一九五〇年，利連撒爾已辭去美國原能會主席的職務。他對諸事漸漸感到幻滅，批評政府「不停用公關技倆，鼓吹撥款給原子能和平專案」，而政府聲稱要提供核子技術給低度發展國家，不過是「虛晃招式」。利連撒爾說：「就算這些都是宣傳，也沒辦法自圓其說，實在很可笑。大部份低度發展國家更需要的是醫生、藥物、蓄電池、犁、肥料、種子，以及健全的基礎科學教育。政府在原能會而不是國務院底下另設這個援外專案，實在很荒謬；設這個專案，除了說想要證明核能有和平用途，也沒有什麼其他正當理由了。」[9]

一直到一九六二年，核能發電仍然比傳統途徑發電昂貴，但原能會跟西屋、聯合碳化物、奇異電子等私人企業已經投資數十億美元研發，無不急著得到回報。一九六二年，奇異公司正式宣佈在紐澤西州的牡蠣溪建造核電廠，而且，這九千一百萬美元的興建費用「完全不含聯邦政府的補助」。實際上，這個反應爐是「帶路貨」*，奇異公司甘願以低價建廠，為的是在反應爐市場拔得頭籌。果然，奇異讓大家著迷於高科技原子能的魔力，電力公司向奇異採購反應爐的訂單源源不絕。這些下單的電力公司都深信，唯有發展核能，才能跟上「美國未來能源」的趨勢。訂單到手後，奇異公司便偷偷漲價。到頭來，電力公司為了把握先機「投資未來」所付出的代價，遠遠超過傳統發電方式。[10]

損害控制

等到「便宜得連電錶都用不著」這種誇大的宣傳漸漸失效，美國原能會與擁核團體便換另一種講法：有一天，核能發電的成本會跟燃煤發電、天然氣發電、水力發電「不相上下」。這個目標從未實現，不過，就算核能發電的價格具有競爭力，它還有一個重大問題：安全堪慮。以傳統發電廠來說，一場意外或破壞可能會造成數十人死亡；最糟的情況下，可能會造成數百人死亡。相較之下，布魯克海文國家實驗室在一九五七年的一項研究中估計，一百五十百萬瓦的小型核子反應爐若發生意外，而且反應爐位在重要城市的上風處三十英里，嚴重時會導致三千四百人死亡、四萬三千人受傷，造成七十億美元的財產損失。若較大型一千百萬瓦的反應

譯註* 帶路貨是指商家以低價甚至虧本價推出的產品，來吸引顧客上門購買其他產品。

爐發生意外，可能導致四萬五千人死亡、約三千億美元的財產損失，且輻射污染將遍及整個賓州。這些數據讓委託這項研究的美國原能會指導委員會目瞪口呆。在一份內部記錄中，指導委員會委員洛克說：「各位務必謹言慎行……不要讓民眾建立或強化『反應爐很危險』的印象。我認為，雖然研究結果已經公開、原能會面臨核能推廣的難題，但是在評估過種種假設性意外的後果之後，對於主張在都會區附近設置反應爐一事，原能會不應該讓自己陷入無法自衛的困境。」最後指導委員會決定不發表布魯克海文的研究報告結果，這個消息曝光之後，原能會也僅僅表示該報告未能完成。[11]

其實，核能發電產業早就經歷了一連串災難，這類消息大多都被封鎖。一年又一年，意外不斷發生：

- 一九五七年，蘇聯克什特姆高放射性核廢料貯存場發生大規模輻射爆炸。超過七十平方英里的區域永久無法居住。[12]
- 一九六一年一月三日，愛達荷州的SL-1試驗反應爐的燃料棒爆炸，三名反應爐操作員當場死亡，反應爐所在的建築物受到輻射污染。三週後，三名受害者的頭和手因深受輻射污染遭到切除，當成放射性廢料掩埋。[13]
- 一九六六年十月五日，位於密西根州蒙洛的三百百萬瓦快滋生反應爐——恩理科費米一號，部份核心熔毀，核能設施主管曾考慮要撤離到廠址北邊四十哩的底特律。這場意外的消息一直被封鎖，到一九七〇年代初期，見證熔毀事件的工程師傅勒出版了《我們差點失去了底特律》一書，外界才知情。[14]

・一九七五年，位於阿拉巴馬州田納西河谷管理局的布朗斯菲力核電廠沸水反應爐機組發生火災，線路和安全系統盡皆損壞。這把火引起廠房控制室的恐慌，啟動了緊急程序。當時預估，這種情況如果持續下去，將會導致核熔毀。[15]

圍阻失效

儘管政府積極用公關手腕來讓人覺得核能「安全可靠」，核能始終跟核武工業撇不清干係。反核運動源自於反對地表核試爆，目的是要讓公民知道輻射對健康和環境的危害。對於環境的關注影響了第一代在地的反核聲浪。一九六一年，山巒俱樂部反對在舊金山近郊博迪加角興建核電廠，因為博迪加角不但是當地的自然保留區，更處於地震斷層帶上。[16]一九六〇年代的行動主義浪潮帶動了抗爭活動，抗爭數量與日俱增，並主張核能與核子彈的關係密不可分。「諾努克」反核團體在全美積極動員遊說，廣發手冊以傳遞資訊，從環境、科學、經濟等層面來批判核能產業。

電力公司也不甘示弱，發動公關宣傳攻勢。有一份一九七八年的調查報告，分析了由企業資助編撰的公立學校教材。報告中指出：「電力公司對教材內容所投入的資源高於任何產業，它提供影片、漫畫書、卡通圖片或簡單的語彙等多媒體材料介紹能源議題……能源教育的對象主要是小學生，尤其是低年級生，目的似乎是要培養一批將來會支持電力公司與核能發電的選民。」卡通教材包括國聯愛迪生電力公司出版的《原子能、電力與你》、西屋電力公司出版的《成熟觀眾限定》、艾克森出版的《米老鼠與高飛狗的能源探險》等書。[17]

這波公關宣傳不僅把核能描繪得安全無虞，還保證核能發電比其他發電方式更環保、更乾淨。佛羅里達電力公司於一九七五年出版《電力的故事》，書中的漫畫人物保證：「核電廠發電乾淨、無臭又省錢……最重要的是，核能發電有助於節約石化燃料！」另一本漫畫叫做《為生存而戰：向環境污染宣戰》，由維吉尼亞電力能源公司出版，這本漫畫書主張：「核能發電廠大概是社區中最乾淨、最讓人滿意的鄰居了……本電力公司是蓋新核電廠的領導品牌！」[18]

儘管花了多年的功夫要讓輿論轉而支持核電廠，一九七九年三月二十八日在賓州爆發形象危機時，核能產業竟一點準備也沒有。當時三哩島廠區的控制系統失效，偉達公關的迪倫史奈德被請來救火。他說：「三哩島廠區內溝通不良，大概是我在業界這麼多年來見過最嚴重的；這個問題所引起的危機也是史上罕見。」[19] 好巧不巧，好萊塢電影《大特寫》正好上映，片中描述電力公司只顧著賺錢，對於重要的安全問題卻敷衍了事。這部電影讓大眾對於三哩島事件提高警覺，緊張程度，前所未見。大都會愛迪生公司替母公司通用事業公司管理三哩島廠房，他們發現反應爐過熱時，第一個反應竟然跟電影情節如出一轍。

有效處理公關危機的原則便是：盡快且完整地把壞消息一次說完。大都會愛迪生公司在危機發生的第一天，就違反了這條金科玉律，不但規避事實，還輕描淡寫地帶過反應爐輻射外洩的嚴重程度。[20] 更慘的是，大都會愛迪生公司的公關所給的資訊不僅自相矛盾，還錯誤百出。公司的首席發言人庫瑞表示：「我們在廠房內並沒有測到明顯的輻射量，廠房之外更不用說。」消息發佈不久，賓州的環境資源部派遣一架直昇機帶著核輻射偵測器到廠房上空，果然測到輻射外洩。企業主管趕緊辯稱說不知道輻射外洩的程度究竟有多嚴重；當天下午又改變說法，表示只有輕微外洩。記者對公司副總裁賀邦窮追不捨，賀邦一開始想用艱澀的專業術語矇混過去，最後卻惱羞成怒。有記者提問「萬一反應爐內的氫氣泡接觸到火源會有什麼後果」，他的回答是反應爐可能會產生「自發性能源卸除效果」。記者緊接著要他解釋「自發性能源卸除效果」跟「爆炸」有何不同，他憤然拒絕回答進一步的問題。[21]

核電廠內究竟發生了什麼事，電力公司不肯說明，也不知如何說明。賓州州長索恩堡見情況緊急，建議將孕婦和孩童撤離到廠房方圓五英里之外。此舉立即引發恐慌，方圓十五英里內，四十九%的居民（約十四萬四千人）匆忙打包逃離。迪倫史奈德回憶道：「媒體上的照片怵目驚心，就像二次世界大戰的難民潮，民眾靠著瓶裝水和罐頭食物維生。難民多得驚人，公路上塞滿了車。他們把能帶的東西都堆在車上，用毯子裹著嬰兒，拿圍巾遮著小孩的臉，以免曝露在『輻射』中。孕婦滿臉驚惶，不知何去何從。」[22]

事故之後，民意調查顯示，民眾對核能的支持度一落千丈。核能產業投下數百萬美金，以媒體閃電戰頑強抵抗。全國各地的電力公司總裁紛紛舉行記者會，上電視談話節目；擁核廣告置入訴求女性客群的雜誌；討論核能技術層面的專家錄影帶，免費分送至各大電視臺；而新聞稿資料，則理所當然地進了各大報社。

一九七九年十月十八日，由業界資助的「核能教育日」盛大舉行。當天邀請華府國會議員夫人們吃早午餐，並在加州舉辦大型慢跑接力賽，全國總共舉辦超過一千場贊助活動。珍芳達和海登進行反核巡迴演說時，業界派兩名核子工程師擔任「真相突擊隊」如影隨形，反駁他們的論點。[23]

事實上，核能產業在三哩島事件之前就已經開始走下坡了。一九七〇到一九八〇年間，興建反應爐的價格暴增五倍。核能產業把成本增加怪罪於法律的刁難與反核公民的阻礙。反應爐的建造成本節節上升，電力公司只好取消興建計畫，新核能電廠的最後一張訂單成交於一九七八年。到了一九八四年，至少有六家核電廠半途取消施工。因為業界發現，就算電廠沒有蓋完、放著不用，都比完成後營運來得便宜。[24]一九八六年，俄羅斯車諾比核電廠爐心熔毀，輻射擴散到全歐洲，波及全球。核能技術誕生於炒作和哄騙的手段，這時已是奄奄一息，車諾比事故似乎更把它送進了棺材。

留之無謂，棄之不能

核能發電廠的輻射廢料含有已知的致命物質。雖然廢料中大部份是用過的燃料，不能再用來產生電力，但是在未來十萬年仍有致命的輻射性。一九四〇年代末期，政府在華盛頓州漢福場址試驗反應爐，工程師用遙控機器移除輻射廢料，放入厚重的容器中，埋在漢福附近的地底。儘管專家擔保「科學終有方法」妥善處理核廢料，但是，日後核廢料處理基本上都是遵循這個粗糙的方法。

自從一九五〇年後期，便有人提議以「深層地質處置」的方式把用過的高放射性燃料隔絕數千年。無論是在俄亥俄州、密西根州或紐約州，原能會幾次提議把核廢料貯藏於當地地底深層的鹽層（salt beds）中，可是一旦州政府和當地居民得知此事，提案就會遭到否決。到了一九八〇年，核廢料愈來愈多，終於成了燙手山芋。不管是反核人士或核電業者，都認為「一定要找個地方貯藏核廢料」，但誰也不想要核廢料埋在自家週遭。

一九八六年，美國能源部宣佈，核廢料的預定貯藏地點減為三處：內華達州、德州、華盛頓州。這三州州長立刻提出告訴，反對此決定。一九八七年，德州、華盛頓州從貯藏地的名單上剔除，只剩下內華達州的猶卡山。猶卡山位於拉斯維加斯以北一百英里處，是一條由火山凝灰岩構成的貧瘠山脈。官方科學家說，可以把核廢料埋在猶卡山的地下隧道中，對公眾的健康或環境造成的風險最小，但是內華達州的居民並不買帳。民意調查顯示，對於猶卡山貯藏計畫，內華達民眾反對和贊成比例是四比一。[25]

一九九一年一月，為轉變民眾意見，美國核能委員會開始資助「內華達計畫」。內華達州長米勒的重要顧問歐朗、內華達州共和黨資深黨工愛力森，還有兩黨通吃的競選顧問與說客威廉斯，都參與了內華達計畫。用軍事術語來說，這個計畫提議用一系列電視廣告來「制空掩護」核廢料貯藏地點的提案，然後雇用當地記者，報導「產業界的說法」，向其他同業展示「不為人知的一面」。歐朗則是訓練能源部派來的官方科學家，組成「科學真相回應小組」，針對貯藏地點的批評者進行反擊。

根據計畫，整個宣傳的目標是要「降低民眾的安全顧慮，一旦民眾的觀感開始動搖，接下來就宣傳核能的優點……我們的『宣傳委員會』有內華達州政治高手、策略回應團隊、廣告案、民意調查來替整個宣傳指路。這樣一步步走下去，我們相信會有特定的反對人士出面向我們挑戰，這些人最後勢必要跟業界談判。但透過這場策略性的棋局，我們的計畫最終會佔上風，擊垮『內華達的反核勢力』。」

然而，主事者也預告：「這項計畫艱鉅可畏。內華達居民一輩子都處在對核能的恐懼與厭惡中。我們不但要對抗言論自由下關於核能的負面報導，諸如三哩島或車諾比事故、有害的輻射外洩及其他廠房的問題，也要反駁科幻電影裡的反核訊息。光是在內華達州，要買下報章雜誌版面、廣播電視播放時段就要花掉好幾千萬美元。全國的宣傳活動成本大概要數十億美元。」[26]

一九九一年十月，內華達計畫首次大規模強力放送電視廣告當作「制空掩護」。廣告旁白是頗受歡迎的前運動主播維托，一系列的廣告就是要證明運輸高放射性核廢料很安全。有一支廣告中，一輛車高速撞上拖運核廢料的大卡車，裝核廢料的桶子遭受重擊卻完好無缺。其他廣告則大力宣傳「能源部科學家解釋：核廢料不會爆炸」，或「住在核電廠附近不會致癌」等訊息。[27]

一九九一年十月二十五日，佛羅里達電力公司總裁基斯勒致函美國電力公司公會「愛迪生電力研究所」的成員。信中表示：「內華達州所有層級的政府官員均極力反對這項計畫，他們有效地阻卻了能源部亟欲推動的方案……唯有在內華達州中發展出合作的風氣，猶卡山計畫才可能有所進展。」為了籌措宣傳經費，基斯勒要求參與核能生產的各家電力公司支付「特別費」，整合在愛迪生電力研究所會費裡的特別項目中。信末，基斯勒提醒受文者：「本文件屬於『機密』，諸位應該可以瞭解這事一旦公開所涉及的敏感議題。」[28]

同年十一月，廣告密集宣傳三週後，業界資助的民意調查機構做了意見調查。報告顯示，雖然有七十二・四%的居民看過廣告，結果仍然「不太樂觀」：

在看過廣告之後，只有不到十五%的受訪者會轉為支持貯藏所；有三十二%表示，這些訊息反而讓他們更為反感。另外，儘管以大量的擁核訊息疲勞轟炸，幾乎有四分之三的回應者（七十三・八%）表示，如果可以投票決定是否興建核電廠，還是會投下反對票，這個數字幾乎與廣告播出前的比例一模一樣……將近一半（四十八・五%）看過廣告的受訪者表示並不相信這些廣告……更有三・三%的受訪者覺得給這些廣告冒犯到了……十一・八%的人由於種種原因，不贊同這些廣告……這三種負面評價的項目累計，佔所有受訪者的六十三・六%。[29]

數週後，整個宣傳計畫受到了更大的打擊。一位收到基斯勒機密信件的高層人士，決定要把信件內容連同其他業界詳細公關策略的關鍵資料，一併洩漏給反核勢力。這些文件果然極具殺傷力，在內華達州核能計畫委員會的電視聽證會上，美國核能委員會的副主席戴維斯說，廣告宣傳的目的，完全只是要「提供資訊、教育大眾」。報章媒體把戴維斯的說法跟基斯勒的內部宣傳計畫文件兩相對照，後者講的卻是如何逼迫內華達州政府對此計畫就範、雇用當地記者來呈現核能產業「被忽略的一面」，整個宣傳的目標就是「說服大眾相信核能很安全」。

　　得知內華達計畫的內容後，內華達居民怒不可遏，而報章媒體也連續幾週砲轟州政府官員。內華達州參議員布萊恩要求能源部部長華京斯出面解釋能源部在此次宣傳中的角色；內華達州州長米勒行文給其他州境內擁有核電廠的州長，質疑他們拿用電戶所繳的電費，說服內華達居民接受別州避之唯恐不及的核廢料，這種做法實在可議。[30]

　　決策研究民意調查公司的員工弗林、史洛維克、梅茲合寫了一本《內華達計畫：一敗塗地的風險溝通》，裡面可以看到壓垮這個宣傳活動的最後一根稻草：

> 也許對美國核能委員會宣傳計畫最致命的回應，是來自兩個拉斯維加斯的DJ，他們模仿核能委員會的每個新廣告，十分搞笑。他們諷刺劇中的主角叫做「迪托」，「迪托」說話很沒頭沒腦：「大家好！我是迪托，你們以前很尊敬的運動主播；不過最近手頭很緊，只好把你們對我的尊敬拿來賣錢。」
>
> 當地的企業也紛紛加入撻伐行列。在電視廣告中，兩名DJ穿上一件巨大的工作防護服，扮演雙頭變種人「猶卡山人」，為拉斯維加斯的汽車經銷商做宣傳。一家餐廳為了吹噓沙拉吧的蕃茄品質，模仿核能委員會對核廢料桶進行衝擊測試的廣告——有一顆蕃茄被砸向水泥牆，又被高速列車撞，竟然沒事。然後再把它從高處丟到地上，

依然完好，廣告說：「你現在可以確定這顆蕃茄品質真的很好。」由於失信於大眾、受盡嘲諷，又無法改變輿論，美國核能委員會的廣告宣傳終於被撤下……只是為時已晚，整個宣傳活動的聲譽已經破壞殆盡。在一九九二年六月，由亞歷桑納州大學和內華達大學拉斯維加斯分校研究者共同進行的調查中顯示：看過廣告之後，只有三·三%的受訪者對於貯藏所計畫更加信任；高達四十一%的受訪者更加不信任；其餘受訪者則未改變態度。[31]

一九九一年四月，前能源部部長華京斯成立任務小組，目的是「針對民用放射性廢棄物的管理計畫，分析能源部如何強化公眾的信任與信心，並找出關鍵的制度性問題」。有長達兩年的時間，任務小組舉辦公聽會，聽取超過一百個組織代表的正式簡報後，任務小組總結：「對能源部種種行為的不信任，並非空穴來風。」此外，「這種不信任會維持很長的一段時間，未來續任的能源部部長必須承諾持續改善，才能克服。相較於已經取得民眾信任的組織而言，能源部也必須以更嚴格的標準行事。」

在任務小組的公聽會上，與會者不斷提到核能產業的公關技倆，即使不是能源部所為，但是能源部很不幸地成為這些行為的代罪羔羊。核能產業付給公關操盤手的鉅額經費，希望能逆轉大眾對核能的觀感，不料卻留下臭名，結果不只無法改變輿論，更永久傷害了產業形象。

核武攻擊！

由於能源部內部管理不善，加上公眾強烈反對，猶卡山貯藏計畫的預定完工日一延再延。事實上，完工日平均每年都會延後兩年。所以決策研究團隊形容這個計畫「進度極慢……因資金短缺、被質疑能否符合法規、研究工作管理不當等種種問題，計畫好幾次差點瓦解」。[32]

本書寫作時，永久儲存位址的完工日已延到二十一世紀的某年，因此業界不得不採取「臨時」計畫，在全美各地核電廠的空地上就地儲存用盡的燃料。核電業界處理這最新窘況的策略，載於一篇業界出版的文章〈核廢料背後的公共關係〉，文中開宗明義地說：「這下可好了，我們必須把用盡的燃料裝進乾式貯存護箱裡，埋在核電廠的空地上，這麼做不是更讓核能產業臉上無光嗎？其實，只要善用公關手段就可以保住面子。許多美國電力公司都發現，只要在使用乾式貯存設施裝置之前及早做好公關宣傳，便可防患未然……這個做法確實有效。世上沒有一種公關手段可以讓大眾欣然接納放射性廢料。但是，那些廢料貯存空間所剩無幾的電力公司，得公關妙計之助，便可整裝備戰，收服最剽悍的刁民，叫大眾用科學頭腦思考廢料處理的問題。」[33]

這篇文章的出處是一九九五年三月號的《努奇市場報告》，由康乃狄克州斯坦福的努奇公司出版。《紐約時報》認為「努奇這個名字取得很不恰當」。這家公司隸屬德國努奇公司，顯然德文裡「努奇」並沒有「核武攻擊」的意思，但英文讀音卻有這樣的負面含意*。美國努奇公司大概也知道這名字會引起公關問題，所以用了

譯註* 努奇 NUKEM 與英文字 NUKE（核武攻擊）諧音。

數種大小寫變化，比方說NuKem或NuKEM，好使大家讀這個字時把重音放在第二音節。

德國努奇公司專門為化學及核能產業研發並經營廢料處理系統。一九八七年十二月，這家公司從比利時非法運輸兩千桶核廢料到西德儲放，桶子上沒有適當標示，執法單位查獲後，暫時吊銷其核廢料運輸部門的執照。後來，德國政治人物豪夫指控努奇公司違反「國際反核武擴張條約」，把可裂變原料賣給利比亞和巴基斯坦，公司因而遭到調查。雖然指控至今仍未獲證實，但因為這條醜聞，努奇高層主管哈克胥坦和耶林內克芬克遭到停職。[34]美國的努奇公司正如其母公司，也是從事「環境廢料管理」，但主要業務是購買和開採鈾礦，賣給核能發電廠。

根據《努奇市場報告》，要說服「當地人、地方政府、企業領袖」容忍核廢料，電力公司最好用公關手段營造「誠信、公開、合作」的形象。就「公開」而言，努奇公司建議電力公司開放廠房給外界參觀、與當地民選官員會面、向廠區員工傳達公司的觀點，因為「附近居民常常會向員工詢問『內線消息』來確切掌握情況」。努奇也試圖收編「溫和」的反核團體，好叫這些團體去支持各地電力公司的特定目標。比方說在密西根州，消費者電力公司「對溫和派的西部密西根環境行動委員會進行簡報」，說服了委員會把重心放在「把核廢料弄出密西根州，丟到猶卡山……而非成天埋怨『密西根這裡有核廢料』」。

就「合作」而言，努奇則稱讚巴爾的摩瓦電公司付錢給員工，以獎勵他們每週「捐獻」一小時為社區服務。「因此，巴爾的摩瓦電公司的員工得以在地方義消團體中身處要職，甚至『認領』了三所小學的課輔計畫。超過一百名員工替多發性硬化症基金會、肌肉萎縮症協會、小兒痲痹症協會等五十個慈善單位統籌聯合勸募，協助募款」。藉由塑造關愛社區的形象，巴爾的摩瓦電公司得以遏制大眾對於乾式貯存裝置的反對聲浪。巴爾的摩瓦電公司新聞處處長尼登連認為，關鍵在於儘早建立形象，他說：「電力公司若打算使用乾式貯存裝置，最好在十年前就先塑造出良好的社區形象。」[35]

這些看似無害的活動，其實都是用頂尖的公關技巧打造出來的成果，由此可知，公關業界早已深諳此道，在現今這些憤世嫉俗的人群中左右輿論。從第一顆原子彈爆炸到現在已經五十年了，儘管核能產業重金聘請說客粉飾門面，大眾對於核能的疑慮仍與日俱增。內華達州猶卡山宣傳計畫以失敗收場，這告訴我們：要贏得大眾認同，當權者需要的不只是打打廣告、操弄媒體——所謂的「制空掩護」，還需要部隊來打「地面戰」。為了打贏地面戰，公關產業已著手研究環保人士及其他公民運動人士推動草根民主時所使用的策略，加以調整、運用，然後以彼之道、還治彼身。

第五章／諜影幢幢

商場如戰場。／**迪倫史奈德**（前偉達公關總裁）

「巴德」這個人的外表就像二流電影裡的偵探：五十多歲的中年人，身形肥碩，體重直逼一百二十公斤；留著小平頭，膚色慘白，舉止慌張，掌心老是發汗。他幾乎天天穿著同一套深藍色廉價西裝，拎著一只大大的皮質公事包。[1]

多年來，巴德遊走於各非營利公共倡議組織的辦公室之間，參與他們舉辦的活動。他特別熱衷於環保、食品安全、動物福利等議題。他有時跟人說自己是自由撰稿人，有時說自己只是關心時事的公民。

有一天巴德出現在「超越牛肉」活動*的記者會上。這個活動旨在勸導消費者為了健康和環保少吃牛肉。有記者覺得巴德很眼熟，趨前問候：「最近過得怎樣？還在替麥當勞工作嗎？」巴德侷促地回答：「我不知道你在說些什麼。」記者一頭霧水，又說：「我們的確見過面，你以前在麥當勞工作呀！」巴德緊張地轉移話題：「你認錯人了。」[2]

這件事令「超越牛肉」的工作人員起疑，覺得應該多瞭解一下巴德的底細。巴德離開「超越牛肉」的總部時，一名工作人員暗中尾隨，看到他走進神祕的MBD公關公司辦公室。環保運動人士問MBD總裁蒙哥文巴德是不是MBD的員工，蒙哥文否認，不過祕書坦言巴德常來辦公室。他們又打電話到巴德家中，在答錄機留言提問，一直沒有回音。

公共政策和私人眼線

社會和政治改革運動經常成為政府或企業監視的目標。在勞工運動早期，大

譯註* 超越牛肉運動始於1993年，反對過度畜養牛隻、過度消費牛肉。他們以麥當勞為首要的打擊目標，因為麥當勞是最大的連鎖快餐企業、牛肉消費大戶。

企業往往雇用私家偵探滲透工會聯盟。在一九二〇年代和冷戰期間，政府密切監視共產黨員和有嫌疑的「同路人」；到了一九六〇年代，聯邦調查局和當地警方則是調查公民維權份子與反戰示威人士。水門案醜聞肇因於白宮幕僚以非法手段偵察尼克森總統的政治對手。東窗事發後，公眾憤怒，逼得尼克森下臺，最後國會也通過法案，限制政府監視守法公民的權利。

然而，私部門的間諜活動卻沒有受到法律管制。比方說，聯邦公民權利法案的適用範圍僅限於政府部門。費城律師凱利斯表示：「私人偵查的可怕之處，在於無法可管。」[3]

社會學家馬克斯表示：「公家單位偵查人民時，是要負法律責任的。原則上，警方必須在公開的法庭上解釋偵查的理由，被告也有權利對證據提出質疑或反駁。此外，檢警單位也受制於『非法證據排除原則』**和『誘陷抗辯原則』***。但私部門從事偵查時，卻不受這些原則約束。我們總以為只有政府老大哥才會監控人民、威脅人身自由。當初制憲的時候沒有那麼多大企業，所以制定憲法的人不大去注意私部門的濫權。然而，隨著跨國大企業的興起，我們見識到另一股強勢的力量。」[4]

事實上，政府機關有時反而鼓勵私部門進行那些法律禁止政府做的骯髒勾當。例如在一九八七年，為了制定策略來打擊反對動物實驗、聲勢日高的動物保護團體，美國政府研究機關管理者便與私人生技醫療研究單位的說客會面。有一位與會的聯邦官員古德溫在會上流通的備忘錄中宣稱：「茲事體大。」這份備忘錄接著擬出策略，要政府待在幕後協助私人團體破壞動物權運動：「要盡一切可能將研究機關

** 依非法證據排除原則，假使執法人員用違法手段蒐證，這個證據不得在刑事庭上提出。

*** 依誘陷抗辯原則，假使當事人原本沒有違法意圖，在執法人員的引誘下，才從事了違法活動，當事人可以此作為無罪免責的理由。

放在第二線，讓其他團體在前線對抗……研究機關應尋求可行的方式提供資金、技術來協助這些團體。」在日後的專訪中，古德溫解釋這個策略背後的邏輯：「我們依法不得進行關說，但所有的聯邦機關背後，都有許多倡議組織垂涎其中商機。」[5]

公關產業聘用曾任職於政府、軍方或私人保全公司的人，暗中監控公民異議份子的思想與行動，開發出龐大的商機。例如，「超越牛肉」運動中的奸細巴德，真實姓名是西摩．維特馬克，在從事公關間諜之前，他的第一份工作是國防部的陸軍分析師，專門撰寫如〈社會結構的脆弱性：核武攻擊的社會面向研究〉一類的報告。在這份報告中，巴德提出「核武攻擊造成可能社會效應之評估途徑」，以規劃戰後「重整」和「短程與長程復原」行動。[6] 隨後他任職美國總統行政辦公室，組成「政治暗殺與集體暴力」任務小組。一九七六年三月二十七日，《紐約時報》有一篇文章報導國務院舉辦的「國際恐怖主義」研討會，文中簡略提及巴德。[7] 一九七八年，他與人合寫一本名為《控制校園犯罪》的書，談「如何運用情報創造良好的公共關係」、「炸彈威脅所製造的兩難」、「如何恰當地運用監視照片」、「極端份子與其逐漸明朗之陰謀」、「發展大規模的逮捕程序」、「為何小孩痛恨警察」等等，以協助高中校長掌握問題根源。[8]

水門飯店的宣傳與諜報

除了斥候國內情資，公關產業也一再涉入海外間諜工作，比如經常出借海外辦公室給美國中情局從事間諜活動。由芊朵所撰，批判公關高層人士葛雷的傳記

《權力華府》中，便記錄若干祕辛。芊朵在書中報導：「公關巨擘偉達開設海外辦公室的決定……經常仰賴『友人』的建議，這些『友人』包括當時的美國中情局局長杜勒思。」根據偉達公關主管考利的說法：「偉達公關的海外辦公室可以完美地掩護不斷擴張的中情局。跟其他的掩護工作不同的是，中情局幹員要成為公關專家不需經過訓練。」另一位偉達公關的主管沃爾頓說：「吉隆坡辦公室那裡沒有人肯告訴我他們到底在做什麼，我敢說那一定是中情局的掩護單位。我常拿這件事開他們的玩笑。」[9]

另一間與中情局關係密切的是穆倫公關，這家公司在水門案醜聞中扮演了關鍵性的角色。在水門案委員會共和黨籍副主席貝克提出的報告中，認為穆倫公關公司「從一九五九年創立以來，便與中央情報局維持密切關係，它在水門案侵入事件發生時，分別為一名歐洲探員與一名遠東區探員提供身分掩護」。[10]穆倫公關除了掩護中情局活動之外，也為客戶提供公關服務。客戶包括摩門教、通用食品公司和美國衛生、教育暨福利部*。

一九七一年，猶他州保守派共和黨參議員華勒斯．班奈特之子羅伯．班奈特買下了穆倫公關公司。在一九七六年一月四日出版的《紐約時報雜誌》中，記者盧卡斯撰寫了篇冗長的水門案事件報告中，詳細剖析了羅伯．班奈特這號人物。盧卡斯寫道：「羅伯．班奈特是『水門人生』中最令人費解的角色之一，透過他的政治盟友寇森，班奈特和總統連任辦公室維持著密切關係……一九七一年初，他託寇森幫忙，買下位於華盛頓的穆倫公關公司，該公司為中情局提供偽裝身分，掩護斯德

譯註* 美國衛生、教育暨福利部為美國衛生暨公共服務部的前身。

哥爾摩、新加坡、阿姆斯特丹、墨西哥市的諜報工作；並雇用了一整隊的『前』中情局幹員，杭特也在其中。」[11]

杭特在一九七〇年四月三十日從中情局「退休」的隔天，隨即前往穆倫公關報到。隨著總統大選選情加溫，寇森在一九七一年七月致電班奈特，並安排杭特幫白宮「兼差」。穆倫公關的辦公室位於賓州大道一七〇〇號，總統連任辦公室就在它的正對面，地址是賓州大道一七〇一號。尼克森陣營在穆倫公關杭特的辦公室裡，計畫了很多手段骯髒的把戲，當然也包括水門案強盜侵入事件。[12]

杭特計畫的幫兇在水門飯店被捕的隔天，穆倫公關的律師就協助把那幾名強盜入侵犯交保。隨後的調查更顯示了穆倫公關和水門案有其他關聯，包括杭特辦公室和塞格提的多則通聯記錄，後來，塞格提被定罪，罪名是「對付民主黨員，主導政治間諜活動、蓄意破壞」。事實上，盧卡斯等許多調查水門案的知名記者，都得到共同的結論——穆倫公關執行長羅伯．班奈特是「深喉嚨」，就是他把水門案機密洩露給《華盛頓郵報》記者伍沃德和伯恩斯坦。參議員貝克的水門案報告指出：「班奈特將線報提供給伍沃德，此舉讓伍沃德『投桃報李』……報導內容隻字未提班奈特，甚至盡力保護班奈特和穆倫公關。此外，根據水門案被告寇森的說法，中情局為掩蓋自身在水門案中的角色，不得不全力迴護班奈特，好將整件事怪罪到白宮頭上。」[13]班奈特把自己定位成「線民」，沒被當成水門案調查的重心，因此熬過了醜聞的難關，保住了名譽。在一九九二年，猶他州選民將他送進美國參議院，接下他父親的職位。

雀巢危機

一九七七年，一群教會的社運人士開始關切瑞士雀巢公司，抗議其「販售嬰兒配方奶給第三世界國家的婦女」這個致命的商業行為。雀巢為了刺激銷售量，贈送嬰兒配方奶粉給醫院，並附贈「教材」指導婦女用配方奶哺育新生兒。婦女用了免費的配方奶餵食嬰兒之後，造成泌乳期大亂，母乳分泌不足；一旦配方奶粉用完，只好再向雀巢購買。在第三世界國家，許多人無法取得清潔用水，窮人又買不起足量的配方奶粉。婦女若聽人慫恿，捨母乳而就配方奶，只好用受污染的水沖泡奶粉，導致幼兒腹瀉、脫水，甚至死亡。

社運人士本來只規劃了六個月的抗議活動，但雀巢公司的回應充滿敵意，不但沒有平息怒火，還引來長期的產品抵制行動。到後來，全球有七百間教會和社運團體加入這次杯葛行動。[14]

此後三年，雀巢公司節節敗退，不得不改變戰略，於是在一九八〇年組成「雀巢營養統合中心」。這個時期，雀巢的頭號軍師是帕根和蒙哥文。帕根在任職私營企業之前長年為軍方工作，經歷包括：向白宮簡報政經情勢、國防部軍事勤務、多次出任務前往拉丁美洲。蒙哥文是記者出身，之後投身政治，為共和黨做事，後來任職尼克森和福特政府的公關辦公室。蒙哥文雖沒有軍事背景，但曾鑽研軍事策略，認為把軍事策略應用於政治宣傳非常有效。在一場策略規劃會議上，蒙哥文列出德國軍事理論家克勞塞維茲的「九大原則」來闡述想法。會上他跟帕根第一次會面，兩人一拍即合。在發展宣傳計畫時，他們也參考了戰略經典《孫子兵法》。

帕根和蒙哥文深入分析敵營的杯葛手法，研擬出「各個擊破」的策略。杯葛最激烈的團體當中，有一群「全國教育協會」的教師。因此，雀巢營養統合中心便拉攏全國教育協會的對手——規模較小、態度較保守的「美國教師聯盟」。又為了反制教會涉入杯葛，雀巢需要籠絡勢力強大的教會。「聯合衛理公會」原本支持杯葛，但雀巢與他們協商之後，他們逐步退讓，漸漸支持雀巢。最後，雀巢營養統合中心協助建立了號稱「中立」的「雀巢嬰兒配方奶稽查委員會」，由前美國國務卿穆斯基主持，成立宗旨是要「監督」雀巢是否符合世界衛生組織制定的母乳替代品行銷規章。雖然這個稽查委員會是雀巢籌辦的，但雀巢營養統合中心仔細挑選了教育工作者、神職人員、科學家擔任委員，其中不乏支持杯葛的人，好塑造正當、客觀、公平的形象。

雀巢一邊安撫大眾、一邊塑造形象，雖耗時多年，終於平息眾怒。一九八四年一月，「國際雀巢杯葛委員會」宣佈結束杯葛。[15]一九八九年，雀巢的嬰兒配方奶又重新引起關切。不過，這次雀巢公司有備而來，他們聘請奧美公關，發展一套「預防性消毒」的策略，如監控雀巢的批評者、分析各教會領袖和組織、評估他們可能支持杯葛行動的程度等等。挖出奧美公關這個策略的BBC記者凱利，稱之為「徹頭徹尾的間諜計畫」。[16]

因為打贏了這場艱難的反制杯葛之役，帕根和蒙哥文名聲大噪，雙雙被譽為「創造奇蹟的公關專家」。也因為這場戰役，他們建立了社會運動組織的詳細資料庫。在替雀巢做宣傳的時候，他們曾為各個團體建立檔案，如國際消費者團結組織、殺蟲劑行動網絡，此外也包括了教會團體和工會組織。一九八五年他們離開雀巢，成立自己的公關公司「帕根國際」，提供專業策略建議給爭議性產業，如軍事承包商、化工業、製藥業、食品業。[17]帕根國際的客戶量迅速成長，客戶中有聯合碳化物公司、殼牌石油、汽巴嘉基企業、雪佛龍、波多黎各政府。[18]

但是在一九八七年，有人向媒體洩露「海神策略」，讓帕根國際遭遇了難堪的挫敗。當時，南非的異議份子為了宣傳反對種族隔離政策，要求殼牌石油等外商公司退出南非市場。於是帕根國際便替殼牌石油擬出海神策略來反制杯葛。海神策略不建議殼牌石油從南非撤資，而是挑選南非人、教會領袖、美國運動人士和公司高層人士「組成行動小組」，共同發表聲明，強調公司可以協助南非準備「後種族隔離」的生活、發展「後種族隔離計畫」，「好確保殼牌石油公司在美國、南非市場的存續和成長」。

為了執行海神策略，帕根國際成立並贊助一個由黑人教士組成的空殼團體，稱為「南非聯盟」。南非聯盟於一九八七年九月大張旗鼓地成立，隨即發表宏願：發展美國和南非黑人之間的商業網絡、促進南非黑人的教育和訓練，並致力於終結種族隔離。實際上，南非聯盟是個掩人耳目的空殼子，沒有任何資源來實現這些目標。抵制殼牌石油行動的領導凱欽表示，南非聯盟真正的企圖是「在宗教社群間搞分化，使得教會對外商撤資一事不同調」。她指出，南非聯盟成立不久，許多南非的外商都表示，事實證明並非所有的美國教會團體都支持撤資。[19]

海神策略曝光後，殼牌石油就跟帕根國際解約，帕根國際的營收一落千丈。

蒙哥文離開公司，與帕根國際的重要幹部杜欽、比司寇合夥籌組自己的公司，從此官司不斷。蒙哥文、杜欽、比司寇三人控訴老東家帕根國際積欠薪資。帕根國際反指三人將海神策略洩露給媒體，陷公司於不義。帕根國際最後宣告破產、倒閉，而三人成立的新公司MBD則生意興隆。[20]

MBD解密

如同帕根國際，MBD公司專事提供「公共政策情資」給客戶。這項服務並不便宜，每個月要價少則三千五百美金，多則九千美金。MBD有時也製作特刊，例如一九八九年分析美國大型環保組織「自然資源保護委員會」的調查報告。欲取得這份報告的公司，需另外支付一千五百元。[21]

MBD不公開客戶名單，但由一份內部文件可知其「客戶多為《財富》的百大公司，有六家名列前二十」，[22]包括孟山都、杜邦、菲利普莫里斯、殼牌石油。菲利普莫里斯的前總裁麥爾斯，格外欣賞MBD採取冷戰時期的作風，根據公關高層人士迪倫史奈德的說法，麥爾斯「蒐集敵情不遺餘力，也很清楚對手也在蒐集MBD的情報。他小心得很，甚至要求出差的員工在機票夾貼上便條，提醒主管不要在旅途中談論公事」！[23]

MBD盡可能讓各個社運團體都把自己列在通訊錄裡。MBD員工皆大量閱讀社運團體的會刊及其他出版品，隨時留意可能波及客戶的議題。這些議題的範圍愈來愈廣，早已超越雀巢杯葛時期帕根和蒙哥文所關注的食品安全。根據MBD的文件，這些議題包括：「酸雨、空氣清潔、用水清潔、有害與有毒廢棄物、核能、回收、南非、聯合國、東歐發展、戴奧辛、有機農業、殺蟲劑、生物科技、素食主義、消費者團體、產品安全、瀕危物種、漏油」。公司內部分析師會篩選並研究這些議題的相關資訊，提綱挈領，整理成報告和備忘錄。[24]

MBD的宣傳手冊表示，這些研究的目的是要持有「各個團體及其領導的大規模檔案，特別是那些試圖改變公共政策的環保組織、消費者團體、教會等其他組織」。一份典型的檔案應涵蓋團體的歷史背景、關鍵人物傳記、資金來源、與其他組織的關係、出版品。檔案中還包括這個團體的「特徵」，用來評估它對於公共政策辯論的影響是大是小，好決定是要收編或邊緣化。[25]

為蒐集情資，MBD也會雇用臥底探員，如巴德、席格勒。席格勒刺探情報，有時是打電話給敵營，有時是親自造訪。她往往佯稱自己是「《Z雜誌》的撰稿人」[26]或說是朋友的朋友介紹來的。[27]她偶爾會坦白說自己代表MBD，但絕不會表明真正的意圖。

在同一天當中，席格勒分別致電給美國威斯康辛州民主黨參議員范古德的助理、消費者聯盟和《消費者報導》雜誌的發行人韓森博士、威斯康辛州酪農古德曼。打這幾通電話，是為了替MBD的瘋狂計畫蒐集情資，瞭解反對使用「重組牛生長激素」（rBGH）的團體。rBGH用來注射在乳牛身上，是一種極具爭議的基因改造藥物。

突變產業

rBGH的開發商孟山都公司是全球最大的跨國企業之一，製造各式各樣的化學物、藥品及其他高科技產品——多半都有致命的高危險性。孟山都是「多氯聯苯」的主要製造商，這種耐久的化學物多用於電子設備，已證實會導致癌症和新生兒缺陷。孟山都也是全球最大的除草劑製造公司，部份除草劑產品被戴奥辛污染。在消費產品方面，孟山都生產奥多牌除草劑和紐特糖——一種安全性備受質疑的甜味劑。

孟山都推出rBGH作為旗艦產品，好在逐漸崛起的生技產業獨佔鰲頭。研發rBGH，是要取代牛隻身上自然產生的激素；這種合成激素注射在乳牛身上，可以增加二十五％的牛乳產量。孟山都耗費巨資研發商用rBGH，並宣傳這種合成激素是科技奇蹟，可以增加乳品產量、降低消費者的食物成本。

一九八五年，孟山都執行長馬亨尼估計，只要美國食品藥物管理局核准上市，rBGH的每年潛在市值約有十億美金。就整個生技產業而言，利潤更大。化學製藥業龍頭如禮來製藥、美國氫胺公司、格雷斯集團、亞普強公司、卡爾京公司也砸了大筆預算研發生技產品，欲仿效孟山都，推出基因改造的蔬菜、水果、家畜等「科學怪食」。例如，由必治妥施貴寶公司製造，可產出人乳乳蛋白的「基改乳牛」；還有會自動產生殺蟲成份的馬鈴薯、慢熟蕃茄、抗病毒的南瓜、耐除草劑的棉花與黃豆植物、豬隻生長激素、複製牛肉等等。

然而，一九八六年開始，rBGH遭受國際串連反抗。瑞夫金的經濟潮流基金會首先開砲，其他反對 rBGH 的團體則陸續加入，包括消費者聯盟、美國人道組織、食物與水公司、草根農民團體等等。反對團體提出以下幾個關於安全性與效用的嚴肅問題：

- 根據孟山都自己做的實驗，注射過 rBGH 的乳牛較容易罹患乳腺炎。食品安全專家表示，牛隻愈容易患乳腺炎，農民就必須施打更多的抗生素，乳品愈可能受到污染。即使乳腺炎治癒，這些乳品也壞得快，因為裡面有更多的細菌和大量「體細胞」（這個科學術語譯成白話，意思就是含生長激素的牛奶比較多「膿」）。[28]
- 布洛司博士從一九八五年到一九八八年間在美國食品藥物管理局工作，分析了孟山都與其他開發 rBGH 的公司所提供的實驗數據後，確認這些公司都在操弄數據。一九八九年，布洛司博士到國會指控上司隱瞞結論，遭到革職。[29]
- 注射 rBGH 的牛隻需要攝取更多蛋白質，通常由牛隻或其他動物殘骸製成的「混合動物性蛋白」補充。攝取混合動物性蛋白的牛隻較易得到「牛海綿狀腦部病變」（BSE），即「狂牛病」。狂牛病糾纏了英國十年，有些醫生憂慮可能轉移到人類身上，使人罹患名為庫雅氏症（CJD）的致命癡呆症。[30]
- 在早已供過於求的乳品市場，注射 rBGH 來增加牛乳產量，對乳品業者似乎沒有什麼好處。何況，注射生長激素需要額外的成本。小型乳品業者已在高成本與低售價的夾縫中求生存，現在更擔心 rBGH 會讓大型酪農集團更具優勢，威脅小農生計。[31]

為了對付抗議聲浪，孟山都及其企業夥伴使出渾身解數，雇用了大批名聞遐邇的公關公司和說客，包括偉達公關、博雅公關、愛德曼公關、德萊爾公司、MS&L公司、摩根麥爾斯公關、波特紐維理公關、柯文頓柏靈律師事務所、K&S律師事務所、F&H公司。公關手法包括向乳品業者和獸醫師作簡報、遊說各州議員，並廣發手冊、錄影帶及其他支持rBGH的材料給媒體與大眾。位於維吉尼亞州亞利山卓郡的動物健康研究所，負責統籌所有的公關宣傳品。單單在一九八八年到一九九一年間，動物健康研究所就花了超過九十萬美金從事rBGH的宣傳活動。

在一九九〇年十一月，運動人士見識到公關公司「刺探敵情」的手法。當時發行《消費者報導》的消費者聯盟正準備推出一篇嚴厲批判rBGH的報導。有一位女士聯絡這份報告的作者韓森博士，自稱美國廣播電視公司（ABC）《夜線》新聞節目工作人員，想要索取摘要。這位女士表示《夜線》新聞對韓森的研究很有興趣，正考慮推出探討rBGH爭議的節目，要韓森傳真簡歷給她。韓森覺得這通電話來路不明，便致電詢問當時任職ABC新聞部影音圖書館的朋友索斯曼。索斯曼發現《夜線》沒有任何工作人員聯絡過韓森，便著手追查這名神祕致電者，索斯曼說：「結果發現，她自稱在ABC工作，可是她給的是博雅公關辦公室的傳真號碼。」[32]

此外，支持rBGH的公關團隊也使用民意調查和焦點團體，以判斷公眾如何看待含rBGH的乳品。調查顯示，消費者普遍都有疑慮，不相信業界宣稱rBGH注射前後的牛隻所產牛乳的品質無異。絕大多數的受訪者，特別是有未成年子女的父母親，都擔心以後會發現因食用rBGH而引起的疾病。

在一九八九年底，rBGH的媒體曝光度遽增，每人平均乳品消費量卻開始下降。支持rBGH的「乳品業聯盟」設立了消費者熱線，並指派兩百五十位醫師、營養師、動物科學家等「區域專家」作為媒體窗口。該聯盟更準備了「教育資源包」，發送給超過五千個目標群體，如乳品零售商、各州與全國性商會、國立與州立消費者媒體、全國科學作者聯盟的成員等等。這次公關宣傳集結了來自「美國小兒科學會」和「全國健康總署」的支持者，更安排了「美國醫療協會」發表一篇文章、一篇評論，由接受孟山都贊助的科學家撰寫，宣稱「現有的科學證據都顯示，rBGH是安全的」。

半官方組織「美國乳品委員會」也接受了這個宣傳。這個委員會七千五百萬美元的年度預算是從乳品業者的銷售利潤中強制扣除的，照理說應該為乳品業者的利益發聲。在公開場合，乳品委員會宣稱在rBGH議題上保持中立。事實上，憑資訊公開法所取得的內部文件顯示，該委員會其實跟孟山都公司暗通款曲。

特務人員

一九九一年十一月，一個名叫「鄉間佛蒙特」的農業倡議組織發表報告。資料來源是佛蒙特大學乳品科學家的研究。孟山都贊助全美好幾所州立大學投入rBGH的研究，佛蒙特大學是其中一所。孟山都聲稱rBGH很安全，可是佛蒙特大學的報告數據指出，注射過rBGH的牛隻所生下的小牛有異常高的畸形率。得知消息後，佛蒙特大學校方大為震怒。大學公關發言人馬洛在訪談中堅稱，這份由「鄉間佛蒙特」所公佈的報告，不過是由瑞夫金所統籌，全國性反對 rBGH 活動的第一波行動。馬洛如何知道這是瑞夫金的計畫呢？馬洛說：「因為孟山都在瑞夫金的會議上安插了臥底。」[33]

稍加深究，就可證實馬洛此言不虛。在一九九〇年十月，瑞夫金的組織在華府參加了一場反對 rBGH 的研討會。有一位與會女士自稱摩瑟，在「馬里蘭公民消費者協會」當實習生。與會者事後絞盡腦汁，想要揪出臥底，很多人馬上想到可能是她。那天摩瑟帶了書到會場閱讀，以免旁人攀談。與會的佛蒙特州代表克里斯汀生回憶道：「她說她代表那些關心 rBGH 的家庭主婦出席，我當下就覺得奇怪。我從來沒見過誰帶書來看的。參加會議的通常都是很認真的運動人士。」[34]

由進一步調查又立刻得知「馬里蘭公民消費者協會」子虛烏有。運動人士調查發現摩瑟其實是博雅公關的雇員。記者致電博雅公關華府辦公室的總經理伯斯納罕，他表示：「我是認識摩瑟沒錯，但她下班後做什麼我就管不著了。」[35]後來又發現另一名「馬里蘭公民消費者協會」的成員愛麗絲也是博雅公關員工。化名愛麗絲的羅斯也跟摩瑟一樣，替博雅公關副總拉維芙工作。記者向拉維芙問起關於羅斯的事，她一問三不知，儼然是個模範間諜頭子。拉維芙後來被擢升為博雅公關華府辦公室執行長。[36]

考夫曼公關是美國乳品委員會一九九〇到一九九一年間的公關代理，也派人潛入另一場反對 rBGH 的會議當中。這次會議於一九九〇年一月在紐約舉辦。會後主辦人發現孟山都的公關協調人歐尼爾事先聯絡紐約媒體，用一番說詞讓他們以為這條新聞不值得報導。憑資訊公開法所取得的乳品委員會會議記錄顯示，數名研討會與會者都是公關間諜。就在開會前四天，考夫曼公關與「強碰公司」簽訂轉包契約協定。強碰公司是一家位於維吉尼亞州亞利山卓郡、專精「草根遊說」的公關公司。依照契約，考夫曼公關要求強碰公司徵求「六到八名紐約居民參加活動、監控進展、提出質詢，並視情況提供其他協助。這些人必須懂得講出贊同使用rBGH的基本論述，並至少引用一個實質理由支持乳品委員會」。[37]

這次祕密行動的目的，顯然一方面要盡可能減少研討會的新聞版面，一方面在會場安插「家庭主婦」，叫她們在會上表示支持使用生長激素，藉此「扭曲」報導內容。不過這個祕密行動的手法一點也不細膩。研討會籌辦人卡特表示：「有人自稱是一般家庭主婦，卻用艱澀的科學術語長篇大論，你就知道她不是看《美化家園》雜誌知道這些事的。這招倒有點像二流間諜片的橋段。」[38]

拿狗來開刀

綽號「巴德」的維特馬克似乎無所不在，不僅潛入反rBGH團體，又在一九八〇年代末，變身為由洞察力出版社發行的《動物權通訊》資深編輯，滲透動物保護團體。《動物權通訊》號稱是「客觀分析動物權運動的報導」，內容卻不斷詆毀動物權團體，並提供一些破壞動物權運動的建議。動保運動人士最感吃驚的是，這份新聞報裡詳述動保團體的組織細節，這些細節除非是圈內人，否則根本無從得知。[39]

愛護動物基金會的員工普利絲卡就想到，一九八九年她第一次參加集會時，有人指著巴德警告她說這人是間諜。她說：「這有點像是參加過所有動保活動後會具備的基本常識。巴德看起來一派輕鬆，給人印象很親切。現身後，會四處找人閒聊，通常有人會認出他，然後他會趨前介紹說自己在替洞察力出版社工作。」[40]

洞察力出版社的負責人是無牌私家偵探理柏。除了出版業，他也經營「洞察力國際公司」，為跨國企業提供「情蒐」和「保全」的服務，「研究影響企業無可避免的潮流與運動」，尤其專攻動保、環保人士。[41]客戶包括備受爭議的赫許，這個人是康乃狄克州諾華克郡「美國手術公司」的總裁。美國手術公司的主力產品是手術縫合釘，取代傳統的縫線，用於傷口接合及開刀手術。公司非常賺錢，單單在一九九一年就賺進九千一百二十萬美金，其中有兩千三百三十萬以薪資和股票選擇權進了赫許自己的口袋。[42]

赫許說自己的成就是「在美國才會成功的故事」，但動保人士對該公司行銷產品的方法非常不滿。為了展示縫合釘遠勝縫線的優勢，美國手術公司為外科醫師進

動保人士轉守為攻，拍下「巴德」的照片。他正暗中監看推廣動物權的集會活動。（照片來源：動物之友）

行「訓練示範」，將活生生的狗開腸破肚，把內臟釘起來，示範完畢便將之撲殺。根據美國手術公司自己的估計，一年有一千隻狗送命。[43]

一九八一年，當地報紙登了一篇關於美國手術公司虐待狗的報導，因此諾華克動保團體「動物之友」到美國手術公司總部前抗議。在某場示威行動後，動物之友副執行長西摩發現自己被巴德和理柏跟蹤。他們開車跟她到小孩的學校，又拿相機拍她。西摩上前質問，理柏否認跟蹤她，還說：「我只是來這裡接我自己的小孩。」西摩查證後發現，理柏的小孩根本不是這間學校的學生。她感到非常不安，因為這兩人的行徑簡直就是意圖恐嚇。不過，跟下面的事件相比，這還算小事一樁。

炸了老闆

根據記者崔斯蔻的調查，莎彭在一九八七年夏天參加了一場在華府的研討會，自此開始涉入動保運動。康乃狄克州動物之友的統籌露恩說：「她就這樣從天而降。」莎彭為人親切又健談，立刻融入了至少六個動保團體活動。她似乎無役不與，東奔西走，參加全國大大小小的抗議活動、會議、研討會。[44]

動保人士開始對莎彭有些疑慮。她不像其他運動人士那樣拮据，彷彿有用不完的時間和金錢。她的好奇心異常強烈，想要認識所有主導運動的人物。《動物議程》的編輯巴特萊說：「她總是在提問，而且隨身帶著一大疊白紙作筆記。」巴特萊在一九八七年六月一場麻州的示威活動中第一次見到莎彭，她注意到莎彭的說詞「前後不一……她起先說自己是心理學家，又改口說是拉梅茲呼吸法指導老師，後來又說是社工」。舊金山的動保團體主席史華特覺得莎彭不太對勁，她回憶：「我編了一個日期，跟她說那天會有示威活動。」過沒幾天，史華特真的就接到政府官員的關切，向她詢問關於「示威」的消息。[45]

莎彭經常鼓吹其他人去做些違法亂紀的勾當，露恩表示：「這女人欠缺判斷能力，只會橫衝直撞。她顯然非常魯莽，對於暴力引發的道德譴責或法律後果一點也不在意。」[46]

一九八八年四月，莎彭和露恩參加在紐約市的示威，莎彭向露恩介紹一位名叫楚特的女子，說她三十三歲，兼職數學老師，「在紐約市做遊說工作」。露恩看楚特「邋里邋遢，不大整潔，衣服又皺，頭髮又亂」，對她興趣缺缺。交談幾句後，露恩斷定她「瘋瘋癲癲」的，便先行告退。

動物之友總監費蘿早在兩年前美國手術公司的抗議活動上就見過楚特，對她也有類似的看法。費蘿回憶道：「我的助理看到她狂踩杜鵑花。她好像脾氣很火爆。」[47]與其他動保人士不同，莎彭對楚特極感興趣，往來熱絡，兩人關係愈來愈密切。之後的六個月，莎彭跟楚特每週通兩到三次電話。[48]楚特不知道莎彭其實是洞察力國際的間諜，每次通話都偷偷錄下她倆的對話，寄給美國手術公司，並附上報告，細細說明她如何煽動楚特去做掉赫許。一九八八年，美國手術公司為洞察力國際公司的服務支付超過了五十萬美元的費用，其中有六萬五千元是給莎彭的。[49]當然，在正常狀況下，沒有一個公司的總裁會花錢請人把自己做掉。赫許既沒有發瘋，也不想輕生，他其實精心策劃了一件難堪的醜聞，要讓動保團體運動蒙羞。

要不是之後轟動一時的訴訟案，挖出了這些錄音記錄跟其他「見光死」的公司文件，他搞不好可以得逞。

楚特這個人的性格很脆弱，常感到寂寞而憤怒，常常撂下狠話要幹掉前男友。我們可以從莎彭和楚特的電話錄音記錄看出莎彭一直想要把楚特的憤怒導向赫許。比方說在五月二十三日，兩個女人開始審視各種謀殺情境，楚特說，要是她的前男友真的被殺了，警察很有可能會把她當作嫌犯。

莎彭回她：「那也許——妳應該先把赫許給做掉。」

楚特大笑，莎彭緊接著說：「我是說，你想想看，幹掉前男友——他們本來就會找上妳……」

楚特說：「如果是前男友的話，他們鐵定會先找上我，沒錯。」

莎彭又重複說：「所以我才說也許妳應該先做掉赫許。」[50]

當楚特終於露出動心的跡象以後，洞察力國際公司在一九八八年九月精心策劃了一場偶遇，讓楚特與另一位公司特務米德會面。會面地點是一間披薩店，米德跟楚特閒聊，向她詢問一些照顧小狗的建議。事實上米德的姊姊在美國手術公司任職，而米德則奉命與楚特交朋友、繼續慫恿她，酬勞是每週五百美元。為了幫助他吸引楚特的目光，美國手術公司還借他開保時捷與愛快羅密歐。[51]

莎彭跟米德拿錢給楚特買炸彈，在一捲十一月十號的錄音帶裡，楚特感謝莎彭給她一百塊拿來繳房租。莎彭回她說：「我不在乎妳是拿來買炸彈還是繳房租，反正妳知道妳該做什麼。」[52]隔天，米德開車載著楚特以及兩顆土製炸彈，一路從紐約到康乃狄克州的美國手術公司總部，一下車就被預先埋伏在一旁的諾華克警方逮捕。[53]動保人士想不透為何警方容許米德載著炸彈在州際公路上奔馳，而不是一開始在楚特住處安裝炸彈時就把她逮捕。唯一的解釋似乎是讓這次逮捕行動駭人聽聞，公共安全是次要考量。

楚特被逮捕的消息很快傳遍動保團體。露恩非常震驚，但她馬上警覺起來，撥電話給莎彭，想要弄明白楚特到底是誰。她們的對話也被祕密錄音下來。莎彭刻意隱瞞她跟楚特的關係，假裝怎麼都想不起這個人是誰。

莎彭說：「我覺得這名字好耳熟，看看我想不想得起來……我記得這個姓是因為它還滿特別的，聽起來很響亮，妳知道，我有時候會記不住別人的名字……」

有一名當地記者告訴露恩，因為有預先的線報才阻止了這次炸彈事件。露恩不由得猜測這起炸彈案可能就像六〇年代流行那種臥底奸細的事。

莎彭故作無知地問：「這麼做對他們有什麼好處？」

「可以抹黑我們的運動。」

「噢，我懂了。」

露恩說：「在美國跟我一起共事的夥伴，沒有人會想用這種方式解決事情，我們可能是第一個舉發他們的人。」

臥底的莎彭說：「天啊，這真是惡夢一場。」[54]

當然，對美國手術公司來說，這場「惡夢」其實是期待已久的「美夢」。《動物權通訊》立刻撰文譴責，說楚特的行為令人髮指，就像「地方恐怖份子擊落民航客機」，又像「阿基萊勞倫號的劫船事件」。[55]

莎彭和楚特的祕密關係被揭穿後，美國手術公司依然宣稱，由這次事件可知動保運動潛藏「恐怖攻擊」的傾向。美國手術公司的辯護律師基夫說：「大家都以為動物權只是保護冬天的鳥兒跟可愛的小狗，恐怕還沒有察覺到好幾個動保團體愈來愈暴力。」另外，基夫還利用審判前的程序來調閱動物之友的完整資訊，包括所有捐款者名單、露恩的個人日記、個人所得稅申報記錄、露恩的醫療與精神分析記錄。露恩形容，他們想盡辦法在動保運動「雞蛋裡挑骨頭」。[56]

為楚特和露恩辯護的紐海文市律師威廉斯說：「這些挑戰大企業的人都非常渺小。美國手術公司發狂似地砸錢策劃破壞活動，形同赫許私下挾怨報復。以前胡佛時代聯邦調查局才有的濫權現象，現在就在雇用私家保安部隊的企業界上演。」[57]

第六章／各個擊破

我們可以看到戰爭中有很多方法可以達到目標，未必總是要讓敵方完全屈服。

／**克勞塞維茲**《論戰爭》

一九八〇年，一名酒醉的駕駛撞死萊特納十三歲的女兒，萊特納悲憤之下，創立「反酒駕母親聯盟」的行動組織，要讓大眾明瞭濫用藥物和酒精給人帶來的痛苦。好萊塢公關專家勒文形容萊特納天生就是打公關游擊戰的高手，在《游擊公關》一書中，勒文讚揚「這位活力充沛的女士，單憑個人魅力就掀起一場運動」。萊特納和倖存下來的女兒召開記者會，向世人說明酒醉駕車的嚴重性，會後勒文表示：「一張母女淚流滿面的照片傳遍全球，一夕之間，因他人酒駕而喪親的痛苦有了面孔、有了名字，那名字叫萊特納。」

萊特納說：「流淚痛哭的畫面不是安排好的，但我們憑直覺就知道媒體需要重口味的材料。」領略到一圖勝千文，她學會用影像來凸顯目的。在推動加州開徵五%酒稅法案的活動中，她叫自己的女兒用假證件買半打啤酒，接著召開記者會——會上，她女兒坐在剛買來的啤酒後面，藉此強調問題有多麼嚴重。[1]

反酒駕母親聯盟迅速壯大，光是在美國就有三百萬名會員。不過，萊特納的才華卻移作他用。一九八五年，她與人意見不合而離開聯盟；一個原因是，她主張聯盟收受酒業的捐款，其他成員不贊成。隨後她搬到華盛頓，被酒商團體「美國飲料協會」延攬，協助打擊反酒駕母親聯盟所支持的嚴格酒測法案。[2]

對付理想主義者

最晚從亞里斯多德時代開始，修辭技藝高超的雄辯家就理解到，一句反對者的背書可抵千言萬語。公關產業深諳此道，因此悉心培養可以收編的社會運動人士，用他們來反制運動訴求的目標。出身美國陸軍戰爭學院的MBD公關間諜公司資深副總裁杜欽闡述過這套策略。在加入帕根國際、MBD之前，杜欽曾任國防部長特別助理和海外作戰退伍軍人協會公共事務部主任。他在一九九一年對「全國肉牛生產者協會」演講時，分析MBD如何用「分而治之」的策略對付運動人士，他認為搞運動的人可分為四類：激進派、投機派、理想派、務實派。對付這些人的策略可分三階段：一、孤立激進派；二、「培養」理想派，並把他們「教育」成務實派；三、收編務實派，讓他們向產業靠攏。[3]

根據杜欽的說法，激進份子「想要改變體制，有深層的社會或政治信仰」，並認為跨國企業「本質上是邪惡的產物……這些激進份子不相信……聯邦、州或地方政府會為他們把關，保護環境。他們寧願相信個人和草根團體對產業有直接的影響力……我會把他們當前的主要目標歸類為社會正義和政治權力下放」。

理想主義者也「很難應付」。他們「想要一個完美的世界，一見到什麼產品、行為好像玷污了這完美世界，就當成是邪惡的事情。不過，因為生性無私，又因為他們堅持立場、似乎也無利可圖，媒體和民眾都會輕易地相信他們，有時連政客都買帳」。然而，理想主義者「有個弱點，如果讓他們相信，反對某產業或產品，會傷害到別人，而且在道德上說不通，那麼他們就會被迫改變立場……因此，我們必須與務實派協商，對理想派則施以教育。一般說來，教育理想派時，需要無比的敏銳度和理解力」。

較之理想派，投機派和務實派就容易操縱些。杜欽說，投機派「投入社會運動，是為了出風頭、爭權力、喜歡有人追隨，甚至是想找份好工作……應付這些人的訣竅，是起碼讓他們嘗點勝利的滋味」。務實派則可以「忍受交換條件、願意在體制內妥協、對激烈的改變不感興趣、非常實際。處理公共政策議題，制定策略時，都應該優先考慮務實派……如果你的產業可以跟這些人營造出關係，那麼激進派就會喪失可信度，我們就可靠著投機派促成政策定案，然後分享成功的果實」。[4]

招降環保團體：「少幼稚了，拿錢好辦事。」

《奧德懷公關服務報告》在一九九四年二月當期，明白地指出公關業鼓勵環保團體和主要污染行為者「結盟」的策略，附載的社論承認：「最近的經濟衰退給公關人上了一課：不管企業的理念聽起來有多有崇高，依然賺錢第一，處理自己造成的汙染倒是其次。」[5]公司評估各種方案的成本效益之後，發現「白花花的鈔票可以買到環保運動者善意的回應。公關達人說，資金充裕的公司願意大方地資助手頭拮据的環保團體，因為他們相信，對於有環境意識的消費者來說，有了環保人士的認可，會幫企業形象會大大加分」。[6]

《奧德懷》還觀察到另一個現象——「非營利組織發現，私部門的金援可以增加組織的影響力，並資助建立會員計畫」，並且把「願意受私部門的捐款」的轉變視為環保運動「趨向成熟」的證據。[7]

《奧德懷》訪問位於華府、號稱全美第三大的「環保公關公司」——偉達公關。偉達公關受訪者帝迪昂表示，企業界發現可以「雇用環保團體的成員來協助執行某些專案。對企業來說，能夠接觸頂尖環保專家是求之不得的事情；而且請這些研究者、科學家、分析師來幫忙，價錢也還算合理」。[8]

企業要跟環保團體搭上線，過程還是會有些風險，帝迪昂說：「一開始要低調一點，不讓媒體知道，這樣對兩邊都好。」他還建議道：「一開始就要計畫好，關係要在什麼時間、用什麼方式向媒體曝光；萬一消息提早走漏，該採取什麼樣的消毒措施。」

《奧德懷》還提出了零成本、且幾乎零風險的方式，讓企業在與環保團體暗通款曲之前先「試試水溫」，「企業可以協助他們募款；詢問是否可以參與其董事會，這也許可以開啟一段良好的共生關係」。另外，企業出資舉辦雙方都有興趣的主題研討會，或為非營利團體出版特定議題的刊物，這些做法也很有效。帝迪昂說：「出版品會有企業的名字在上面，因此企業也可以左右刊物的內容。」[9]

同床異夢

為協助企業界判斷哪個運動人士可以收編、用什麼方法收編，公關主管成立的商會「公共事務委員會」出資贊助一個免稅組織，名為「公共事務基金會」。公共事務基金會的資金來源均為知名的美國大型企業，有美瑞泰克、亞什蘭石油、波音公司、陶氏化學、艾克森、美國健保協會、菲利普莫里斯、藥品生產協會、納貝斯克、殼牌石油等等；還有很多公關遊說公司也都是會員，如邦納聯營、博雅公關、哈里森公關、傑弗森集團、MBD。[10]

公共事務基金會監控超過七十五個社會運動團體的專門刊物，並蒐集「超過一千三百個運動組織、研究機構團體的資訊」。[11]一直到一九九三年，基金會每兩年都會出版一本電話簿大小、內容詳實的索引，名為《公共利益檔案側寫》，提供「全美兩百五十個重要公益團體的關鍵情報」，報導「目前關切的議題、預算、資金來源、董事會成員、出版品、研討會、營運方式」。[12]一九九三出版的一九九二到九三雙年刊，把各團體按照屬性分類，歸在「社區和草根」、「企業課責和責任」、「環保」、「智庫」等標題下。[13]

公共事務基金會每年也會籌辦一次研討會，為期兩天，討論運動團體和公共政策，並找來位於華府的消費者利益組織和環保團體，邀請這些團體中的傑出專業運動人士、工作人員與公關主管們閒聊。這樣的研討會幫助企業公關人士學習剖析運動人士所運用的策略、戰術、議題，以便擊潰或壓制他們的運動成果。而且，這個會議保證不留下任何記錄——「提供千載難逢的機會，讓您一窺重要公益團體的面目，瞭解他們關心的議題、策略和影響力」。[14]

根據宣傳手冊的說法，一九九三年的研討會目的是要協助公關主管找出問題的答案，像是：「運動人士都採取哪些戰術來達成目標？」「企業可以使用哪些方法跟運動團體建立關係？潛在利益和缺點有哪些？」[15]參加研討會的企業要繳交五百四十五美元。特別來賓有MBD的杜欽、美國公益研究團體的領袖卡平斯基、有害廢棄物公民情報中心的傑克森；美國消費者聯盟的執行總裁布羅貝克也用一小時介紹「近十年來主要的消費者議題和潮流，及其對美國企業界的意義」。此外，與會者也可以瞭解一些右翼講者的觀點，來賓有保育基金會總裁兼亞什蘭石油董事努南、基督徒聯盟的執行總裁瑞德、競爭企業協會的史密斯。[16]

有錢能使鬼推磨

美國公民自由聯盟是被菸草業所收編的組織，該聯盟提倡吸菸者也有「公民權」，認為吸煙的自由相當於言論、集會自由。訟辯學會指控，該聯盟已經被菸草利益團體所把持，對此，他們當然全盤否認。但在一九八七到一九九二年間的財務報告中，美國公民自由聯盟收取了菸草利益團體五十萬美元的事實卻無可否認，不過，他們卻未對自家會員揭露這筆鉅款的來源。[17]

話說，孟山都希望rBGH獲准上市，因此發動宣傳活動，此舉贏得了前美國消費者聯盟執行總裁芙兒曼的支持。一九九三年初，芙兒曼以個人名義為孟山都的「rBGH小組」關說，傳言酬勞是天價。有了她的幫助，孟山都阻止了國會和食品藥物管理局的立法管制（規範乳品業者必須在產品上標示哪些乳品來自注射生長激素的牛隻）。事實上，孟山都還用法律訴訟威脅乳品零售商不得自行標示這個資訊。

曾任農業部次長的芙兒曼在一九八七年成立「安全食品聯盟」，擔任該聯盟的統籌和說客，號稱是「保障消費者、資深公民的權益，保護檢舉人、勞工組織利益的聯盟」。成員中有許多重量級的公益團體，諸如賈柏森的公共利益科學中心、奈德的公共公民組織、食物與健康政策公共之聲組織等。[18]

芙兒曼受訪時表示，她並不覺得幫 rBGH 關說，跟為安全食品聯盟遊說之間有任何利益衝突，她解釋：「食品藥物管理局都說它很安全了。」又補一句：「公共利益科學中心也認為 rBGH 很安全啊，你們為什麼不打電話問問他們？」被問到她為孟山都進行 rBGH 的關說活動收了多少錢時，她憤怒地拒絕回答，直說：「這干你什麼事？」她位於華府的 F&H 顧問公司也拒絕提供進一步資訊，直接把記者推給孟山都的公關部門。[19]

雙面手法

一九九三年十一月二十二日記者凱普蘭在《法律時代》有篇報導，介紹紐約市波特紐維理公關公司的業務項目，創辦人紐維理表示，他們專精於「異花授粉」策略*：公司提供免費服務給健康相關的慈善團體，也藉此說動這些慈善團體去支持為該項免費服務出錢的客戶及其所代表的利益。比方說，在一九九三年春天，波特紐維理公關所代表的農產品業者和殺蟲劑製造商驚覺到，美國公共電視網（PBS）即將播放莫爾斯拍攝的紀錄片，片中報導殺蟲劑可能會讓孩童致癌的故事。為了駁斥這部紀錄片，波特紐維理公關求助於政府單位「國家癌症研究所」和「美國癌症協會」：前者是波特紐維理的客戶，後者還免費使用波特紐維理公關的服務逾二十年。波特紐維理公關勸美國癌症協會的全國辦公室發出內部通知，輕描淡寫地帶過殺蟲劑的致癌風險，通知是這樣寫的：「該節目認為食物中殘留的殺蟲劑量可能有害人體，毫無根據。」這段話隨即被殺蟲劑業者引為「證據」，駁斥莫爾斯的紀錄

譯註* 在此，異花授粉（cross-pollination）是指把看似不相干的經歷，挪用於某些想極力爭取的機會上，當成說服的工具。

片誇大了殺蟲劑對孩童的危害。[20]

監督聯邦政府合約的附屬委員會主席民主黨籍阿肯色州參議員普萊爾表示：「長久以來我就很擔心，有的承包商同時為政府、業界兩邊服務，哪天真的會出事。承包商完全沒有意識到這種矛盾的關係，這到今天都還是很大的漏洞。」[21]

偉達公關高層主管奧理基諾也在一九九四年使用了類似異花授粉的策略，勸說好幾個全國性環保團體替「日曬防護意識夥伴聯盟」背書，事實上，這個聯盟是偉達公關為跨國製藥公司先靈葆雅藥廠成立的偽草根團體，藥廠的著名產品就是「夏波胴防曬乳」。先靈葆雅藥廠的如意算盤是利用聯盟力量來「教育」群眾，讓他們瞭解——由於大氣臭氧層的稀薄，造成紫外線輻射增加，導致皮膚癌死亡、罹患白內障、損害免疫系統等危險，並呼籲大家「在出門前往戶外時，在全身可能曝曬到陽光的部位塗抹曬乳，盡量塗，不要省」。[22]

偉達公關網羅了自然資源保護委員會與山巒俱樂部的領袖，把他們所代表的團體列在日曬防護意識夥伴聯盟信箋的抬頭上。顯然這些團體在聯盟宣傳活動中的作用並不單純，而且聯盟也沒有提出任何避免臭氧層更形稀薄的具體方案。一位不願具名的環境團體代表表示，他對先靈葆雅公司的資金挹注一無所知，也不知道聯盟的真正目的是賣防曬乳。

其實預防日曬導致皮膚癌最好的辦法，是用衣物完全遮蔽皮膚。不過，全球最大的防曬乳製造商若跟外界這麼說，無異是自尋死路。在某支公關公司精心設計的預錄新聞中，有一群衣著單薄、體態誘人的「拜日教徒」在烈日下曝曬，一邊抹上一層厚厚的防曬油。這支預錄新聞中隻字未提幕後金主是先靈葆雅。[23]諷刺地是，偉達公關雖然為先靈葆雅公司宣傳臭氧層破洞導致的紫外線傷害，但若有企業客戶想淡化全球氣候變遷所導致的環境風險，他們也能提供服務。[24]

百尺竿頭，更進一步

有些公司會說些開明的政治語言、標榜自己是「社會責任企業」，當成行銷宣傳的核心策略，如「班與傑瑞冰淇淋」或「美體小舖」便專精此道，這兩家企業也是企業社會責任協會（簡稱「企責會」）的創始會員。企責會由五十四家企業於一九九二年所發起，參與的企業普遍都有進步的形象，如新泰萊童鞋或Levis牛仔褲等公司。到了一九九五年，協會會員增加到八百家企業，不過卻多了很多缺乏社會責任感的公司。為了拓展資金來源、加強企業影響力，協會積極招募大型的企業，像是聯邦快遞、家得寶家居、衛康媒體、蓋普服飾、AT&T、高樂氏、吉德皮巴第公司、銳步運動鞋、星巴克咖啡、拍立得、漢威聯合、時代華納、塔可鐘快餐等公司，當然還少不了我們很熟悉的孟山都。[25]

根據《企業倫理雜誌》前任編輯考克斯的觀察，孟山都對外宣稱公司已經大幅減少排放有毒氣體，並且想要採納企責會所提倡的做法，做個負責任的企業。[26]問題是，孟山都改善產品「製造程序」，但還是持續製造那些賺錢的「產品」，如危險的殺蟲劑、人工食品添加物、高風險的基改產品。孟山都加入企業社會責任協會這件事凸顯了一個基本難題：企業參與社會責任運動時，所謂「社會責任」該如何定義？如果孟山都可以是會員，那麼為何不能有「很有社會責任感」的核武軍火商？菸草業也可以加入嗎？

這個難題促使協會董事會必須定義「入會政策」。討論之後，董事會主張，對想要入會的企業強制施以「特定的社會責任標準」，恐怕利大於弊。根據協會總裁鄧恩的看法，董事會的態度是「門戶大開的會員政策，只要企業展現誠意，瞭解我們的目標和組織原則，願意為改善自己的企業政策和作為，便可加入會員」。[27]

問題是，企責會的成員中，有全球最會污染環境的企業，而且不久還會有更多這樣的企業加入。某些加入協會的企業也支持偽草根團體和商會的財務，讓這些組織有本錢替他們關說，削弱環保、消保、公民權法案的殺傷力，還資助右翼倡議組織，散佈環保運動不利經濟發展的訊息。

企責會在決定不針對特定立法表明立場後，協會想要改變社會的理想又更見限縮。這種不表態的政治立場和右翼運動大異其趣，其他企業贊助的右派協會組織，如美國商會、企業圓桌論壇等，無論法案大小，只要挑戰到大型企業的政治權力，這些右派組織必定傾全力反對、破壞。

企責會對於改變社會的投入很有限，只能盡其所能地用好聽的話稍加補償，考克斯承認：「總結過去十年，這協會推動的是『你好、我好、大家好』的運動。」[28]一九九四年，企責會會創始人李維特在某場美國公關學會的會議中表示，協會的目標是「使企業、員工、環境、社區全都受益，證明企業責任和基業長青息息相關」。[29]類似的樂觀精神也瀰漫在一九九四年於麻州劍橋所舉行的協會年度會議上，研討會題目是「超越利潤：為世界和自己的企業實現社會責任」，主打鼓勵牌，期許會員以私部門的力量，創造出「負責任的社會企業市場和需求，爭取廣大群眾對於環境和能源相關努力的支持」。此外，會中還讓當時的第一夫人希拉蕊以衛星連線現身。公關工作坊的主題則有「誠實傳達你的社會責任訊息」和「針對負面媒體報導：最佳實務、最差夢魘」等等。

許多公關公司都加入了企責會，如柯恩考夫林傳播、DDB尼得漢、德拉海集團、坎柏集團、凱旋公關等。[30]協會的一個目標是「撮合企業和媒體，讓媒體報導企業所下的功夫」，參與的會員企業都因此沾光，一併建立起負責任的社會形象，協會同時也催眠消費者——購買會員企業的產品，為建立更好的世界盡一份心力。不過，就連班與傑瑞冰淇淋等模範公司也發現，改善形象容易，為了社會責任犧牲利潤則難。

考克斯說：「班與傑瑞冰淇淋在一九九四年聘請霍肯來比較公司的營運、內部作為跟外部行銷的差異，撰寫了公司第一份社會稽核報告。沒想到報告出爐，給了公司一記當頭棒喝。主流媒體表示，班與傑瑞冰淇淋並不如他們所廣告的那麼純淨，或者說，不是消費者所想的那樣……雖然不是存心把自己給『漂綠』，但他們的行銷手法確實誤導了大眾。」[31]

事實上，言行不一這毛病在美體小舖就演變成重大的醜聞。這家美妝公司十分勇於運用開明的語彙表達自己，創辦人蘿迪克甚至有「資本主義的德雷莎修女」的美名。在蘿迪克的有聲自傳《身體和靈魂：取財有道》裡，她闡述了個人宣言：

「我痛恨美容業，這一年有八百億美元產值的行業，販賣的卻是無法實現的夢想。美容業用謊言、騙術來剝削女性，讓她們不快樂……浪費消費者和勞工的時間精力，浪費地球資源。這一切，只是為了用天價賣出大量產品。想到用美來生財，我就於心不安。」不過，蘿迪克在其他地方又主張：「我們很單純、實在地把女人所渴望的健康產品，以公道的價格出售，不剝削任何人，不傷害動物，不污染環境。我們不欺騙，不耍詐，甚至不做廣告。」[32]

蘿迪克一反公關傳統，不買電視時段打廣告，而是大展公關長才，把自己的形象和各色進步的理念連結起來，為公司取得「免費曝光」。記者爭相報導美體小舖在產品中使用「天然」成份、反對動物測試、支持國際特赦組織與綠色和平組織等機構。為了強調公司對於第三世界原住民文化的關心，美體小舖廣為宣傳「以貿易取代援助」的計畫，聲稱要向原住民團體購買化妝品原料以表支持。

記者恩坦說：「買一送一真划算：購買美體小舖乳液，附贈社會理想主義。」[33]

一九九四年，恩坦著手調查美體小舖，撰寫一系列的報導，指出只有一小部份的化妝品原料是經由「以貿易取代援助」計畫取得的。恩坦也發現美體小舖：

一、使用許多過時、下架的產品配方，內含大量不可再生的石油化合物。

二、使用動物測試的原料。

三、有品質控管問題等不良記錄，像是販售含有甲醛及受污染的產品。

至於如何開始調查美體小舖，恩坦說：「我首先聯絡美體小舖在紐約的公關部門，他們不太習慣被人質疑。我問他們，有沒有外部稽核來驗證公司的種種說法，他們就驚愕地瞪著我，好像我是外星人似的。他們說這類文件很多，絕對可以證明宣傳屬實，晚一點再寄給我。但隨後的兩、三週，我不斷收到他們寄自倫敦和紐約的律師信函，威脅要告我誹謗。我在ABC那幾週，每隔三、四天他們就會寄來新的存證信函，羅列種種控訴，就是不具名。從來沒有受訪者這樣對待我。他們氣炸了，不過，生氣也是精心安排的，好製造戲劇效果。誰要是關心社會責任、看重誠信，誰就會受威脅；誰要是認真質疑美體小舖，誰就可能被恐嚇。」[34]

美體小舖為了反擊恩坦刊載於《企業倫理雜誌》的報導，求助於公關大師——偉達公關的曼奇維茲。曼奇維茲是美國公共廣播電臺（NPR）的前任總裁，面對以前的同事製播批判美體小舖的報導，他也不念舊情地攻擊他們。NPR為了息事寧人，只好撤換負責這則新聞的記者和編輯。[35]

美體小舖事件的流彈也掃到了柯亨，也就是「班與傑瑞冰淇淋」名稱裡的「班」。班為了抗議恩坦揭發美體小舖的內幕，辭去《企業倫理雜誌》諮詢委員的職務。考克斯說：「班的回應令人失望透頂，我不禁懷疑他是不是真有理想。在這篇報導刊出的前一週，他來信要求我們把它撤掉，說這篇報導謊話連篇。他其實一個字都還沒看過。班的反應異常激烈，在我看來，他對蘿迪克的忠心似乎勝過他對社會的責任感……他有這樣的反應，是因為文章付印時，班也得知恩坦正在調查班與傑瑞冰淇淋的『貿易取代援助』計畫細節。他知道他們的公司就是下一個箭靶了，也清楚這篇報導會對標榜履行社會責任的企業提出根本的質疑，他的公司將受到前所未有的考驗。」[36]

此外，考克斯指責偉達公關運用另一家公司作為白手套，取得《企業倫理雜誌》訂戶的郵寄地址，讓美體小舖得以寄給訂戶長達數十頁的文件攻擊恩坦的報導。考克斯說：「有自稱霍夫曼公司的人，致電給我們的名錄仲介商，表示他們想要承租我們雜誌訂戶的名錄，以寄送非營利相關目錄。現在看來，顯然霍夫曼公司把名錄給了美體小舖。重點是，美體小舖為了駁斥恩坦的報導，試了很多方法，寄了超過二十頁的文件給我們的訂戶和編輯部，但就是無法反駁報導中所陳述的事實……我們只有五名員工，卻要對付偉達公關這隻龐大的公關巨獸。他們的資源比世上任何公關公司都多，是全美最知名、最有影響力的公關公司。為了打倒我們這家小公司，他們無所不用其極。」[37]

根據恩坦的看法，美體小舖事件標示了社會責任的興衰起落，也給公民上了重要的一課：「在我們的社會中，美體小舖跟其他企業一樣，擁有同等的權限和機會；也跟其他企業一樣，製造非永續性產品、鼓勵消費、使用不可更新原料、雇用大型公關公司和律師事務所、誇大自家的環境政策。如果我們要轉型成為永續的社會，很重要的一點是，社會要有真正永續的組織，而這個組織不一定是企業團體。美體小舖讓大家以為，他們領導業界，致力於營造永續的環境，實則不然。企業往好的方向前進，我們應當予以認同和鼓勵，但不要繼續吹捧美體小舖這種說一套做一套的企業。」[38]

為班與傑瑞冰淇淋做社會責任稽核報告的作家霍肯提出警告：事實上，高唱「社會責任」反而危險，因為容易造成錯覺，讓社會無法認清即將面臨的危機、無法朝真正永續的方向前進。在《商業生態學：永續性宣言》一書中，霍肯寫道：「即使地球上每家企業都學那些『頂尖企業』（如班與傑瑞冰淇淋、巴塔哥尼亞戶外用品、3M等等）的『最佳』做法去處理環境問題，世界仍會繼續沉淪和崩解。所以，如果全世界少數絕頂聰明的經理人都沒辦法規劃一個永續的世界了，那麼目前企業界努力實踐環保，儘管值得稱許，也只是提供了一小部份的解答而已。問題的癥結與其說在於管理，不如說在於制度設計上的缺失，這是企業的通病。」[39]

第七章／毒害草根團體

我認為，只有人民才是對自身福祉唯一勝任的法官。

／昆西（美國革命先烈，寫於一七七四年）

美國獨立革命認為「人民」才是所有政府權力唯一的正當性來源。美國反抗軍起義對抗英王喬治三世的殖民帝國，權力下放基層不僅是革命的手段，也是革命的目的。這反映了思維上的典範轉移：一般平民不再隸屬於君權神授的英國皇室，〈美國獨立宣言〉則提出了前瞻性的新觀念，大膽且清楚地主張人民有權「改變或推翻」不順從民意的政府。

在革命當時，小鎮鄉民共同參與基層決策，運用各式論壇充分地溝通，透過公民會議、政治辯論、潘恩的小冊子《常識》、大海報、報紙等不同方式，直接分享各自的意見。民主制度得以健全發展，也要歸功於當時的美國並未像歐洲一樣貧富差距懸殊，富蘭克林寫道：「事實上，雖然在美國有少數人像歐洲的窮人一樣過得很悲慘，但以歐洲的標準來看，也沒有哪個美國人可以稱得上是有錢人。整個社會瀰漫著某種平淡而快樂的氛圍。」[1]

世易時移，美國離富蘭克林的時代已經很遠了。一九九五年四月《紐約時報》報導：「美國已經成為工業國家中，貧富差距最懸殊的國家……最有錢的前一%美國家庭，每戶資產淨值至少達兩百三十萬美元，擁有全國四十%的財富；而前二十%的有錢人，則擁有超過八十%的全美財富，這個數字高於任何其他工業化的國家。」[2]

有一則流傳已久的笑話：「黃金法則就是——有黃金的人就可以訂法則。」進入二十一世紀，美國是全球最受貿易行為所主宰的國家，我們看到社會的不平等逐漸加深了人民和政府之間的隔閡；曾經鼓舞革命先賢的草根民主制度，被政治菁英主義、貪污與關說所取代。

在一九九五年柯林頓總統的國情咨文演說中，便提到了公民對於政府的疏離感，他說：「現在在華府奔走的說客是二十年前的三倍，美國人民看到的首都景象是：有關係、有背景的人就可以為所欲為，而市井小民的利益卻常常被忽略。」連最呼風喚雨的大企業御用說客也公開承認了這項顯而易見的事實，如公共事務委員會的總裁侯恩就說：「有愈來愈多的證據顯示，我們的體制照顧有錢人、名人、既得利益者……難道參議員中有二十七位是百萬富翁乃純屬巧合？」[3]

企業家可以透過贊助競選活動、雇用索取高價的說客、拿企業肥缺酬庸卸任官員等手段來掌控政府；在此同時，佔美國人口大多數的勞工階級，卻發現自己的經濟和政治影響力正一點一滴地消逝，現在要工作更多更久，才能支付帳單、維持生計，再也沒有多餘的時間凝聚社區意識或參與公民行動。穩定的社區、活躍的工會、獨立經營的小型農場、小型企業本來扮演著草根民主制度的堡壘，不過，這類社會組織正迅速地消失。幾近半數有選舉權的公民根本不想投票；即使是那些有投票的選民，也不相信政府會展現誠意，他們告訴民調業者，這通常只是「從爛蘋果中選出比較不爛的那顆」。如今兩個美國主要的政黨都完全仰賴企業金援，才能花錢請新一代的專業公關顧問、行銷人員、社會科學家來管理和推廣自家的理想目標、參選人，基本上跟賣汽車、時尚、藥品等物品的廣告手段並無二致。

諷刺的是，由於公關手段橫行於政治圈，那些仰賴公關妝點的政治人物，反而引發了嚴重的形象問題。事實上，因為政客的惡名昭彰，所以他們通常會主打「假裝自己不是專業政客」的競選策略。競選活動的顧問告訴參選人，要擠進華府權力核心的最佳策略就是跟選民說，參選人其實也很痛恨華府那個地方。這個戰術是下猛藥，而且劑量一次比一次重。雖然這麼做可以讓參選人贏得選戰，但也讓公民對體制更不滿，面對政府的典型態度就是冷嘲熱諷、事不干己或徹底失望，而華府當權人士只好裝模作樣去自我否定，以求保住官位。

這種墮落的政治環境讓公關產業生意興隆。趁著公民由於憎惡而遠離政治，公關業便名正言順地取而代之，運用快速進化的高科技資料和傳播系統，徹底反轉「草根政治」的定義，打造符合菁英客戶利益的「草根公民運動」。資深的華府與華爾街圈內人班森創造了「人工草皮遊說」這個名詞，用來形容像偉達公關、強碰、最佳直效、全國草根傳播、貝可考文公關、博雅公關、戴維斯傳播、邦納聯營等公關公司收費製作的「偽草根運動」。《造勢與選舉》雜誌把「人工草皮遊說」定義為「立即取得民意支持某項觀點的動員計畫。看要用什麼手段把社運人士拉進來，用騙的、用拐的都好」。[4] 而記者葛瑞德對於這種企業草根動員有自己的詮釋，他稱之為「民主出租服務」。[5]

「人工草皮」動員可以說是企業草根運動中虛假的極致，即使連公關圈內人都拿這個詞彙來嘲弄同業的成果，並保證自家「種」出來的草根運動比較專業，品種更純正。全國草根傳播公司便大剌剌地在《造勢與選舉》雜誌封底刊登全頁廣告，用「不含人工草皮，保證純正草根」的廣告詞招攬客戶。[6] 不過公關公司口中的「純正」跟我們日常生活用法大不相同，公關專業人口中的「純正草根運動」是指群眾動員的手法精良嫻熟，以至於「像真的」一樣。

「獲得地方全面支持」

說客為了勸誘政客在特定議題上支持他們，以前靠的是「關說三寶」：美酒、尤物、紅包不可少。實質上，這些老派的說客從不曾絕跡，只是因為現代科技進步，開發出其他更細緻又有效的方式罷了，現在公關產業掌握了某種類似愛因斯坦「統一場論」的方法來「激勵」民選官員。

一九七〇年初期偉達公關的華府辦公室為了要找出最有效的關說方法，於是對美國國會進行意見調查。芊朵寫道：「他們發現關說跟影響力大小有關，依序是：老朋友、選區企業家、選區一般選民；親自拜訪比信件有用，手寫或個人信件比印刷品或現成的明信片有用，信件又比電話更有用。」[7]

根據分析結果，偉達公關的主管葛雷便計畫性地雇用知名華府政治人物的親友團。這種動員技巧現今已被廣泛採用，公關主管瑞斯把它冠上「草頭溝通」的名號，他本人也是一九八〇年初期實踐這項技巧的先驅。一直到他一九八七年退休前，他所經營的瑞斯傳播公司服務過AT&T、菲利普莫里斯、麥道飛機、聯合航空等企業。[8]瑞斯誇口說：「草頭溝通是終極企業法規的利器……一種大膽而獨特的方法，快刀斬除特殊利益的糾葛，讓大家聽見產業的聲音……並使立法者不得不加以正視。」[9]

瑞斯傳播表示，挑選目標議員，然後雇用「樁腳」，而樁腳的遴選標準是「該議員的重要好友或業界大老，除了要跟議員及其幕僚關係密切……這名樁腳亦應涉入社區事務，跟媒體有點聯繫」。確定樁腳後，便以樁腳個人的影響力遊說該議員，並協助籌劃「有影響力的企業圓桌會議，成員由樁腳親自挑選、招募，均為重要的企業或社區領袖……當然還有議員的朋友與支持者……換言之，我們創造出一個『廚房內閣』……他們可不是閒雜人等！這些『廚房內閣成員』跟立法適用的對象關係很好，也能接受客戶設立的目標，他們從事的產業也許有跟客戶類似的立法考量」。如同遴選樁腳一樣，這些與會成員也得從「鎖定議員選區中的企業合夥人、重要政治獻金金主、社會賢達」招募而來。「這些選區親友團反覆勸說聯繫」，樁腳和圓桌會議的成員共同創造出一個假象，在鎖定的目標政客週圍製造同儕影響力，這樣議員才會覺得這個議題「獲得地方全面的支持」。[10]

由下向上組織起來

政治人物像大家一樣需要親朋好友的建議與支持，他們也仰賴有人給錢資助競選。但無論如何，地方上還是要有人投票給他們，才能贏得選舉和連任。因此說客也需要說服政治人物相信「一般老百姓」也迫切地關心說客想要推動立法的議題。到了一九八〇年代，像偉達這類的公關公司便著手開發這類技巧，不僅適用於鎖定的議員，也可以讓選民買帳；這門組織草根力量以支持企業立場的生意，演變成一年五億美元的公關專業。根據曾任州議員，現職為《造勢與選舉》雜誌編輯弗蕭的說法：「這是今天政治圈裡最熱門的潮流之一，現在這個世代，沒有幾個重大議題是只用關說就搞定的，大多數議題都要同時運用公關、草根動員、說客的鐵三角來妥善處理。」[11]

傑克．邦納也是企業草根動員領域中的先驅之一，他的豐功偉業被記錄在記者葛瑞德一九九二年的重要著作《誰會告訴人民》中。葛瑞德在書中直言不諱地警告大家：「美國民主陷入困境，大多數的人民都不願意正視問題有多麼嚴重。選舉投票是如期舉行沒錯，但在安穩的表象背後，自治的實質意義已經被掏空。在空殼底下，我們昔日稱為民主的公民價值已全盤崩解……代議制度被醜陋地扭曲，悖離原本的目的。」[12]

位於華盛頓重要大街上的邦納「草根動員」辦公室就像是一座「鍋爐間」，葛瑞德形容道：「三百支電話加上一組複雜的電腦系統，彷彿競選期間參選人的電話中心。表達能力很強的年輕人每天坐在小小的隔間裡，就諸多公共議題打電話，四處尋找『有正義感』的公民，勸說他們為大型企業（如美孚石油、陶氏化學、花旗集團、俄亥俄州貝爾電話、美樂啤酒、美國菸草、化學製造商協會、藥品生產協會等數十個企業單位）的政治目標背書。這種政治招募手法十分昂貴，但並不困難……現在想像一下，把邦納的這項公關技巧不斷地重複、加工，運用在上百個公共議題上，就可以估計整個產業的規模有多麼龐大了……這就是我們所謂的『民主』——錢花得可兇的勒！」[13]

想當然耳，邦納並不同意葛瑞德對公關業的負面評價，他對《華盛頓郵報》的記者說：「我認為這是民主的勝利！在民主政治中，要有愈多的團體把他們的訊息傳遞給華府地區之外的人民、把愈多人民的訊息回傳至國會，整個體制才會向上提升。」[14]

戳破邦納的謊言很容易，因為他的客戶根本就不是「人民」，而是花錢購買民意支持度和公民倡議假象的企業與財團。民主的基本原則是「一人一票」，邦納所遵循的原則是「一元一票」。即使對手是最有錢的環保團體或消保團體，邦納能動用的資源實在太多，輕輕鬆鬆就可以把他們擊潰。一九九三年《紐約時報》指出：「他的服務並不便宜，要動員附屬委員會中的議員們，可能要花上萬美元；不過，若要登上國會殿堂苦戰，單一企業每月就要付三百萬美元。」[15]正如同葛瑞德指出：「為了要儘速解決那些擋人財路的政治問題，就是有人願意耗費巨資來操弄政府決策。大多數的美國人根本沒有能力，也沒有本錢可以進場賭一把。」[16]

你的每個小動作

草根造勢這門生意起於民意調查，這也是公關產業的一門法寶。精準的民調科學始於一九三〇年代，當時小羅斯福在總統大選中贏得壓倒性的勝利，這點讓企業警覺到民眾在大蕭條時代對資本主義幻滅的情緒。一九三七年，由二十名「一流心理學家」共同成立的「心理公司」開張大吉，針對可能影響企業的政治問題進行系統性持續的民意監控。一開始民意調查僅用來估量「總體公眾情緒」，但隨著技術益發精良，業者得以瞄準愈來愈小的人口區塊。

加拿大作家尼爾森表示，到了一九五〇年代，企業採用了軍事技巧「戰爭博弈」，使用電腦科技模擬複雜的戰爭情勢，把人口密度、環境狀況、武器部署等各種因子，賦予加權數字，詳細地預測可能發生的結果。企業也運用類似的電腦模型，輸入他們自己組合的變數，如人口統計因子、經濟狀況、民調數據等，以產生行銷的市場情境。[17]

在此同時，民意調查也提供了愈來愈詳盡的公眾集體心態定位，電腦資料庫也日趨複雜，得以追蹤個人的想法和偏好。家家戶戶每天都會收到的垃圾郵件就是由「直效行銷」這門學問衍生而來。企業組織根據蒐集而來的各式記錄，鎖定最有可能回應的人進行推銷。企業運用電腦分析過的清單來追蹤各種特徵，諸如美國公民自由聯盟或基督徒聯盟的會員資格、收入、近期住址變更、雜誌訂閱記錄、嗜好、對於犯罪態度、種族背景、購買習慣、宗教信仰等等，族繁不及備載。透過電腦的「合併與篩選」功能，企業可以創造出以不同條件交叉比對過的名單，比方說最近搬過家並持有槍械的白種民主黨男性，或是高收入且訂閱《國家評論》的全國婦女協會會員等等。接著再把這個成果跟從民調產生的「消費心態分佈圖」結合，企業便可以得出無比精準的個人行為模式，然後運用這些他們手上的資訊，做出有所根據的猜測，評估你對於槍枝管制、稅賦、核能等等議題可能抱持的態度。根據公關高層人士迪倫史奈德的說法，偉達公關子公司瑞斯傳播幾年前便使用這個技巧，協助電信公司AT&T找出「一百二十萬個人，真的寫信去給他們選區的參議員，要求電信費漲價。這其實也只是把個人特徵、價值觀跟地理區互相連結，好讓鎖定的直效行動造勢得以順利進行」。[18]

最佳直效公司的副總裁梅立克表示：「這不是什麼艱深的學問，事實上，這只是直效行銷的第一課而已。」該公司為企業客戶提供「議題溝通」和「草根動員」服務，梅立克說：「我們寄送垃圾郵件、打廣告電話，大家都痛恨這玩意兒，但它的確有用……我們的兩大客戶是菲利普莫里斯和全國步槍協會……你可以向這兩個組織學到許多東西，他們很會操作草根動員，非常直接，也很有效。」[19]

就像今天大部份的政治高手，梅立克雖然年輕，卻經驗老到、自信滿滿，當然荷包也滿滿。梅立克在愛荷華州長大，於一九八五年拿到哥倫比亞大學政治學學位，一九九一年回到學校取得商管碩士學位。梅立克花了七年的時間與菲利普莫里斯公司共同發展出草根香菸遊說行動，他自豪地稱之為「當今美國最棒的公民行動草根計畫」。他在一場一九九四年十二月於芝加哥舉辦，名為「公共意見型塑：你不做的話，別人也會做」的企業研討會上，詳細解釋其中的運作方式。

梅立克說：「寄垃圾信是時間比較充裕時做的事。大部份美國人都事不關己，所以你要找出在乎的人，然後再從中找出跟你站在同一邊，又會採取行動的人。你必須要用他們的方式跟他們溝通。要取得這類清單一點都不難……立刻就建立資料庫來追蹤信件回應狀態……用電話進行後續追蹤，瞭解他們的立場，在資料庫裡註記，這樣你就可以知道投票前要打給誰。」

實際上，當某個議題需要投票表決時，梅立克會動用電話中心，他說：「電話的可貴之處在於速度，另一項優點是操作彈性很大。要做郵件試民意水溫的話，三個禮拜才能得到結果，然後再做調整。用電話的方式，今天講一講之後分析結果、改變話術，明天就可以試試新話題。在為期三天的專案中，可以做四到五次的改變，找出真正有用的說法，哪些訊息可以讓人真的心動，藉此改善你的回應率。」

電話還可以極有效地操縱選民去疲勞轟炸鎖定的目標議員，這種聯絡技巧稱為「轉接」。關說團體的電話中心先打給支持者，然後把電話直接轉接給鎖定的議員，以傳達支持者的個人意見。最佳直效公司內部便有特別為此目的設置的電話總機交換器。梅立克解釋：「假設我先跟你通話，我會說：『嘿，關於這個議題你挺我嗎？』然後我們小聊一下，如果你說：『好啊，我來跟我的議員講講看。』我會接著說：『太好了，我現在就幫你轉過去。』你只需要有交換器的電話中心，按個鈕就可以直接讓選民跟議員通話，他們接上線以後，你的總機就可以接著找下一個選民。各位！這就是先進的科技。」

梅立克講話很像二手車推銷員，但他也警告說：「業界也有做很差勁的轉接工作。」而最佳直效公司的服務品質最好，電話轉接得天衣無縫，讓叩應就像是民心自然而然的表現。他建議道：「把一整天的叩應時間都安排好，一定要看起來像是真的。跟你的說客談好細節，找出電話運作的節奏……盡可能讓它看起來像真的一樣。」[20]

前進吧！基督徒戰士

基督徒聯盟由娃娃臉執行長瑞德所領軍，他們的「草根動員活動」因為有高科技撐腰，加上資金源源不絕，讓聯盟的聲勢迅速壯大。本書付梓之時，正值美國大選，極右派的聲勢能夠逐漸壯大，大多要歸功於基督徒聯盟的效力。這也代表了不甚虔誠的右翼基督徒和美國企業界相互勾結，沆瀣一氣。他們採用的是一九六〇年代新左派首創的「直接行動組織戰術」之高科技升級版。前重罪犯諾斯大概是極少數有右翼基督徒聯盟撐腰卻落選的案例，儘管基督徒聯盟提供龐大金援、強力動員了基督徒大軍相挺、對心中盡是不滿的美國選民喊話、散發憤怒的訊息，他仍以些微的差距輸掉了一九九四年的維吉尼亞州參議員選舉。

瑞德的豐功偉業，使他成為政治光譜右派中最為重要的親商運動人士，各界也爭相邀請他擔任研討會的講者，連公關業首屈一指的政治組織公共事務委員會也不例外。一九九四年二月，瑞德跟公關顧問鄧恩、柯亨等其他幾位講者，在佛州的莎拉索塔市出席一場高檔又奢華的研討會。瑞德告訴在場來自美國各大企業的公關主管說：「你們將見證純正草根公民運動的崛起，我認為美國政治在九〇年代與下個世紀必會走上這條路，這是大勢所趨。」他指出，兩大政黨都處於「急速衰退，不可逆轉的狀態」。[21]

基督徒聯盟則填補了兩黨失勢的空缺，不過並非另組一黨，而是用瑞德稱之為公民聯盟（civic league）的形式。在千禧年之前，基督徒聯盟計畫建立三千三百個郡分會和十七萬五千個選區組織，也就是美國境內的每個郡、每個選區都有據點。基督徒聯盟成立於一九九〇年，至今已經有超過一千五百萬名會員和一千兩百個分會，年度預算更是驚人，高達兩千萬美元。瑞德預測道：「我們的年度預算和郵寄名單很快就會超越共和黨。」基督徒聯盟計畫在以下兩大人口族群攻城掠地：反墮胎的天主教徒，與佔總選舉人口二十四%自認為是重生福音教派的信徒。

基督徒聯盟的成就至少有部份應歸功於科技的魔力，該團體位於維吉尼亞州雀莎皮克的總部設置先進的電話系統，可以在一個週末之內播出十萬通電話。藉由尖端電腦系統的協助，基督徒聯盟得以取得美國境內每個選區的公民投票記錄，這個記錄通常囊括詳細的選舉過程，諸如：投票者參與過的選舉；若參加初選，領民主黨還是共和黨的票等。

基督徒聯盟接著提供分會每個郡內的選民清單，運用這項資訊，分會便可完成瑞德口中的「選民身分檔案」。志願者與約聘工（每小時五美金，且需達到一定業績）打給郡內所有選民，並詢問下列三個問題：一、投票者是否支持調高稅賦？此問題可以找出「經濟保守派」；二、投票者對墮胎的立場，此問題可以辨識投票者是「反墮胎派」或「墮胎合法派」；三、詢問投票者認為地方上面臨最重要的議題為何，此題的回應將被編入四十三類熱門問題，諸如犯罪、同性戀、人本主義等等。

瑞德解釋，基督徒聯盟的成功在於他們深知其潛在支持者並非意見一致的投票部隊，比方說，許多福音教徒對反墮胎議題其實沒什麼好感，不過對於反增稅倒是很感興趣。由於基督徒聯盟能夠分辨各別選民的意識形態，他們所支持的參選人便得以直接郵寄出完全投其選民所好的政見訴求，瑞德說：「知道選民要什麼最重要！」

瑞德對在場公關主管舉了一個實際範例，說明基督徒聯盟如何把維吉尼亞州民主黨新秀州議員史塔林斯給拉下來。瑞德說：「一九九一年，我們對某位州參議員（指史塔林）很感冒，企業界跟全國步槍協會也不是很欣賞他……他計畫在兩年後競選維吉尼亞州的州檢察長……我們這群人實在不能想像他當選後會怎樣，因為在維吉尼亞州，州檢察長的政治之路下一步就是州長了。我們盤算一下，決定先把他從州參議員選戰中拉下來，這樣會比到全州選舉時再處理他要便宜多了。」

所以，瑞德跟他的朋黨便暗地裡粉碎史塔林還在醞釀的政治企圖。他們拱出共和黨籍的基督徒史托爾搶他的席次。首先，基督徒聯盟對選民進行意見調查，發現當地選民最關心的議題是供水設施不良；接著基督徒聯盟協助「代表更保守的反墮胎、親商觀點」的參選人史托爾，寄送個人化信件給可能投給他的選民。

信件在投票的前一個禮拜六送達，對於供水不滿的選民，史托爾自稱是「水資源參選人」；對於那些最在意犯罪問題的選民，史托爾則被包裝成「打擊犯罪的剋星」，依此類推。因此基督徒聯盟靠著選擇並利用正確的議題，把右翼共和黨人史托爾拱上州參議員的位置，這可是自十九世紀美國南北戰後重建時期以來，維吉尼亞州頭一次變天。

瑞德也提供服務給企業客戶，協助動員公民支持基督徒聯盟關心範圍（墮胎、保險套、政教分離）以外的議題。他承認許多與會的公關主管對於這些主題並不感興趣，意見也很分歧，不過他們也有許多地方有共同點，諸如環保議題，特別是當「企業遭受環保人士不斷騷擾」時。基督徒聯盟也為擊退柯林頓一九九四年的健保改革法案盡了一份心力。瑞德提到他們計畫是「在六萬座福音派教堂中，總共放置三千兩百萬張的明信片，上面有個四歲小孩正在打針」，下面的圖說則寫著：「別讓政府官僚介入這個畫面。」[22]

民主集中制

企業草根策略的設計跟基督徒聯盟一樣，一方面動員大批群眾參與政治造勢活動，另一方面確保實際的政策辯論由少數菁英操控。柯亨是華府一家政治支援服務公司APCO聯營公司的負責人。他也在瑞德出席的那場研討會中發表演講，解釋「廣大的會員基礎」和「決策高度集中化」之間的關係，他說：「所謂的廣大會員基礎是：群眾知道什麼？議員又知道了什麼？決策過程則是：由三人左右所組成的核心團體，彼此有類似的利害關係，一起把事情搞定，不偏離軌道。」[23]

另一名講者是來自華府同名公關公司的鄧恩也同意這種說法，他解釋道：「草根計畫的目的不是為了讓更多美國人關心政治體制……真正目的只有一個，那就是影響公共政策法案……事實上無論你願不願意，都會被捲入政治角力中，所以你到底能不能贏才是重點。如果你沒有完善的草根計畫，老實說，贏面不大。」[24]

鄧恩進一步開示，好消息是企業可以跟基督徒聯盟運用同樣的科技來幫忙。第一步，公司必須鎖定員工、退休人員、供應商、顧客，系統性地建立政治宣傳的勢力。這種洗腦是要灌輸各工作崗位上的多數員工「對政府作為保持敏感度，因為這攸關他們的生計，並了解自己必須參與這整個計畫」。為使全面洗腦計畫更臻完善，鄧恩呼籲公司要設置「關鍵聯絡人專案」，徵求各級員工「與民選官員建立私交，為了維持良好關係，關鍵聯絡人基本上應主動融入議員的政治圈圈，成為輔選機器中的一員，並同時加入該名議員的社交圈」。他指出，這是一種「內建草頭策略」，簡單來說，員工被告知為了保住飯碗、步步高升，他們應該為了公司的利益擔任政治特務，跟參選人交好，並成為企業在草根地方政治中的眼線。鄧恩甚至建議「把關鍵聯絡人的責任列入職務描述的項目之一」。

想也知道，鄧恩並沒有討論到企業要如何處置沒能進入該「專案」的員工。不過，這種「工作」已經涉及政治自由與民主制度的完整性。鄧恩的「草根動員」系統就是要人奉命行事，員工身在其中只能投票抬轎，不是以自由公民的身分去考慮政治上的良窳，而只能依公司的政治利益行動。鄧恩將這些「草根行為人」視為企業戰士，在今日的競爭環境中，他們忠誠而服從的態度不可或缺。鄧恩凝重地提醒道：「各位，這是一場戰爭！有位德軍將領曾經說過，政治是沒有子彈的戰爭，如果你以為你現在不在戰場上，顯然只是因為你還沒被逼進壕溝裡。這是一場戰爭！到了最後，美國的每個組織都必須向廣大的民意計畫靠攏，除非我們可以得到所有人民的理解，否則在政治市場上只有節節敗退的份。」[25]

在你家後院插旗子

草根組織動員是業界對付「鄰避效應」（即「別在我家後院」運動）的首選武器。地方社區團體經常以發起鄰避運動，阻撓在當地傾倒有毒廢棄物、成立色情書店等等不受歡迎的入侵行為。「鄰避效應」可以說是民主體制裡的「白血球」，規模小、動員迅速，有效消滅外來的入侵者。不過也如同白血球，有時這種運動也會攻擊無害或有益的新移民。無論如何，這種運動是民主制度裡純正而發自內心的表達方式，反映了公民型塑自身環境和命運的權利。

戴維斯的工作便是代表大型企業客戶，抵制這些鄰避團體的所作所為，他的客戶有美孚石油、君悅飯店、艾克森、美國運通、太平洋天然氣電力公司等。戴維斯自稱「全美首屈一指的草根顧問」，還刊登了一幅全彩廣告，目的是要喚起所有企業執行長心中最深沈的恐懼。這廣告其實也只是一張敵人的照片：有個滿頭白髮的小老太婆拿著手寫的看板，看板上的標語是「別在我家後院」照片下面的圖說則寫著：「別讓你的未來掌握在她的手上，只靠傳統的遊說已經不夠……要超前你的對手，請致電戴維斯傳播！」[26]

戴維斯傳播的文宣上聲稱：「戴維斯可以為您擬定策略、策劃行動，讓這一切看起來就像是有社區的力量在背後支持。戴維斯把草根溝通提升成為一門藝術。」

戴維斯在一九九四年十二月的某場公關研討會上發表演說時談到：「客戶通常都是

NOT IN MY BACKYARD!
NOT IN MY BACKYARD!
DON'T LEAVE YOUR FUTURE IN HER HANDS.
Traditional lobbying is no longer enough. Today numbers count. To win in the hearing room, you must reach out to create grassroots support. To outnumber your opponents, call the leading grassroots public affairs communications specialists.
PUBLIC AFFAIRS. COALITION BUILDING.
DAVIESCOMMUNICATIONS
805.963.5929
NOT IN MY BACKYARD!
NOT IN MY BACKYARD!
© 1994 DAVIES COMMUNICATIONS, 209 EAST DE LA GUERRA STREET, SANTA BARBARA, CALIFORNIA 93101

從這張戴維斯傳播公司版權所有的廣告，可看到「敵人」的形象。廣告刊登於《造勢與選舉》雙月刊雜誌1995年12月號，當期專題為企業草根遊說。

很需要幫忙時才來找我們。各位不要太鐵齒，地方勢力真的有能耐讓你們關門大吉，這時候，你們真的會一邊罵髒話，一邊打電話向公關公司求救。馬克吐溫說得好：『等真的需要幫忙的時候，再去交朋友已經太遲了。』」[27]

戴維斯為火燒屁股的企業客戶「製造」朋友，運用郵寄清單和電腦資料庫找出潛在的支持者。他解釋，他的電話行銷人員如何讓消極支持者改變心意，積極到願意提筆寫信給政治人物、新聞報紙、政府官員，幫企業說話。他說：「我們想要協助他們寫信的話，就會跟他們通電話，在電話上我們會說：『你願意寫信表達你的意見嗎？』對方說：『那當然。』『你有空寫信嗎？』『不太有時間耶。』『那我們可以幫點忙，我現在就把你轉接給可以幫你寫信的人，等一下不要掛，我們有代筆在旁邊待命。』」電話會轉給戴維斯的另一名員工，替對方生出一封親筆信函，好寄給合適的政府官員。他繼續說：「如果他們沒有住得很遠，那麼我們會親自把信送過去；如果對象是小老太婆，我們會用『小花貓文具』親筆手寫；如果是生意人的話，我們會用印有公司抬頭的信紙再影印一次。我們會使用不同的郵票、不同的信封……讓政府官員收到一疊看起來像是從不同地方寄來的信件，這就是我們要努力的目標。」[28]

全國草根傳播公司的執行長惠特妮也專精於對抗地方社區團體，她說：「本公司基本上為大型企業服務，主要重點是協助他們進入新的市場……像渥爾瑪超市就是我們的客戶。我們專辦鄰避效應和環保人士製造的問題。」「本公司也協助企業和員工間的溝通保持順暢，確保企業內部維持無工會的狀態。一般企業都不太知道怎麼做，所以我們才會介入，協助把體制給建立起來。」[29]

惠特妮的政治生涯始於一九六九年，當時她還只是民主黨參議員穆斯基媒體辦公室的「跑腿小妹」，隨後她加入玲玲馬戲團的巡迴推廣工作，在馬戲團工作的期間，她說：「我學到了視覺效果的重要性——沒有什麼比走在大象後面的人更能吸引晚間新聞的焦點了，這對我來說是很棒的訓練。」一九八〇年，惠特妮加入了全美第二大的公關公司，「當時的工作是為美國企業界打擊傾向勞方的法案，在此同時，我也跟議員結婚（賓州的寇斯梅爾），不過他是親工會的。」不顧其中的利益衝突，惠特妮為丈夫強力輔選：「一九八二年的競選期間，我站在最前線，四十一天內握了兩萬七千雙手……再加上在反酒駕母親聯盟的服務經驗，我深切地了解獲得基層的支持有多麼地重要！」

全國草根與傳播公司專精於「讓聯邦或州政府層級的法案成立或流案」，靠的全是建立當地組織、運用專業草根運動樁腳網絡。「我們非常相信要有我們所謂的『大使』在現場，我們不喜歡雇用當地的公關公司……他們並不是當地社區的一份子。我們會雇用地方『大使』，他們深知地方的大小事，如此才能為我們發聲，也才有合作的空間。他們向我們回報，拿我們的薪水，不過，那點小錢真的算不了什麼！」

誰會符合這種便宜又大碗的活動樁腳資格呢？「我們發現最佳的社區大使可能是地方母姊會的會長，因為她們在社區中非常活躍；或者是很有空的退休婦女，我們認為她們是最棒的鬥士。」為了管理這群草根婆婆媽媽們，惠特妮雇用有經過選戰洗禮、實際組織經驗的專業人士，「我把這些高手丟在鳥不生蛋的地方，兩個禮拜內他們就可以生出一個運作良好的組織。」

這些專業人士奉命滲透地方組織時，他們在衣著上格外小心，以避免真實身分曝光——被看穿是從外地高薪聘來的槍手。惠特妮解釋道：「不能看起來像是華府來的說客，這點很重要！我去參加土地重劃會議時，絕對不化妝，我會把頭髮梳成馬尾，穿上我小孩的舊衣服。你不能看起來活脫就是華府來的，或是公司派來的……你的主要目標是要融入整個環境當中。」戴頂棒球帽就是「一種融入的方式，你就是他們的一員，而非外來的陌生人……大家都痛恨外來者，這是人性。」[30]

不要惡搞我們的利潤

雨後春筍般的偽草根團體終於讓《消費者報導》雜誌在一九九四年五月刊出了一篇名為〈公共利益偽裝者〉的文章，文中警告道：「那些名字取得很好聽的團體可能與其實際作為不符。曾經有段時間，我們通常只靠名字就可以分辨團體的立場、背後的主事者。時至今日，即便『委員會』、『聯合會』、『聯盟』等字眼再加上『公民』與『消費者』，都有可能是企業、商會代表成立的『公民』與『消費者』偽草根團體。這些公共利益的偽裝者花招很多，透過廣告、新聞稿、公開見證、假問卷、疑點重重的民意調查、似是而非的假消息等手法進行宣傳，現在很難再去搞清楚這些組織團體的真實身分與其背後的目的是什麼。」[31]

《消費者報導》舉了個例子，其實「『工作場所健康暨安全委員會』是由資方所組成的遊說團體，極力反對許多本意在加強勞工保障的法令。同樣地，如果只看『全國溼地聯盟』的標誌是鴨子飛過沼澤地，一定不會知道這個聯盟主要是由鑽油業者與開發商、天然氣公司所組成……今天，製造偽『公民』團體已經成為一種產業……公關專家發明了無數的方式來創造公民參與政治的假象」。

汽車製造業和石油產業在草根動員上也非常積極，《消費者報導》提到「美國石油研究所」在一九八九年雇用貝可考文公關公司策劃了「『美國人反對不平等汽油稅行動』，動員了全國超過一萬五千名會員」，擋下了原本計畫調漲的聯邦汽油稅。在內華達州，汽車業也搞了一個偽草根團體，叫做「內華達人支持公平燃料經濟標準行動聯盟」，為的是「給內華達參議員布萊恩一點顏色瞧瞧」！由一家叫FMR集團的公關公司找出「擁有耗油車的內華達州居民，把話傳出去」。由於布萊恩支持一項加強省油效率的法案，若法案通過，「會讓耗油車活不下去，所以FMR雇用了二十名內華達居民，把他們的連署放在抗議團體的信件抬頭上，寄給不同的團體與個人，要求他們寫信跟參議員布萊恩反應一下……這些給選民的信當然不會提到活動背後的金主其實是汽車產業」。[32]

保險公司也沒有閒著。貝伊是位於華府的「美國壽險委員會」公共事務部行政總監，該組織是超過六百家公司所組成的商會。貝伊也曾任公共事務委員會一九九五年的主席，她在接受公共事務委員會的每月新聞報《衝擊》訪問時，解釋美國壽險委員會如何準備迎戰。她說：「科技發展對我們的工作幫助很大，效果立竿見影。我們正在打造一套互動式草根動員資料庫，在公司隱憂還沒演變成為重大議題之前，把未來的情勢解釋給會員、議員、利害關係人聽，讓他們去瞭解相關事宜。我們也同步發展關鍵聯絡人專案，擴充策略，把草根動員帶到下一個境界。」[33]

ITT哈特福保險集團的公共政策溝通部主任瑞尼認為，草根動員造勢是無可取代的。瑞尼告訴《衝擊》說：「在像我們這種集中管理的組織裡，如果區域總經理要求員工坐下來寫信給他們的議員，通常都會直接在上班時間內完成。我們發給員工紙、筆、郵票跟信封。接著，我們會影印副本以追蹤回應。但我們不好意思請客戶比照辦理，因為不知道多少客戶會回應，或立場偏哪一邊，這時候就用得上草根動員了。這個年頭，企業草根造勢活動需要敲更多的門，接觸更多顧客、經銷商、供應商、相關產業，當然，不能錯過我們自己的親朋好友。」[34]

惠普公司政府事務部主任柯古德也是草根力量虔誠的信徒，他告訴《衝擊》說：「我們在推動北美自由貿易協定時，見識到真正的草根力量，草根造勢活動是我們第一次參加大型的草根運動，看到來自全國的員工共同參與，我的直覺是，這將是我們以後常備的武器……環保運動會因此受挫，勞工運動也會大亂，其他企業很快就會跟進。」[35]

肢解健保改革

在一九九二年的總統大選中，民調顯示選民對於健保的成本節節飆升格外憂心。當時的總統參選人柯林頓，經常在談話中表示他未來有打算在健保改革上採取「管理式競爭」的策略。其實在《大西洋月刊》一九九五年一月號中，法洛斯就觀察到一個現象：「健保改革的呼聲在整個一九九三年都非常強勁，連共和黨議員都認為健保改革法案勢不可當，他們當然還是想要站在勝利的一方。美國參議員道爾表示，他很希望能跟當局合作，和希拉蕊一起出席活動，為全民健保背書。二十三位共和黨員也說，施行全民健保的新法案勢在必行。」[36]

批評者指出柯林頓政府健保方案中的許多瑕疵，然而在民主體系中，初始提案有瑕疵很正常，甚至可以說是不可避免的。一個健全的民主程序會把不同觀點的人民集合起來，共同辯論、修改提案，直到達成共識為止。但就柯林頓的健保方案來說，由保險業和製藥業主力資助的「人工草皮戰術」卻殲滅所有改革美國健保系統的提案。健保改革曾經是柯林頓政府重要的國內核心政策，不過就這樣淹沒在歷史的洪流中。到了一九九五年，根本沒有人討論這個政治議題了。

健保改革首度在一九九三年鳴槍開戰，柯林頓當局指責處方藥定價過高，並暗示政府有可能強制管制藥價。不甘示弱的製藥業找來貝可考文公關公司，這家公司的重要人物均曾參與蒙戴爾參選總統的造勢活動。貝可考文公關創造出一個偽草根團體「Rx事務所」，以佈署各州和地方的樁腳。他們在公司手冊上的介紹寫說：「產出重要選民的個人信件並確保信件的品質，寄送目標鎖定三十五名國會議員。在此同時，貝可考文公關也以郵件與電話造勢，運用個人信件、電報與轉接電話，持續發送到目標議員的地方與華府辦公室。」該公司宣稱此次造勢產出了「接觸議員超過五萬次」，並「在三十五個選區與州內，建立了廣大的支持者網絡」。[37]

胡普斯剛出道就為自由派的民主黨員工作，他也在阻礙健保改革大計的公關造勢活動中擔任要角。一九八六年，還是大學新鮮人的胡普斯在《時代》雜誌上看到封面人物迪弗，便暗中立志：「我以後要當說客，這工作看起來超拉風的：坐在豪華加長型禮車後座，不斷講電話，飽覽首都的風景，而且賺錢賺到手軟。」為了追求夢想，胡普斯曾經在民主黨員參議員拜登*跟杜德底下做過事。一九九二年，他進入柯林頓與高爾的競選團隊。到了一九九三年十月，他被擁有三十萬名會員的美國獨立保險經紀人協會提名為第一位「草根統籌暨政治教育專家」。胡普斯表示，美國獨立保險經紀人協會讓草根遊說成為「自一九八七年以來公共事務議程的基石」，也讓協會成為其他產業說客爭相仿效的典範。[38]

胡普斯說：「在柯林頓的國情咨文演說中，看著健保的列車緩慢地移動，我們還有充裕的時間可以生出草根勢力、寄發廣告信、教育會員、舉行公聽會。我可以走遍全國，讓我的會員們鼓譟起來，等到要表決的時候，我們已經勝券在握了。」根據《造勢與選舉》雜誌，美國獨立保險經紀人協會在健保辯論期間動員了「將近十四萬名」保險經紀人，他們成為胡普斯口中新品種的華府說客：「新一代的說客！他優秀的說客！穿著皺巴巴的褲子、戴著黏搭搭的名牌，在首都為自己發聲……他們是來自全國各地三十萬名獨立的保險經紀人。我們這些華府的老手在背後支持他們，這是一支來自各州的獨立保險經紀人大軍，國會議員也領教到這批說客的能耐，只要按個鈕，這些人就會站出來表態，變成現在這樣完全是拜科技之賜。」[39]

保險業成立的偽草根團體「健保選擇聯盟」也加入扼殺健保改革的行列，聯盟承認其主要資金來源為「全國獨立企業聯盟」和保險公司聯合成立的商會「美國健保協會」。根據《消費者報導》的說法：「美國健保協會不只贊助該聯盟，根本是參與了整個聯盟從無到有的過程。」[40]

譯註* 拜登（Joe Biden）後來成為歐巴馬總統的副手。

健保選擇聯盟的操盤手是柴爾德，十年來他都在為保險業動員草根勢力。從一九八六到一九八九年，他為保險業的「美國侵權行為改革協會」籌劃了集「媒體、草根、聯盟創立」於一役的造勢行動。接著他轉戰安泰人壽，創立了全美國最複雜的企業草根體制。他絕對不是反健保改革行動幕後唯一的公關天才，但要說他的聯盟毀滅了健保改革，絕對當之無愧。在《造勢與選舉》雜誌中，史嘉烈在一篇名為〈毀滅健保改革〉的文章裡寫道：「這些團體巧妙地結合了特定媒體與草根遊說，比總統更能說服人心，完全不把白宮的號召力放在眼底……以前從不曾有任何私人利益團體，明目張膽地花那麼多錢打擊總統欲推行的法案。」[41]

一九九三年，柴爾德回憶道：「保險業真的非常緊張，每個人都在講健保改革……當時我們都覺得事情大條了！」他接著解釋說：「組成聯盟是為了要掩人耳目，隱藏背後的利害關係。需要掩護的原因是，我們當時馬上就要被污名化成壞人了。話說，人多勢眾。有些人擅長遊說，有些人擅長動員，有些是很棒的發言人……自然是先找到休戚與共的盟友，齊聚一堂以後再慢慢聊……才能讓你的聯盟有正面形象。」在這次的健保大戰裡，他的聯盟吸引了「無家可歸的越戰老兵……也有某些非常保守的團體。真是非常神奇的組合，而且他們各司其職」。[42]

健保反對者並非只組成一個聯盟，而是使用民調結果，針對柯林頓政府提案的弱點逐一成立相對應的組織，有超過二十個團體對提案分頭進攻。柴爾德說：「幫聯盟取名字時……運用你在民調研究中找到的適當字眼，某些特定的詞彙……一般來說都會引起正面迴響。焦點團體和問卷調查這時候就很好用了，『公平』、『制衡』、『選擇』、『團結』、『聯盟』都是會引起共鳴的好說法。」比方說，健保『選擇』聯盟就是要對付柯林頓提案中建議的『強制』健康結盟。[43]

為了讓訊息深入人心，健保選擇聯盟贊助了一支當代電視經典傳奇廣告——「哈利與露易絲」，內容描述一對中產家庭夫妻抱怨柯林頓健保改革方案太複雜，而且可能會讓整個官僚體系成為更大而無當的錢坑。廣告是由「第一個星期二公關公司」所製作，這家公關兼競選管理公司也為自由派民主黨人服務，如哈特、巴比特、潔克森。透納在一九九四年九月三十日的《紐約時報》報導道：「『哈利與露易絲』的廣告大概可以總結一九九四年這場健保改革失敗的原因：強力放送的反對廣告、保險業暗中金援、利用民眾恐懼的心理，一起配合破壞了這個計畫。」[44]

健保選擇聯盟跟其他組織也運用郵寄廣告與電話拜訪，與電臺名嘴林堡每日提供的訊息一搭一唱，誤導大眾，以引起不同的恐慌，如政府健保會讓國家破產、健保品質會下降、繼續向原家庭醫師看診會誤觸刑法。

林堡的脫口秀共計在全美六百五十個廣播電臺上播放，每天都有兩千萬的美國人收聽。然而，卻很少有人知道林堡的影響力有科技緊密的配合作後盾。柴爾德解釋，他的健保選擇聯盟透過林堡節目中播出的付費廣告，讓數以千計的公民致電議員，呼籲他們否決健保法案。首先，林堡會播出用事先安排過的鬼話連篇，煽動他的聽眾粉絲反對柯林頓的健保計畫。接著，在廣告時間，聽眾會再聽一段反健保的廣告，並附上0800的免費電話以供詢問更多資訊，如果聽眾打了這支電話，就會接到電話行銷人員線上，短暫交談後，再直接把他們「轉接」到議員辦公室。

接到電話的議員幕僚，通常都不曉得這些選民有高人指點——先聽了林堡的脫口秀和（由保險業買單的）廣告才打了電話，而這只是為了製造一個全民反對健保改革的表象。

柴爾德表示：「如果議題正確，這種做法在全國造勢，或甚至是地方宣傳上都很管用。」他表示雖然極少數人會討論這種技巧，但目前這種策略使用相當廣泛。[45]

柴爾德也居中提供企業資源，讓無力負擔的聯盟成員得以共享，他說：「我們替某個團體寫了大量的郵寄廣告組寄給四百五十萬人，也收到了成千上萬的回應。我們也與數個商會合作，贊助成員飛往華府對議員進行遊說……某些情況下我們全額補助；某些情況下我們贊助一部份；還有一些情況我們根本不用出錢，只要提供背景與訊息內容即可。也有一些是我們把東西寫好……對我們的盟友，有時候我們完全位居幕後……我們出錢用盟友的名頭刊登廣告，他們多數位於首都之內，以影響議員的想法。」[46]

到了一九九四年，猛烈攻擊柯林頓健保改革法案的砲火已經改變整個政治風向，共和黨已經徹底相信柯林頓不管提出什麼健保方案，都會被擊潰。他們的策略顧問克里斯托寫了一份備忘錄，上面寫著「前途未卜」，建議投票反對當局任何的健保改革計畫。先前支持柯林頓計畫的部份共和黨員也撤退，共和黨參議員派克伍二十年來都支持雇主給付健保，在一九九四年忽然宣佈反對，此舉使《國家期刊》批評派克伍「是很努力反對民主黨提出的替代方案，但民主黨的方案跟他先前提出的內容幾乎是一模一樣」。民主黨參議院領袖米契爾在無計可施之下，只好宣佈了一個縮減方案，幾乎沒有任何實質改變，也沒有雇主給付的部份，只宣示了一個長期的全民健保目標。共和黨當然也把握機會，向對手冷嘲熱諷一番。

作家法洛斯提到，一九九四年《華爾街日報》測試公民對於不同健保方案的反應，而柯林頓的計畫也在測試行列。一開始實驗者僅試圖描述各方案的內容，發現受訪者在主要的幾個選擇中，最偏好柯林頓政府提出的方案。法洛斯寫道：「但是當實驗者告知偏好的條款實際上是『柯林頓方案』時，多數受訪者立刻改變心意，表示反對。實驗者此時知道，柯林頓的方案永遠不會成功。」[47]

第八章／屎尿齊飛

所有個案研究中都會出現的問題是，大眾對於污水系統的主要觀感仍停留在污泥惡臭、致病、噁心的層次……只要對污泥的態度中存在著不理性的成份，就意味著公眾教育永遠不會成功。

／一九八一年美國環保署公關文件

日耳曼政治家俾斯麥曾說：「那些熱愛香腸與法律的人士，最好永遠不要看到它們的製作過程。」本書的成書過程也差不多如此。以書名為例，我們的主要目的是要揭發公關產業的祕辛，但我們的出版商覺得要是把「公共關係」放在標題上，可能會讓人看了直接睡著。由於宣傳時間表的關係，我們得在書稿實際完成前想出書名。我們花了好幾個禮拜不斷地腦力激盪，想找個暗示「公共關係」卻不使用這幾個字的書名，我們翻字典找有趣的成語，然後纏著朋友不放，詢問他們對候選書名的看法。候選書名有《幕後藏鏡人》、《廣告轟炸》、《帝國大反擊》、《販售公共心靈》等等，我們也認真考慮過借用阿諾·史瓦辛格一九九四年的電影《真實謊言》，或是胡佛所著的經典反共諷刺小說《謊言大師》。

最終定案的英文書名是《有毒污泥愛你好》，來自第一章「湯姆明天」的諷刺漫畫。我們朋友調查一下，他覺得《有毒污泥愛你好》聽起來太搞怪，不會有人認真看待，但出版商認為這個書名讓人印象深刻，在市場上也好操作。因此到頭來，我們的書還是得回歸商業考量，不過當時我們並沒有打算要寫「有毒污泥」這個問題，只是想用個「X世代的書名」吸引「X世代的讀者」，所以才以諷刺、誇張的諧擬來調侃公關業，以凸顯其欺瞞的特質。

就在這時候，布蕾特主動跟連絡我們。我們這才發現，只是用書名調侃公關業，真是很客氣了。

布蕾特是位積極、有自信的女性，在「水環境聯盟」擔任公共資訊主任。她打電話來表示，看到我們的書即將上市的消息，她有點擔心我們的書名可能會影響到聯盟努力改變下水道污泥形象的計畫。她說：「污泥一點都不毒，而且我們正在發起宣傳活動，希望大家可以捨棄『污泥』這個詞，改稱『生物固形物』，因為它很營養，適合拿去施肥。」布蕾特認為我們的書名會不利於她的宣傳活動，因此她建議道：「你們可以把書名改成《吸菸有愛身心健康》啊！這個書名應該會引起更多回響，讀者會因為好奇而拿起來翻。你們可以集中火力講菲利普莫里斯把錢都花到哪裡去了，我認為一定會大賣！」

我們感謝她的建議，也向她解釋我們不想跟巴克禮寫的《謝謝你吸菸》搞混，那也是一本調侃公關業的絕妙好書。

布蕾特不斷澄清自己「不是一個見人說人話、見鬼說鬼話的公關投機份子，絕不為不符合個人信念的利益代言」，對於有的公關人推廣香菸之類等有害健康的產品，她說她跟我們一樣，也不贊成這麼做。她強調水環境聯盟所宣導的回收，是把下水道廢棄物轉化為農田施肥的營養物，讓有機物質回歸土壤，這種「天然的過程」還避免污染水源。

布蕾特說：「這次造勢活動是由鮑威爾泰特公關公司所策劃，我們很擔心你們可能聽到了一些不實的負面消息。」

此話一出立刻引起我們的注意，「鮑威爾泰特」是華盛頓眾多公關遊說公司中的佼佼者，擅長處理高科技、安全、健康方面等具有高度爭議性的公關議題，客戶遍及香菸、製藥、電子、航空產業。公關公司的兩位老闆都大有來頭，鮑威爾是前美國總統吉米．卡特的媒體祕書和親信；泰特則服務過副總統時期的老布希與前第一夫人南西·雷根，也曾任公共廣播公司（CPB）的主席。

我們感覺其中暗藏玄機，於是請布蕾特多寄一些水環境聯盟的資訊給我們參考，她也很克盡職守，寄了印刷精美的介紹手冊與其他宣傳資料，還附上一封信，信中再次強調她很擔心我們的書「可能會對大眾造成反效果，為環境幫倒忙」。然而，當我們進一步要求提供鮑威爾泰特公關替他們規劃的策略文件、備忘錄、民意調查等相關資料時，她的態度立刻從熱切合作變成相應不理。由於水環境聯盟拿了納稅人的錢，法律上我們有權利查閱這些文件。既然他們拒絕交出來，我們只好依資訊公開法向聯邦政府提出申請查閱相關文件，不過在本書付梓之前，環保署方面仍然在延宕處理我們的申請。[1]

我們的調查發現，下水道污泥背後有不可告人的祕密，推廣污泥的「有益運用」公關造勢活動中不僅有官商勾結、利益衝突，還有政府蓄意隱瞞污泥會對環境和人體造成大規模危害的事實。整個故事要從水環境聯盟的前身「下水道工作協會聯盟」開始說起，而引發事件最高潮的是美國環保署有毒場所控制部的傳奇舉發者——考夫曼。

在一九八〇年代，考夫曼眼看著環保署官員與原本應受其管制的業者相互勾結，於是他拒絕保持沉默，勇敢地出面指證，揭發了環保署無能處理化學廢棄物，使其堆積如山的事實，而此舉也讓雷根時代的環保署長柏芙解職下臺。在葛雷澤夫婦一九八九年的著作《內部舉報者》中報導：「考夫曼因主動檢舉而引起一連串的祕密行動，有人暗中追查他的行蹤，想找出種種證據把他革職……連環保署的檢查總長也牽涉其中。打壓考夫曼變成官方政策。甚至追查行動已經侵犯到他的隱私，但仍抓不出他的小辮子……全國人都在關注考夫曼，他代表拒絕受官僚體制壓迫的員工。」[2]

而現在考夫曼正努力提出另一道類似的警訊，告訴社會大眾所謂「有益運用」下水道污泥其實是一齣浪費公帑的鬧劇，他稱之為「水肥門事件……而且裡面的廢棄物都很毒」。[3]

水肥簡史

二十世紀前，馬桶幾乎是前所未聞的奢侈品。一般人多半使用茅廁，有錢人則使用便盆，再交由僕人處理。這兩種處理方式讓排泄物最終都回歸附近的土壤。傳統的農業社會中，屎尿都被視為高檔肥料的主要成份，也就是華人口中的「水肥」。

工業革命後的世界變了。人們遠離農田，前往擁擠不堪的城市，堆肥與回收再也無用武之地，街上的污水、淤泥則透過排水溝，連接到附近的水域排放。當時的人口有限而水資源看似無窮，使用淡水清理排泄物也很合理。一九二〇至三〇年間，大量未經處理的污水從城市排放至河流與海洋，造成嚴重的污染問題。成千上萬的中小型社區化糞池系統都不堪負荷，各種產業也製造了許多化學廢棄物，亟需處置。

原本較為環保的方式是發展不同的系統，分別處理家戶污水和工業廢料——屎尿回收後，可以透過處理再把養分回歸土壤；規定企業在廠房先將工業廢棄物分別處理、妥善儲存，以供所屬產業再利用。然而在當時，把東西一股腦兒排到單一下水道系統似乎更簡單省錢。對企業來說，用納稅人的錢蓋排水溝幫他們處理有毒的副產品很划算；對一般人來說，「通通沖掉」的馬桶是跨時代神奇的發明，藉此脫離蠻荒、進入現代的里程碑。下水道系統也控制了傳染病的散播，對許多人而言，這代表了原始與文明的分野。

然而，問題在於這個處理系統裡堆積了各類大量噁心、有毒的物質，因此分類處理與消毒變得極端困難，幾乎是不可能的任務。慈善家愛比．洛克斐勒也是位污水改革推廣者，她表示：「目前慣用的污水處理系統……並不能用來製造可用的產品。正因如此，我們必須承認，系統當初設計的『功能』之一，便是無法徹底解決廢棄物所造成的污染。」[4]

根據環保作家柯斯納和桑頓的觀察是：「其實現在已經有無水處理系統可用，也就是現場堆肥的乾式馬桶，把人體排泄物處理成安全、可用的土壤肥料，這種乾式系統也比沖水馬桶與其收集處理系統來得更經濟、省錢。然而，沖水馬桶在我們文化結構中的地位是如此根深蒂固，以至於要轉換替代系統困難重重。為了要改善它天生的缺陷，上億的鈔票就這樣被丟到沖水馬桶裡。排泄物先用水稀釋之後，然後再花大把鈔票將液體部份移除。處理後的產物便是污泥與殘餘液體，前者在最終處置前還要進一步處理，後者則帶著沒清乾淨的污染物流入水裡。」[5]

為了解決日益嚴重的水污染問題，美國政府推動了美國歷史上最大型的建設補助計畫，把上百萬的家庭與數以千計的企業污水系統連結到中央處理設施。

一九七〇年代開始，全美各地新聞的頭版經常充斥著飲用水被污染、海岸線遭封鎖的消息。來自環保人士的壓力促使國會通過一九七二年「淨水法案」，根據參議員包可斯的說法：「這項法案讓我們步上正軌，找回可以釣魚、游泳的河川，而不是像現在這麼慘，河川會起火、好幾十年河裡沒半條魚！」[6]淨水法要求地方確保在一九七七年之前，污水處理廠可以清除至少八十五%的流入污染物，並由中央分配預算，以支付欲達成目標所需的額外處理與過濾技術費用。到了一九七六年，聯邦政府每年花費逾五百億美元以協助各城市達成淨水目標。[7]

然而在一九八〇年代，國會面對聯邦預算縮減的壓力，不得不減少污水處理的經費；到了一九九〇年代，這筆經費幾乎被刪光光。[8]在此同時，淨水計畫製造了新問題，經淨水處理後大量的有毒副產品（遭污染的下水道污泥），變得無處可放。

愛比．洛克斐勒表示，為了達成淨水目標，以中央污水處理廠淨化廢水已經浪費掉上百億美元，她說：「先別提這個方案所耗用的龐大能源與經費，污泥還有一個很重要但很少人關心的問題，就是下水道處理系統愈先進，分離得愈成功，就會產出愈多的污泥，而這些污泥既危險又無法再利用，狀況就會更糟。也就是說，處理得『愈好』，這沱灰色的玩意兒裡面就會集中愈多有的沒的鬼東西。」[9]

祕密成份

《哈波柯林斯環境科學字典》對於「污泥」定義如下：「黏稠的半固態物，混合了充滿細菌與病毒的有機物質、有毒金屬、有機化合物、沉澱固態物，全都來自家庭與工廠排放的廢水，最後進入污水處理廠。」[10]在下水道污泥中可以發現超過六萬種有毒物質與化合物，而科學家每年還在開發七百到一千種新的化學物質。「有害廢棄物公民情報中心」的萊斯特就康乃爾大學與美國土木工程協會所提供的資料進行彙整，顯示污泥中通常包含了以下有毒物質：

- 多氯聯苯（PCBs）
- 含氯殺蟲劑：DDT、狄氏劑、艾氏劑、異狄氏劑、氯丹、七氯、靈丹、滅蟻樂、十氯酮、2,4,5-T、2,4-D
- 含氯化合物，如戴奧辛
- 多環芳香族碳氫化合物（PAHs）
- 重金屬：砷、鎘、鉻、鉛、汞
- 細菌、病毒、原蟲、寄生蟲、蕈類
- 其他有的沒的：石棉、石化產品、工業用溶劑[11]

此外，美國審計總署一九九四年的調查發現：「全國下水道污泥、塵埃、相關副產品的輻射污染程度不得而知。」多數輻射原料都是從醫院、企業、消毒洗衣店直接沖入下水道，這種做法在八〇至九〇年代間至少污染了九座污水處理廠。[12]

一九七七年，美國環保署長寇士多估計，到了一九九〇年，污水處理廠每年會產生一千萬噸的污泥，「想到就讓我們所有人都頭大！」[13]而現在美國約有一萬五千座公有污水處理廠，每天排出約兩百六十億加侖處理過的污水進入湖泊、溪流與水道。處理前的廢水中約含有一百萬磅的有害化合物，污水處理廠使用熱能、化學物質與細菌加以處理，透過生物分解方式把其中的四十二％消毒，另外二十五％會散逸到空氣中，十九％會流回湖泊與溪流中，剩下的十四％（大約每年有兩千八百萬磅），就是所謂的「污泥」了。[14]

既然污泥被創造出來了，就得用某種方式處理掉。可行的方法有：焚化（會造成空氣污染）、掩埋（昂貴，且容易滲漏污染地下水）、海放（已經造成了面積龐大的海底浩劫）；第四種方式是氣化發電，用污泥產生甲烷或能源，考夫曼認為這是「最環保也最昂貴的方式」[15]；第五種方式則是拿污泥來當肥料，一直到一九七〇年之前，這麼做被認為是有害人體健康與自然環境，但好處是很便宜。到了一九七〇年代末，預算變得愈來愈少，美國環保署開始向污水處理廠施壓，要求改採現行最便宜的處理方式——把污泥堆到農田裡。[16]

玫瑰改名依舊香？

為了教育一般大眾認識污泥的好處，美國環保署求助於布蕾特的雇主，也就是今天的水環境聯盟，雖然這名字讓人想到川流不息的山泉，但其實這個聯盟是主要由污水業者組、遊說團體、公關公司所成的商會，共有四萬一千名成員，預算高達上百萬美元，養了一百名員工。水環境聯盟成立於一九二八年，原名為「下水道工作協會聯盟」；到了一九五〇年，因為因工業廢棄物污染問題日趨嚴重，於是更名為「下水道與工業廢棄物協會聯盟」；在一九六〇年，又換了聽起來比較乾淨的「水污染防治聯盟」。[17]

一九七七年，聯盟主席坎罕批評美國環保署急於推動污泥施肥，他擔心會把病毒引入食物鏈中。他警告：「可能會有災難性的後果。」[18]不過到了一九九〇年，聯盟成員已經沒地方放污泥了。這時聯盟態度丕變，成了污泥施肥的熱烈擁護者，甚至還在聯盟成員間策劃了一次命名競賽，想要幫污泥取個比較好聽的名字。

這個「改名任務小組」的企劃是馬卡諾的點子，他是西雅圖污泥計畫的經理，先前被抗議群眾動員否決了他在當地林場施放污泥的計畫。他自問：「如果我跑去你家敲門，說這裡有批很棒的產品叫污泥，你會怎麼想？」由於馬卡諾的建議，聯盟通訊向會員廣徵新名號，消息一出，湧入了超過兩百五十個建議，有「完全成長」、「純營養」、「有機生命」、「生態泥」、「黑金」、「地質泥」、「終端產品」、「人類營養」、「有機殘餘」、「都會有機體」、「強力生長」、「有機耐」、「回收耐」、「營養糕」、「玫瑰」（也就是「環保固態物回收」的英文縮寫）。[19]一九九一年六月，改名任務小組終於決定使用「生物固形物」（biosolids）這個名稱，定義是「營養成份高，源自國家污水處理系統的有機副產品」。[20]

羅格斯大學教授魯茲所編的《閃爍言詞季刊評論》沒有放過對這個新名字冷嘲熱諷的機會，魯茲問：「改這名字就不臭了嗎？」他也預測：「這個新名字應該不會變成日常用語，它就像工程師才會想出來的名字。當然它也有個很大的優點，就是當你想到『生物固形物』的時候，腦袋會一片空白。」[21]

根據馬卡諾的說法，改名不是為了「包庇什麼，或者向大眾隱藏真相……我們只是想要提出一個辭彙……方便傳達產品價值，更何況我們花了大把鈔票，就是盡可能把它變成一項產品，用在有益的地方」。[22]

拜南是「協助污泥受害者組織」的主管，他看待改名就沒有那麼正面了。一九九二年，環保署修改了「規範五〇三」管制污泥施用於農田的技術標準，新規範首次使用了「生物固形物」這個字眼，而先前被管制為有害廢棄物的污泥被重新歸類為「甲級肥料」。拜南寫道：「有益污泥使用政策只是把污泥改個名字變成肥料，然後用法規把污泥的性質從污染改成潔淨，這樣回收時，就可以把大眾的抗拒減到最低。連嚴格管控衛生的掩埋場都不能放置的污泥，竟然被推廣為安全的肥料倒在農地上，然後沒有任何人需要為此負責……這是每個人都應該要擔心的事情，隨便一個官僚把規範的管制材料改一改名字，就可以不受國會制定的環境法令規範？」[23]

生物固形物推出幾個月後，水污染防治聯盟把「污染防治」四個字也捨棄了，替換成「環境」。在第六十四屆年度大會上，水環境聯盟總裁道藍解釋了這次聯盟最新改名背後的考量：「我們不再控制污染了，我們要消滅污染。在過去，外部人士一直把我們看成是製造污染的人，這是誤解。只能說我們用『控制』污染這個詞還不夠貼切。」這種話說起來當然很好聽，不過並沒有改變任何事實。收拾五大湖區污染爛攤子的加拿大官員傅爾頓說：「原本的有毒物質都還在，完全沒有減少。」[24]

看吧，都是為你好

一九九二年，水環境聯盟自稱為「非營利的技術與教育組織，致力於保存與拓展全球水資源環境」，[25]並獲得美國環保署三十萬美元的補助，以「教育民眾」瞭解污泥的「有益運用」。該聯盟在一九九二年十二月的通訊刊物中還聲稱：「本次活動亦將結合本聯盟的長久努力，推動『生物固形物』這個詞彙的使用。」

「有益運用」是業界的婉轉說法，用來取代「把污泥灑在田裡」這種行為。早在這次的強力推動之前，這種作為就已經行之有年。密爾瓦基的污泥抽乾水份後，便以「溝泥肥」當做草坪、園藝用的肥料，行銷全國七十年。其他的城市也有生產污泥產品，如芝加哥的「沃土」、洛杉磯的「硝酸土」、休士頓的「休士土」。[26]一九八〇年初期，溝泥肥中含有高濃度的有毒重金屬鎘，肥料袋上還有警告標示寫著：「不可用於蔬菜等可食用的作物或果樹。食用含溝泥肥土壤所種植的作物可能會影響健康。」[27]然而在現行的聯邦法規下，多數污泥產品均無此警告標示。消費者大多都不知道上千英畝的耕地，從中西部的酪農業一直到佛羅里達的橘子園與加州的果園，都持續用這種工業與人類污泥的副產品來「施肥」。理論上，這種農法似乎是回歸源遠流長的自然堆肥系統，但仔細想想，幾世紀前的有機農夫可不用擔心他們自己的水肥中會含有如戴奧辛、石棉、DDT或鉛等豐富的「佐料」會污染到自己、地下水跟食物。

流行傳染病學專家克拉瑪從一九七〇年代末便開始研究相關議題，他表示：「這種罔顧人命的做法真的讓我很震驚，而且環保署竟然還積極推動，哄騙全美各地進行污泥堆肥計畫。」他也認為環保署處置污泥的計畫將「構成對一般民眾的重大健康威脅，尤其是長輩、小孩、病人：一方面是惡臭，另一方面會造成輕微的過敏反應……甚至有可能導致嚴重的疾病」。[28]

綠色和平組織與有害廢棄物公民情報中心的環保人士提出污泥有害的警訊，但多數團體都採信政府的說法，認為把廢棄污染物用在農地施肥是最不惱人的做法。有些團體甚至大力支持農地施肥，同樣這批人在一九七〇年間也推動淨水法，現在發現自己處境尷尬，必須為法案的後果，也就是堆積如山的有毒污泥找條出路。曾任職於環境防護基金會的克拉克表示：「污泥農地施肥是讓營養素和有機物回歸土壤的最佳方式，這也是資源回收的一種，就像是回收報紙或瓶罐一樣。只要採取正確的防護措施，這種做法也可以算是環保，或甚至是對環境更有益處。」[29]

壞消息是，「正確的防護措施」從來就不曾啟動。席諾比是賓州廢棄物風險教育基金會的風險管理顧問，他說：「我同意人類排泄物可以用更安全的方式施用在土地上，問題是，當今很少有人用安全的方式處理，主要原因是環保署只顧著解決『棄置的兩難』，已經沒空管安不安全了。」[30]

塔吉特博士是專精鉛污染研究的化學家，他認為光就污泥裡的鉛含量就非常值得警惕。他說：「使用污泥當肥料對於土地所構成的鉛危害，遠比使用含鉛汽油來得大。所有的下水道污泥都因為處理過程的關係，造成鉛濃度提升……鉛是一種很毒且會累積在體內的毒物，鉛中毒會導致嚴重的智能障礙或死亡，目前已知鉛會影響造血過程、維他命D代謝、腎功能、神經傳導。僅就含鉛的觀點來看，要說污泥『安全無虞』，就得接受棄置污泥地區的下一代智商會變低的事實，更別提其他有毒物質會把我們給怎樣了！」[31]

塔吉特無法相信「政府竟然把納稅人的錢花在這麼可惡的地方」。他指控：「污泥施肥計畫是一場大騙局，那些聽起來很了不起的說詞，比如說『污泥是一種有益的資源』或是『污泥跟肥料一樣安全』，不過是拿來騙一般民眾的聰明藉口……事實上，其中只有一%至三%對植物有益，剩下那九十七%至九十九%都是遭到污染的廢棄物，根本不該放在民眾居住的地方……污泥施肥不是一個真正的處理方式，而只是把處理廠的污泥清掉，轉而弄進土壤、空氣與地下水裡。」[32]

左手洗右手

塔吉特同時也譴責環保署藉由「揀擇科學知識」和「操弄研究經費」，把污泥施肥合理化。他說：「幾百萬美金的經費透過環保署、聯邦、州政府、地方機關撥給所謂的『有益運用』研究單位，卻沒有撥一毛錢給毒理學家、公衛科學家、醫學研究者研究下水道污泥的潛在危險與健康威脅。也難怪環保署所挑選進入污泥諮詢委員會的科學家們全都是『有益運用』的研究者，為了配合新的污泥施用法規上路，他們唯一能接受的也全是『有益運用』研究報告……現在說『污泥安全可靠』，在我聽來很詭異，像是早期聽到『DDT絕對安全』，或是『石棉是沒有安全顧慮的神奇纖維』的光景。」[33]

其實污泥施肥的研究者、推廣者、管制者、執行者根本就是關係緊密的一路人馬。比方說魯賓博士，他曾任環保署污泥管理部門的主管，監督污泥施肥新法規的發展。一九九四年，環保署把他「借調」給水環境聯盟，在此同時還是支付他半薪。現在魯賓成了「生物固形物」的全職啦啦隊，他與布蕾特組成團隊全國巡演、會見媒體、與政客閒話家常，舌戰群雄。[34]

洛根博士是俄亥俄州立大學的土壤化學教授，他也在是污泥推廣上有利益衝突的人物。他一方面擔任環保署同儕審查委員會的聯合主席，環保署認為該委員會提供了「科學界最佳人選和資料彙整」，協助鬆綁污泥施肥的聯邦法規；另一方面，洛根每個月也接受美金兩千四百元的酬勞，擔任N-Viro國際企業的有給職顧問和董事，該公司開發出把污泥轉換為肥料的專利流程，先用爐渣混合，再加熱來烘乾殺菌。N-Viro也是偉達公關的客戶，專門為各地污水處理廠進行污泥最終處置，客戶遍及紐澤西、明尼蘇達、俄亥俄、英國霍舍姆。在洛根任職的同儕審查委員會建議下，環保署修正了「規範五〇三」，放寬污泥肥料重金屬含量的容許值。在此同時，洛根也持有N-Viro的股票選擇權，要是他主張嚴加管制，股價就會一落千丈。[35]

儘管有眾多客戶，N-Viro的財務狀況仍不甚穩定。自一九九三年起，其股價從每股九．五美元暴跌到一．五美元[36]，主因便是污泥施肥的接受度還是普遍偏低。N-Viro指望身兼污泥法規制定者和推手的魯賓博士，能協助公司克服政治和公關的阻礙，帶動整個產業欣欣向榮。一九九四年，洛根博士竟然還被環保署提名為「年度風雲人物」，而N-Viro、堆肥委員會、羅戴爾研究所共享來自國會的三十萬美元的獎助，以協助推廣其產品。[37]

環保署的污泥政策也引發內部的批評。監管有害廢棄物管理計畫已長達十六年的山卓，在一九九〇年於喬治亞州參議院作證時表示：「政府官員受豐厚的利益所誘惑，與廢棄物管理產業過從甚密……有很多這樣的例子……由於政府監管官員可以輕易轉入受監管的產業界任職，讓業界對政府的影響力更大。單在美國東南部就有超過三十位聯邦或州政府官員，轉職進入廢棄物管理產業，其中還包括環保署前亞特蘭大地區主管。甚至政府高層也有這種的行徑，比方說前環保署首長、老布希總統關係密切的顧問勒寇豪斯，現在卻成了全美第二大廢棄物管理公司的總裁，現任環保署長萊利之所以能上任，也都虧他幫忙……產業有這種影響力和權力，要實行一套有意義的有害廢棄物縮減計畫……老實說，就像是想要雞仔好好孵蛋，卻又在雞舍裡養隻狐狸一樣。」[38]

我們的大便很香

針對污泥的公關策略，環保署當初是收錄在一九八一年的一份四十頁報告中，標題十足官僚：《地方廢水與污泥運用於土地開墾與生機耕作之制度性限制與公眾接受度之障礙》（光想像縮寫就頭昏了），報告中警告，民眾對於污泥的態度中有一種「不理性的成份」，如普遍認為污泥聞起來很臭，報告說：「很難說污泥散發出的味道是真的臭到什麼地步，但反對者最常以這項理由，排拒農地施用計畫。此外，當民眾愈來愈了解有害廢棄物和過去不良的處置記錄，很難讓人不起疑竇。」[39]

報告認為，雖然全國性環保團體通常對污泥施肥計畫不構成威脅，但計畫很有可能受到當地小型團體的阻撓，「那些認為自己權益遭受威脅的公民，通常最有可能發出反對的聲浪」。為了反制這些聲音，報告建議推廣者應在「積極」或「消極」的公關策略中選邊站，因為「積極的公關是運用印刷精美的計畫手冊、舉辦公聽會、向特定利益團體做簡報、播放其他類似計畫的影片、請當地媒體來報導、向大眾與學校宣導施作方法、建立快速的問題回應熱線、強調計畫有利於社區的簡報等方式進行」，「然而這些方式會有些風險，因為能見度高的公關宣傳……可能讓反對者有所警覺而更加堅定原本的信念」。因此，報告中建議在某些地區應採用消極的公關宣傳來引入污泥施肥，「消極公關宣傳並不會接觸特定區塊或選民大眾，相反地，計畫資訊只給那些主動索取的個人或團體」，這種祕而不宣的方式在小型偏遠的農村最奏效，因為他們消息比較不靈通。[40]

莎柏是污泥危機處理的公關專家，她在一篇一九九四年〈宣傳戰術：迎向成功開發計畫的策略規劃〉的文章中，向其他污泥推廣人員提出建言。文中警告：「公眾反對讓污泥業損失慘重，而業界正經歷大眾對他們投以史無前例的關切、不安與抱怨。」要反制當地激烈的雜音，莎柏聲稱要以其人之道、還治其人之身，「比方說創造曝光的機會，用一小撮活躍份子來製造主流民意的假象，然後用反對意見來抵消對方的主張……在反制對手的同時，不讓他們決定審查的過程，這是公關宣傳經理人最重要的任務……我們稱之為『控制辯論』。」[41]

為了控制當地媒體對於污泥的報導，莎柏建議「要先發制人，在反對訊息傳開之前，先把計畫的正面形象傳播出去」，而污泥公司應找出「數名推廣者與意見領袖」加以培養，表示「他們已經花時間研究過整個計畫，並認為從環保觀點上來看沒有問題」，才能說服其他社區成員。不過他們應注意的是，需避免過早尋求當地政治人物的公開支持，因為「對於社區還沒聽過的事情，如果政治人物遽下結論，認為某種方案對整個社區最有利，社區居民是不會接受的……政治人物定位比較恰當的方式是提供教育……同時鼓吹社區對各種計畫應有『開放的心胸』」。[42]

莎柏最得意的公關傑作莫過於一九九一到九二年間的「環保生長科技」，這是一間目前更名為「惠特樂科技」的污泥清運公司。環保生長科技鎖定把來紐約市的污泥倒在這個只有一千四百位居民的科羅拉多州小鎮荷利，同時莎柏也密會政商領袖洽談相關事宜。一切準備就緒後，挺污泥陣營以雷霆萬鈞之勢，迅速部署了「第三方」科學推廣者，向當地居民保證污泥真的非常安全。不過計畫反對者也籌辦了公聽會，莎柏吹噓她如何當場奪走鎂光燈的焦點：「我們的樁腳直接在現場要求參與論壇，隨後獲准進入。在此同時，當地支持者也在觀眾席上一搭一唱來推廣計畫……我們另外在席間更鎖定媒體，讓故事從原本的反對聲浪，徹底翻轉為有些農夫想要知道怎麼拿到更多生物固形物，結果我們沒讓反對勢力取得發言權，破壞他們的計畫，讓媒體報導出支持的態勢，只有少數人在反對。當科羅拉多州州長羅姆出席動工儀式，把整鏟紐約市的生物固形物灑在土裡的時候，就很清楚整個計畫從一開始的選址就預示了未來的成功。」[43]

凱旋沖來

莎柏也親上火線，參與好幾場紐約市污泥處置的宣傳戰役。她的雇主除了環保生長科技外，還有紐約有機肥料公司和美可合資企業，兩家廠商均為紐約市污泥處理工程上億商機遊戲中的重要玩家。紐約市和他們簽訂總值達六億三千四百萬美元的合約，兩家公司則有義務把紐約市每天產生超過一千噸的下水道污泥給清運完畢。[44]

紐約市在廢棄物處置問題上的記錄極差，不只是污泥，紐約市還曾經把垃圾倒進海裡，在一九八七年發生著名的「垃圾駁船事件」中，清運船航行了幾千海里，竟找不到一個地方願意接受這批垃圾。紐約市把污泥海拋的方式在一九八一年首度被環保署點名，紐約市政府隨即提起訴訟，主張海拋較其他陸上選項來得環保。然而在一九八五年，環保署發現，在離岸十二海里的紐約市海拋地點，海洋生態急遽惡化，包括貝類的細菌感染、有毒重金屬的濃度上升、魚類體內也累積了重金屬與有毒化學物質。一九八七年，聯邦便立法強制紐約市關閉十二海里的地點，改至離岸一百零六海里的地點。沒多久，在該地點附近作業的漁民開始抱怨漁獲量減少、魚群染病等情事。一九八八年，國會通過海洋傾倒改革法案，規定擬在一九九一年六月前完全禁止海拋，若紐約市不遵守，每天最高可課以五十萬美元的罰金。[45]

由於紐約市想要趕在期限前把燙手山芋解決，美可合資企業和紐約有機肥料左右開弓，使用「積極」和「消極」的公關來說服其他小鎮接收這些「黃金」。他們的戰績有勝有敗，阿拉巴馬州的居民就拒絕了所有紐約污泥進口的機會，美可在奧克拉荷馬州四個小鎮的努力也失敗了。在只有一千兩百四十四位居民的奧克拉荷馬小鎮湯馬斯，美可想要接洽污泥傾倒的消息一傳出，立刻引起群情激憤，鎮長漢尼說，就像是要爆發內戰一樣，消息公開的兩週內，當地官員隨即收到兩百封當地居民憤怒的抗議信函。[46]反對聲浪促使奧克拉荷馬州議會無異議表決通過禁止令，並由州長在一九九二年四月十七日簽署成為法律，禁止重金屬含量濃度較高的他州污泥施用於當地的農田。[47]

莎柏承認：「要成為第一隻接受紐約污泥的白老鼠，把污泥用在自己的田地上，的確讓人擔心，有些人還覺得這恐怖到了極點！但經過一點教育，多數人都還是釋懷了。」[48]

莎柏身為「環境媒體顧問」，面對的問題不只是氮含量或酸鹼值，她還得時常否認雇主違反環境規範、關說、組織犯罪等種種情事。

比方說，美可的關係企業「標準海洋服務公司」被人發現是法蘭克家族駁船帝國的一員，而法蘭克家族企業又被政府點名，是紐約港口最惡劣的污染者，因此公司招致諸多批評。標準海洋服務公司在判決與稅金上合計積欠了一百萬美金，最後因無力償還而被迫退出美可企業。[49]

一九九二年，《新聞日報》報導，紐約副市長史戴索儘管有監督紐約市污泥計畫的職責，依然不避嫌地擔任紐約有機肥料公司的合夥人。報導並指出紐約州參議員達馬托的弟弟在一家法律事務所擔任合夥人，該事務所負責協助紐約有機肥料公司對紐約市的合約談判事宜。由於種種利益衝突，使檢方展開調查，以確認是否有關說之嫌。企業發言人莎柏承諾：「我們將全面配合。」[50]

幾個月後，盧契斯犯罪家族的前任老大達柯在一場一九九二年六月的謀殺審判中出庭作證，指出美可企業的合夥人（皮科恩公司與史卡拉曼瑞建設公司）每年支付盧契斯家族九萬美元作為酬勞。[51]在另一段證詞中，也顯示罪證確鑿：達柯與干比諾家族犯罪集團的叛徒、人稱蠻牛的格拉瓦諾也表示，皮科恩公司在一場油水很多的交易中，涉嫌綁標、操弄紐約工會，圖利干比諾、傑諾維斯、盧契斯、可倫坡、博納諾五大犯罪家族集團。[52]皮科恩和史卡拉曼瑞兩家公司都不願回應，於是莎柏便被拱出來發言：「我的雇主與這些不法人士沒有任何商業往來或個人交情。」[53]

一九九四年，《新聞日報》報導，儘管跨港鐵路的主要投資人法蘭柯被紐澤西州下令終身禁止從事廢棄物處理產業，美可企業仍然利用跨港鐵路運送污泥。發言人莎柏在回應記者詢問時，表示美可企業完全不知道法蘭柯有參與跨港鐵路的投資。[54]

悄悄地走，還帶來一大片水肥

一九九一年十二月十日，《新聞日報》報導：「偷偷摸摸是紐約市在這場水肥大戰中的新武器，所以他們決定對於從下個月起，成噸污泥將會運到何處成為最高機密，希望能在地方人士群起抗議之前，得到堆放許可。因此，紐約有機肥料公司究竟向哪些城鎮申請到堆放污泥的許可，他們保密到家，至今仍是個謎，知道的只有城鎮的小官員。紐約市希望能避免像在奧克拉荷馬州發生的政治鬧劇——有三個小鎮擔心污泥計畫會把帶來種種不良的後果（如愛滋病與組織犯罪），因此拒絕了紐約市的污泥進駐。」[55]

僅有四百位居民的亞歷桑納州小鎮鮑伊也是一九九二年被鎖定進行「消極公關」的地方之一。當地居民布萊斯獲得州政府許可，申請每年在其棉花田施用八千三百萬噸的紐約污泥。直到一九九三年的夏天，其他當地居民才在餐廳無意間得知這個消息，而當時第一批污泥馬上就要進入小鎮。政府在沒有舉辦公聽會或任何公告的情況下，便把州政府的許可令頒給布萊斯。《亞歷桑納每日星報》記者巴格威向官員要求說明，亞歷桑納州環境品質部的固態廢棄物承辦人芭頓表示：「我們的許可令是根據指導方針而來的，性質上類似法規，但毋須透過公開評論即可通過。」她又補充說明，其實亞歷桑納州最晚從一九七八年起，就允許下水道污泥施用於農地了，「但到今天都沒有法規可循，只有指導方針的話，我們沒有法源去規範什麼。」[56]

污泥計畫被揭穿後引發眾怒，州政府緊急召開「資訊」公聽會，但他們的解釋卻無法平息眾怒。鮑伊商會副主席伍考克說：「誰知道二十年後會發生什麼事，我們不要另一起愛渠（Love Canal）事件。」

巴格威進一步調查後發現，從一九八三年起，便有一億磅來自亞利桑那州自家皮馬郡的下水道污泥施用於農地。環保署的規定限制污泥中僅能有一類重金屬和一種化學物質，皮馬郡污水處理官員阿姆斯壯承認，該下水道系統接收來自一千五百種產業的廢棄物，其中約有一半使用有毒化學物。檢驗數據顯示，皮馬郡污泥中含有超過八十種「主要污染物」，諸如戴奧辛、酚、甲苯，更有高劑量的鎘、鉛等有毒重金屬。

事實上，亞歷桑納州自產的污泥已經比紐約來得乾淨多了。佩柏是參與研究皮馬郡污泥計畫的土壤與水質科學教授，他說：「從聖地牙哥、洛杉磯或紐約市來的污泥都要格外小心，那裡都是高度工業化的區域；土桑市的污泥金屬含量相對較低，因為重工業的衝擊沒那麼大。」[57]

布朗是德州農工大學土壤科學教授，他說：「我這幾年來一直在關注污泥施肥的問題，有些地方的污泥可能要用個五十年才會出問題，不過紐約市的污泥可厲害的咧！」紐約市環保局發言人麥克斯也同意布朗教授的評估，他估計紐約市約有兩千家未受管制的企業把工業廢棄物排入下水道，但他也坦承，他的部門無從得知確切數據。麥克斯也說，紐約市十四家污水處理廠中，有半數建於一九三〇年間，只有十一家符合現代的處理標準。[58]

儘管有這些駭人聽聞的消息，從一九九四年四月五日開始，布萊斯還是在他的棉花田地堆放來自紐約市的污泥。小鎮居民控訴州政府竟然沒有進行任何測試來檢驗這批上百萬噸的污泥，就讓他這樣堆放。四月運來的污泥樣本，終於在七月有了結果，報告顯示紐約市污泥中所含的石油碳氫化合物，比漏油事件後清理標準的規定高了十四至二十二倍[59]；檢測也顯示其中所含的大腸桿菌數是聯邦法規標準的三十三・五倍。

環保署舊金山辦公室的工程師芳達爾表示：「這聽起來比較像是未經處理的污泥，它無法施用於農地，而必須運到污泥專用掩埋場或處理廠，這是法律白紙黑字的規範。」[60]然而，布萊斯在一九九四年八月又再度獲准將污泥施用於農地。

水肥需要推一把

美可企業被奧克拉荷馬州拒絕後，便轉向其他替代場址——墨西哥邊境人口僅五百餘人的賽拉布蘭加，它是德州最窮的郡中最窮的小鎮。公民又一次動員，群起抗議在沙漠放牧地上灑毒水肥，而離預定地九英里處，還有緬因州和佛蒙特州的核電廠想要把核廢料丟在那兒。

為了平息眾怒，美可花錢買了一座新的火力發電引擎、捐了一萬美元給當地校委會、設立獎學金、舉辦烤肉活動、發放聖誕節火雞，並承諾每年提供五萬美元給當地社區發展企業。美可的高層主管也捐了五千美元給德州州長莉查，她任命的水利會人員以破紀錄的速度核准了美可的申請。

美可的代表莎柏又說話了：「回饋當地鄉親在這類計畫裡面非常普遍。」[61]

然而，反對者卻指出美可企業花在奧斯汀、賽拉布蘭加的錢，跟紐約市與美可的簽約金額一億六千八百萬美元比起來，根本只是九牛一毛。

當然也不乏在地應援團如弗爾，他是美可場址的牧場經理人和美可成立的空殼團體「德州有益運用聯盟」的主席。弗爾認為反對者並未理性看待這個議題，他說：「這就像那個莎莎醬的電視廣告一樣，牛仔們只因為那是紐約來的東西就要把它送上絞刑臺；農地施用污泥也是同樣的道理，只要是從大城市來的，不管三七二十一，就是特別討人厭！」[62]

其實也有反對者提出比較本能的抗議，賽拉布蘭加的居民瑟斯說：「我聞過牛糞的味道！在越南的稻田裡，他們用人的排泄物來施肥，可是這裡的味道完全不一樣，聞起來比較像是化學藥劑。」[63]

一九九四年二月，幾名污泥施肥的反對者說他們受到死亡威脅。艾汀頓是反污泥公民團體「拯救賽拉布蘭加」的領袖，他控訴美可企業放火把他家族的伐木場給燒了，美可企業的委任律師麥斯特斥之為「無稽之談」。[64]

一九九四年八月，環保署對美可企業施用於賽拉布蘭加的污泥進行測試，發現大腸桿菌超過安全標準三十五倍。麥斯特回應：「我們不認為這是個問題，大腸桿菌的測試結果本來就不太規律。」[65]

「鈔票的味道」

小鎮的水肥大戰在一九九四年被端上全國頻道，由獨立導演麥克・摩爾主持的諷刺性節目《電視國度》深入報導。《電視國度》的工作人員從紐約出發，跟著一列滿載污泥蛋糕（「就像最精緻的蛋糕，層次豐富而濕潤」）的火車到賽拉布蘭加，由美可企業的代表莎柏負責在農場接待導覽。莎柏妙語如珠：「我們花了很多心思跟努力才完成這個計畫，這些好東西就是最佳的證明。」被問及味道的問題，另一名美可企業的員工笑著說：「這是鈔票的味道。」[66]

鏡頭轉到休・考夫曼的華盛頓辦公室，原本廉價幽默的氣氛頓時嚴肅了起來。考夫曼說：「有毒原料在紐約州不能被隨意丟棄，也不能拿來作有益運用，那當然在德州也應該用同樣的標準看待。我們現在看到的是丟了就走人的非法行為，偽裝成對環境有利的計畫，偽裝就只是偽裝而已……現在，有人愛護紐約岸邊的魚群，有人守護著紐約的土地和居民，而德州的居民卻得受到毒害，看來德州的內部正在腐敗。」

《電視國度》也在賽拉布蘭加塵土飛揚的大街上訪問當地居民，聽他們苦澀地抱怨。一名婦女憤怒地說：「到哪裡都聞得到惡臭，我搞不懂為什麼紐約市有權利把他們的屎往我們這邊倒？」另一位居民則說：「我們最近有很多人過敏，以前從來沒有過敏的人，現在身上長了一堆這種玩意兒。」[67]

節目播出後不久，美可企業對考夫曼和《電視國度》的製作公司索尼影業提出告訴，要求三千三百萬美元彌補其受損的名譽，並指控他們「發表誹謗言論……惡意製造虛偽不實的陳述」。訴訟指稱美可企業花費約六十萬美元在德州進行直效行銷公關活動以建立商譽，不過由於節目播出而前功盡棄，損失逾半。考夫曼也不甘示弱，反控美可企業勾結組織犯罪、違反德州與紐約州法令，並妨礙聯邦調查。[68]

在過去，考夫曼舉發了許多環境污染弊案，如紐約州愛渠事件、密蘇里州時代灘戴奧辛污染事件。在雷根時代，他拉下了環保署長柏芙，柏芙因不願交出內部文件藐視國會而被迫請辭。柏芙的屬下拉維兒，還因挪用公款、在國會作偽證，而服刑四個月。

考夫曼表示：「這回事情更大條了，因為這次是政府與組織犯罪過從甚密的企業一同妨礙司法調查，用納稅人的錢，以一紙非法合約，把手伸進非法廢棄物處置。柏芙跟拉維兒的案子還算單純，只不過是政治力介入清理地點罷了。」

考夫曼說：「在賽拉布蘭加，這次基本上是政府也下海，在公開調查中支持犯罪組織。」[69]

人畜無害？

某種程度來說，化學物質、殺蟲劑、酸劑、重金屬、輻射劑量等等風險，都是可以量化的。然而，要評估污泥內藏污納垢、威脅人體的病原體，卻非目前科學所能達成的任務，尤其是突變的細菌有能耐抵擋抗生素，而新一波的病毒如伊波拉、狂牛病、致命大腸桿菌、漢他病毒則愈來愈強大，狀況令人擔憂。

一九九三年，亞歷桑納州立大學的一群研究者出版了一篇論文，名為〈陸地處置型污泥中微生物病原體之危害〉。他們的研究發現，即使在處理過的污泥中，也可以找到為數眾多的危害人體、導致疾病的有機體，他們的結論是：「因此，就內含的微生物而言，污泥施肥的風險性無從完整評估。」[70]

在污泥中潛藏的病毒、細菌、原蟲、蕈類令人大開眼界，許多讓人小則生病，大則致命的病原體包括了沙門氏菌、志賀氏桿菌、螺旋桿菌、大腸桿菌、腸病毒（引起癱瘓、腦膜炎、發燒、呼吸道疾病、腹瀉、腦炎）、賈第鞭毛蟲、隱孢子蟲、蛔蟲、鉤蟲、絛蟲。污泥中的病原有許多環境媒介，如直接接觸、蒸發與吸入、遭污染的地下水、橫行污泥中的鼠類、食用污染的植物根部。[71]

我們已漸漸看到受害人出現，在紐約州的伊斯力普，二十五歲的杜賓以開咖啡車為業，在他工作的長島火車站一千呎處就有所污泥堆肥站。一九九一年七月，他的健康出現問題，醫生診斷出氣喘、關節炎、華格納氏肉芽腫、萊姆病、腎衰竭、支氣管炎。到了一九九二年一月，他無法呼吸，醫院進行肺部切片時，發現一種污泥堆肥時常見的副產品——薰煙麴菌。但此時確診已經太遲了，病菌一路蔓延到脊椎、腿部，最後抵達心臟，導致他在一九九二年九月二十三日死亡。[72] 其他當地居民也抱怨有長期咳嗽、噁心等病徵。州立衛生部的研究發現，位於堆肥場下風處的社區，麴菌背景值較平均高出四倍。但官員的結論是：「本研究並未發現高濃度的孢子使健康問題惡化……但不排除此種關聯性的存在……這需要進一步的研究才能確認。」[73]

自一九八〇年代晚期，密蘇里州鄉村小鎮斯巴達的外圍，便有污水處理場運作。一九九〇年開始，酪農洛勒的牛隻便陸續出現問題。牛隻不是生病就是死亡，卻沒有任何獸醫或大學的科學家可以告訴他原因。這種情況一直持續到一九九三年農場宣佈破產時仍然無解，有人告訴洛勒，他的牛隻可能是一九九一至一九九三年污泥傾倒在附近田地上的受害者，並建議他看看記者哈格最近在兩家農業雜誌上的報導。

洛勒於是開始進行土壤科學測試：「我們發現許多重金屬污染物，是從傾倒污泥的田地流過來的。」他們繼續測試死亡牛隻，發現「在肝、腎、骨頭與牙齒中都含有鉛、鎘、氟」。洛勒於是請了律師來打官司。但他的情勢格外險峻，因為接受污泥傾倒的地主也是當地的政府官員，同時還是洛勒往來銀行的董事。時至一九九五年，洛勒的告訴仍未結案，記者哈格的父親也疑似是因為暴露於污泥環境中，健康亮起了紅燈。

哈格說：「我對這一切仍不敢置信，也不知道要求助於誰……我不希望政府機關又把這件事的消息給封鎖了。」[74]

在華盛頓州的林登，有一對酪農桑德夫婦發現，隔壁農地灑過污泥的一年後，他們畜養的牛隻陸續死亡。琳達・桑德說：「我們注意到……跛腳跟其他問題。」檢測後發現，污泥傾倒的位址與共用井地下水中均有重金屬成份。不久後雷蒙・桑德也被診斷出鎳中毒，其他家族成員也有神經中毒的徵兆，他們咸信與鋅、銅、鉛、錳等重金屬中毒相關。十六家鄰近住戶都飽受健康問題所苦，從流感症狀到癌症無所不包。琳達・桑德組成了「污泥受害人自救會」，慢慢發現維吉尼亞州、賓州、北卡、喬治亞州等美國各地施用污泥的地點附近，都有類似農人患病或死亡的案例。

污泥通常都被宣傳是農夫的「免費肥料」，但替桑德檢測水質的環保顧問庫可警告：「農人一開始可能歡天喜地，但問題不會馬上浮現。雷蒙與琳達花了兩年時間才搞清楚發生了什麼事。」[75]

明尼蘇達大學的毒理學教授舒爾說：「其實，污泥中某些化學成份，跟十五世紀的義大利波吉亞兄妹想要讓對手慢性中毒的配方一模一樣。」[76]

餵公子吃餅

這類恐怖的故事傳出去後，污泥推廣者也有所回應。羅格森在《生態回收》雜誌上寫道：「就『說服社會大眾相信污泥安全性』這點而言，污泥科學家的任務漫長而艱鉅，的確遭受了某些挫敗。不過往好處想……要拿到教育推廣計畫的經費也變得更容易了。」羅格森建議要舉辦全國巡迴，由洛根這類的推廣科學家領銜主演，他也說：「再搭配上星光閃閃的廢棄物處理專家陣容，效果會更好。換句話說，該輪到很有創意的廣告公司上場了。如果核能產業能說服大眾認同『核能等於乾淨的空氣』，那要提升污泥的形象，說難聽一點，三兩下就解決了。」[77]

本書付梓時，生物固形物的公關閃電戰正如火如荼進行中。一九九五年七月，水環境聯盟成員齊聚一堂，研究「針對北美各地對於生物固形物回收的公共辯論……當地媒體的批判……彼此分享鎖定個別族群所開發之特殊策略、戰術與材料，並分析在各區域的成敗」。《污泥通訊》報導，鮑威爾泰德公關公司拿著環保署的錢推動污泥施肥，公關公司代表紐頓建議，大家要硬起來，一起對付反對者。她建議：「適度地攻擊，但小心不要刺激到他們……那些走極端的人很難應付！」[78]

水環境聯盟的「提升公眾生物固形物之接受度」宣傳計畫中的一項成功指標，就是要扭轉各大食品公司和商會長久以來反對污泥的態度。比方說一直到最近，全國食品加工業協會都強烈反對或販賣經污泥施肥的蔬果，該會為代表食品業的主要遊說組織，會員包括台爾蒙、亨氏、雀巢。但面對水環境聯盟和環保署的強力宣傳，協會反對的立場似乎開始動搖。

一九九二年，番茄醬集團亨氏企業在一封回覆顧客的信中，表達了他們對於污泥的立場：「亨氏企業意識到使用污泥施肥的風險，因為其中含有高濃度的重金屬，諸如鎘與鉛，我們沒有必要承擔此風險。根莖類作物如馬鈴薯、胡蘿蔔等長於地底的其他蔬菜，可能會吸收超過量的重金屬……而且更嚴重的是，一旦鉛存在於土壤中，何時會消失是不得而知的……我們曾經因為供應商在農地上使用污泥施肥而與其解約。」[79]

然而到了一九九五年，亨氏企業的代表卻說他們正重新考慮這項政策，其他公司也紛紛跟進。台爾蒙食品公司的公關代表梅爾斯解釋：「台爾蒙長久以來避免使用經污泥施肥的蔬果，但此立場可能有所轉變。環保署委託美國國家科學院，針對懸而未決的污泥議題進行全面性的研究，台爾蒙對此積極支持，希望推動未來的污泥使用。」[80]

一旦「生物固形物」被認可成為農作物肥料，財大氣粗的美國食品加工業協會就會「強烈反對」在食物上標示任何污泥相關資訊。根據協會代表賈曼的說法，消費者不需要知道他們吃的食物是否有用污泥施肥。[81]

目前，「有機認證」的農民禁止在作物上使用污泥，但污泥產業也在推動有機農業接受污泥施肥，這會是公關業的下一個戰場。雖然有機農業產量就整體耕地的比例來說並不高，但如同加州有機認證的農人貝克所言：「可以想像污泥推廣者絕對不會放過這個大好機會，宣傳污泥乾淨到可以獲得有機認證，真是讓污泥『變香』的絕佳辦法！」[82]

第九章／打壓春天

我們那些大企業客戶給環保運動嚇得屁滾尿流，其實大可不必。依我看，他們只要在無關緊要的地方讓步就好了。企業太強大了，是既有的體制。環保人士得像羅馬尼亞廣場上的暴民一樣才能勝出。

／**曼奇維茲**（偉博公關公司副總裁）

說起喚醒現代大眾生態意識的美國人，非作家瑞秋・卡森莫屬。一九六二年她的暢銷書《寂靜的春天》震撼全美，以動人的文采、深遠的目光、確鑿的證據，揭發化學工業販賣DDT、靈丹、飛佈達等有毒物質（光是一九六二年營收就達三億美金），造成大規模農藥中毒的事件。[1] 這本書旨在敲響警鐘，使民眾、政府、產業起而行動。八年之後，她播下的覺醒的種子終於萌芽。一九七〇年四月二十二日，史上第一個地球日，兩千萬餘美國人放下手邊工作，走上街頭遊行抗議，參加集會、演講、音樂會、座談會，探討工業化造成的環境危機。如此群策群力，多年之後，卡森警告的DDT等有毒物質在美國都被禁止或限用。

《寂靜的春天》也製造了危機——農業化學工業的公關危機。二次大戰時，美軍大量使用DDT，研發2,4-D型、2,4,5-T型除草劑，以致戰後農化業興起。為了反擊卡森，農化業發動公關版的地毯式轟炸。《寂靜的春天》尚未面世，偉斯克化學就脅迫書商更改內容、甚至取消出版，但沒有得逞。全國農業化學協會倍增公關預算，散播上萬篇書評撻伐這本書。[2] 孟山都發表反諷文章〈荒涼的一年〉，描繪美國人拒用殺蟲劑而導致昆蟲肆虐的災難。文章印了五千份，分發給書評家、科學或園藝作家、雜誌編輯、跑農業新聞的記者。《紐約時報》記者蘇立文就引用該文的論點，寫道：「卡森的論述只是片面之詞，缺乏說服力。……她會受人嘲弄也是咎由自取。農化業界有位無名英雄，幫孟山都的雜誌寫了篇文章，題名〈荒涼的一年〉。」[3]

當時有個年輕有為的公關主管叫做哈里森，授命擔任「環境資訊經理」，代表農化業協調、主導攻擊《寂靜的春天》的宣傳活動。哈里森和手下團隊運用「危機管理」的手段來詆毀卡森。這些手段包括：訴諸大眾的情感，用錯誤的科學數據來反駁卡森，成立空殼團體，寄送大量信件給媒體和意見領袖，聘請醫師、科學家充當「公正」的第三方來為農藥辯護。

今天，農藥毒害我們的泥土、空氣、水、食物和身體，危及全球的環境衛生。在美國超市所做的調查發現，大部份的食物往往至少殘留一種殺蟲劑，第三世界國家使用有毒農藥的情況更為普遍。儘管美國已禁用DDT，其他地方仍繼續製造、使用，全球用量前所未有地高。地球上每個人的脂肪和器官裡都累積了大量殺蟲劑和其他化學污染物，體內有林林總總的有毒物質，後果如何還不知道。由陸續出現的證據可知，DDT和有機氯類殺蟲劑會模擬生長激素，引發人類和動物的性和生理異常。[4]

一九六四年四月十四日，瑞秋．卡森死於癌症，無緣見到自己被推崇為現代環保運動的創始人。不過，她的對手哈里森依然建在，事業興隆，甚至出書教人做公關，書名為《綠色潮流：教你為公司做好綠色公關》。[5]

大家來漂綠

一九七三年，哈里森成立公關公司。孟山都、陶氏化學等抵制《寂靜的春天》活動的贊助商，都成了哈里森的客戶。一九九〇年，哈里森宣佈「綠色公關」是公司的獨門專長。一九九三年《公關內行人》雜誌封他為「公關之星」，說他寫《綠色潮流》一書「證明自己是在公關環境議題上引領思潮的人」、「也證明了自己是業界的先鋒」。[6]

哈里森的公司在華府、達拉斯、奧斯汀、紐約、舊金山設有辦公室。近來在比利時布魯塞爾也設了辦公室，根據《公關內行人》，這是為了「協助跨國企業掌握複雜的歐洲新環境法規」。這家公司約有五十名員工，每年淨賺六百五十萬美金。客戶包括八十多家全球大企業，例如酷爾斯啤酒、高樂氏公司、雷諾菸草公司、美國醫療協會、維士塔化學，以及企業贊助的空殼團體，如全球氣候聯盟（反對任何防止全球暖化的環境運動）、交通工具抉擇聯盟（由汽車製造商贊助、反對管制汽車廢氣排放的法規）。[7]美國國家環境保護局也是哈里森的客戶，還是拿納稅人的錢來支付公關費用的。[8]

在違背常理的公關業界，對抗環保的宣傳和遊說活動叫做「環境公關」或「綠色公關」。當前有個流行的貶詞：「漂綠」，倒是更貼近實情。「漂綠」指的是污染者用騙人的公關手段給自己塗脂抹粉，裝出對環境負責的形象，掩蓋傷害自然和大眾健康的罪行。《寂靜的春天》出版後那幾年，公關專家學會了如何馴服、鏟除那些受卡森感召的環保人士。如今，有一波心狠手辣、親商的反環保運動漸漸興盛，主其事者不乏當年打壓卡森的工業和公關專家。如偉達、凱旋、萬博宣偉、哈里森等公關公司，依舊代表化學業、能源業、食品業、汽車工業、林業、礦業的客戶，把環保團體打得潰不成軍。

美國企業雇用反環保的公關專家和漂綠企業形象的花費，每年估計有十億美金。[9]《奧德懷》把這場反環保的鬥爭叫做「一九九〇年代公關生死戰」，[10]戰場遍及電視、平面媒體、研究所教室、社區禮堂、主流環保團體的董事會、記者會、談話性廣播節目。

公關業擺平環保運動所用的策略，反映公關業研究輿論有多麼透徹。根據民調，目前絕大多數的美國人認為，「人類活動不斷破壞自己所居的自然環境」。市場研究者說，約有七成五到九成五的民眾自認「很環保」。有超過兩千萬的美國人付諸行動，給環保團體捐錢出力。

不過，輿論和企業高層的意見相去甚遠。根據哈里森的調查，九十九．九%(!)的美國企業高層認為：「總體而言，我們國家的環境品質不斷進步。」這些企業高層雖佔總人口的少數，又和大眾的想法不同，卻可以支配政府政策，這都要歸功於一個精心規劃的長期策略。哈里森說，「企業高層」也知道這些自認環保的美國民眾跟環境現實「脫節」，但是公關專家已經懂得「把大眾的誤解數據化，加以處理」。[11]

雙面警察

「環境公關」試圖消除種種「誤解」，使大眾相信：環境並沒有危機；企業真的在保護、改善自然環境；那些攻訐企業的環保人士惟恐天下不亂，是生態恐怖份子(eco-terrorist)、新一代威脅美國的共產黨化身。過去幾十年來，公關業者已經練就一身「雙面警察」的絕活——大玩兩面手法，在環保人士之間製造分裂，趁虛而入。公關業用這種「各個擊破」的策略，一邊籠絡主流環保組織、損害其信譽，一邊密謀偏激的活動、攻擊草根運動人士及其他不肯拿企業的錢乖乖聽話的人。

一方面，公關業用「好警察」策略使企業與環保團體建立「夥伴關係」，改善雙方形象、互利互惠。另一方面，用「壞警察」策略抹黑，興訟，創立為企業發聲的空殼團體，煽動大眾去仇視、騷擾環保人士。

最顯眼的反環保運動，要屬激進右翼組織的邊緣活動。這些組織自稱所進行的是「明智利用運動」。「明智利用」由企業贊助，大力抵制那些限制大肆開採自然資源的法律規範。為了詆毀環保人士，明智利用運動份子及其黨羽又是毀謗，又是誤導大眾視聽，毫不手軟。根據林堡的說法，「環保人士分兩類：社會主義型和宗教狂熱型」。[12]為了抹黑環保人士，偉博公關捏造印有「地球優先！」抬頭的信箋，四處散播，呼籲大眾採取暴力行動來「搞垮這個社會體系」。[13]一九九二年，明智利用活動的領導會議頒發「最佳新人獎」給「人類優先組織」的瑪卡特，她在領獎時表示：「山巒俱樂部、自然保育協會、美國人道組織都是我們的敵人。」根據瑪卡特的說法，美國人道組織是個「態度激進、鼓吹動物權利的邪教……這個新異教崇拜陣線正在攻擊科學、健康和理智」。[14]

許多贊助激進反環保團體的企業也贊助主流環保組織，之所以如此，可歸因於業界的「雙面警察」策略。萊弗在《宣傳評論》中的報導指出，有些企業贊助主流環保團體，如世界野生動物基金會、自然保育協會、野生動物保護協會、自然資源保護委員會、環境防護基金會、奧杜邦學會、全國野生動物協會等；不過，《綠色和平指南之反環保團體》[15]所提到的三十七個反環保團體，受這些企業贊助的也佔了四分之一強。自然保育協會的前會長、現任阿科石油董事會成員包仁，鼓吹企業拉攏主流環保團體。他跟同事說：「好處是，他們跟我們合作，就沒空起訴我們了。」[16]

企業與環保團體合作，還有一個好處，就是公關專家得以從批評企業的人身上蒐集到可資利用的知識。紐約靈通公司環境研究會長安德伍說：「企業必須有管道了解聰明的大眾對其產品和做法有何看法」，「在環境議題上，企業若想瞭解自己受到哪些複雜的外部觀點影響，那麼，有個外人來指導一下會更好。」[17]

金主大人駕到

哈里森在《綠色潮流》一書中宣稱：環保運動已死，公關業可藉這大好機會從親商的角度重新定義環保主義。「環保運動始於一九六〇年代早期，約當《寂靜的春天》批判殺蟲劑之使用那段時期……約莫這十五年來，環保運動逐漸敗於自己的成就。」[18]

環保運動的「成就」，按哈里森的定義，就是在華府獲得金錢和特權。他指出，一九七〇年第一個地球日之後，環保運動者就從大眾的草根運動團體淪為爭名逐利、專業管理的「非營利企業」。這個環保官僚體系斥資數百萬美金，在華盛頓市中心承租昂貴的辦公室，背離草根運動的初衷和責任。大型生態遊說組織的執行長甚至要求十萬美金以上的薪水。主流環保團體的運作由董事會密切掌控，而愈來愈多的董事由《財富》雜誌前五百大企業的代表出任，這些企業也包括公關公司。環保團體背叛了基層支持者，除了寄些巧言令色的垃圾信件叫他們捐款，對他們幾無幫助。

《綠色潮流》指出，大型環保團體形式上是非營利組織，其實已變成營利企業。哈里森告訴企業客戶，環保團體的首要考量是「在環保產業求生存」，「目標不是做環保，是要確保有夠多的錢做環保」。大型環保團體的經理最關心的，是如何向個人、基金會募款。近來，更是頻頻向企業募款。因此，他們打定主意要維持「可敬」的公眾形象，也樂意坐下來跟代表產業的公關高層談條件。主流環保團體與業界結盟、收受金援，只好妥協立場，正好落入企業界的圈套。

有一些知名的大型環保組織，如以薩克華頓聯盟、全國野生動物協會、奧杜邦學會等，都接受污染環境的企業贊助、認可及大筆現金捐款。這些企業金主換來的回報，是在消費市場上值好幾百萬美金的綠色形象。哈里森的公關公司就花了許多時間協助《財富》雜誌前五百大企業挑選親商的環保人士，與之聯手操作議題、建立合作關係、結為盟友。

套裝交易

哈里森以麥當勞和環境防護基金會的合作為例，說明何謂企業和環保團體的理想結盟。起初，有害廢棄物公民情報中心組織了全國性草根運動，抗議麥當勞使用保麗龍容器。環境防護基金會的常務董事夸普，強行介入雙方的談判，達成決議後又大肆張揚。從此，環境防護基金會就和這頭速食業巨獸結為盟友、長期合作。每逢募款活動，基金會就誇耀夸普的「功績」，因此得以在一九九三年募得一千七百萬美金，夸普也獲得每年超過二十萬美金的薪資和福利。[19]

哈里森給這次的結盟下了總評：「一九八〇年代末期，麥當勞的業績跌落谷底，一部份要歸咎於草根環保人士的反對運動……夸普看到麥當勞的黃金拱門招牌，就看到了機會，覺得這速食業的行銷龍頭大有可為。……夸普準備好了談條件，麥當勞也是。」[20]

夸普對《紐約時報》的記者說，環境防護基金會的任務不是要攻擊企業，是要「改善環境」，「願意考慮用新方法去規範企業、願意在商言商，並不表示我們就妥協了。」[21]

不過，從結盟得到最大好處的，是形象愈來愈清新的麥當勞。從目前的意見調查看來，美國企業中，麥當勞的環保形象排名數一數二。為了慶祝一九九五年的地球日，麥當勞宣佈要把資源回收的訊息印在數百萬個袋子和杯子上。環境防護基金會協助麥當勞愚弄大眾，使大眾相信麥當勞已經改頭換面了。[22]

同時，麥當勞仍舊大肆污染環境，剝削沒有工會保護的勞工，採用工廠化農場出產、含農藥的食材，做成又油又膩的食品，由摧毀地方經濟多樣性的國際連鎖店來販售，又重金聘請運動巨星代言廣告來吸引兒童。倫敦有個小小的環保團體勇氣十足，到麥當勞門市散發傳單，公然批評其經營策略摧毀環境。這個團體不過是揭發了一點真相，麥當勞即依英國保守的毀謗法提告，唯恐苦心經營的形象受損。[23]

道威在《節節敗退：二十世紀末的美國環保運動》一書中，認為環境防護基金會與麥當勞結盟是「高度的妥協」，「讓麥當勞這樣的公司也享有環保的虛名」，令人遺憾。企業不斷運用「雙贏」策略使環保團體退讓，又爭相在付費和免費媒體上

「比綠」。商界弱肉強食，會做出這些事並不令人意外，也可以理解。然而，環保人士竟也是共謀幫凶，還用公關手段把妥協美化成勝利，可見主流環保團體已經走投無路，道德危機一觸即發。[24]

另一方面，在基層，許許多多的公民都在實踐環保運動，在自己的社區對抗那些丟棄廢物、濫墾濫伐或推廣農藥的人。大型環保組織吸光了環保慈善家和小額捐款人的錢，對這些名符其實的環保尖兵卻沒有任何支持，使他們孤立無援。

環境防護基金會這類大型環保組織宣稱，要解決環境問題，最好是找出環保團體和企業的共通之處，避開可能賦予公民權力及引起衝突的手段。然而照哈里森看來，草根運動者敢衝敢撞的戰略才是環保運動的利器。哈里森寫道：「從環保運動到環保政策，是由我所謂的『AMP症候群』來推進的。A是運動人士(activists)，M是媒體(media)，P是政治人物(politicians)。……運動人士掀起衝突，點出『受害者』是誰(人或公部門)，『壞人』是誰(往往是企業)。接著新聞媒體報導衝突，公諸於世。政治人物回應媒體和議題，著手保護『受害者』，用法律規範來懲治『壞人』。」[25]

披著羊皮的狼

曼德在《神聖缺席》一書中寫道：「近來迸出一堆廣告，宣傳企業如何努力做環保。」然而事實上，通常企業缺什麼，就會跟大眾說它有什麼，好改變大眾的觀感。企業說「我們在乎」，多半是因為大家說它們根本不在乎。[26]

有些重度污染工業會設計「公共教育」活動，好在安撫大眾的同時，繼續污染環境。例如，孟山都農化集團就派遣「雜草特攻隊」捐出好幾百加侖的「殺光光除草劑」，供市中心的民眾噴灑，使居住環境「更清潔、更安全」。孟山都的公關甚至吹噓殺光光除草劑對瀕臨滅絕的物種大有幫助，聲稱「非洲肯亞用了之後，保護黑犀牛的電圍欄裡從此沒有雜草」。[27]

陶氏化學公司於一九八四年展開環境公關活動，「使那些有影響力的人推崇陶氏企業」。越戰時，陶氏企業製造汽油彈和「橙劑」脫葉劑，毀了大半個越南，至今仍臭名纏身。因此，他們製作圖文並茂的《公益報導》，寄給六萬名意見領袖，包括科學家、媒體、議員、監察委員、資方、顧客、學術研究人員。報導中，他們自誇在環保上的建樹，以及其他五大類「善舉」，並佐以精美的照片。[28]

一九八六年，根據《華盛頓新聞評論》的調查，商業編輯把陶氏的公關成果評為《財富》雜誌前五百大化學公司之首。陶氏是化學製造商協會的會員，參與「責任關懷」公關活動，活動中由各家化學公司評估自己的環保表現。又為了妝點形象，陶氏推出廣告詞：「陶氏企業，與人為善。」這一系列的宣傳活動成效斐然，以至於一九九三年《美國人口統計雜誌》中，陶氏名列消費者票選十大形象環保的公司。[29]

密西根州薩吉諾的《灣城時報》記者蕾曼寫道：「很多人都說陶氏化學是好榜樣。工業界談起污染防治，十之八九都稱道它表現之好、進步之大。」蕾曼又指出：「陶氏仍是污染環境的元兇……根據國家漁業安全公告，在密西根州米德蘭市（陶氏總部所在地），河流下游捉到的魚還是不能吃。」儘管如此，外界對陶氏仍讚不絕口。[30]

有時候，公司只要改個名稱，就可以改善形象。「廢棄物管理公司」（Waste

Management Inc.）是全美最大的廢棄物處理公司。自從一九八〇年以來，因涉嫌或坦承違反環保法規，付了約四千五百萬美元的罰金。近來更名為「WMX公司」，打廣告聲稱自己提供「環境服務」。

除了拉攏溫和的環保人士，公關公司也協助企業在工廠所在地成立社區諮詢小組（community advisory board）來鞏固在地方上的形象。陶氏化學正是首先成立社區諮詢小組的企業之一。科羅拉多州博爾德市的環境溝通協會會長葛藍特說：「我看三年之後處處都是社區諮詢小組。在各大產業，要做生意就少不了這個單位……一家公司需要行銷、需要會計，還需要社區諮詢小組來跟當地人互動。」[31]《綠色企業通訊》期刊編輯麥考爾表示，各地社區諮詢小組的「成員、形式、功能不盡相同」，不過「典型的社區諮詢小組有十二到十五人不等，包括環保人士、家庭主婦、地方領袖（公司選出的當地人代表）以及公司代表」。社區諮詢小組提供平台，讓公司與社區對話，但是這些對話都經過精心設計，強調與當地人培養感情、塑造公司形象，而非討論環保議題。

麥考爾舉了一則小故事，說明這種公關手段多麼有效：「有家公司的社區諮詢小組，那一批成員在公司不知情的狀況下主動出席當地聽證會，說明為什麼應該讓這家公司設立焚化爐。像這類的幫助，花錢也買不到。」[32]

要怪就怪別人

如果掠奪自然環境的不是企業，那麼，要怪誰呢？看看企業贊助的公關活動，答案就清楚了：都怪你。企業不是系統化地分析社會問題、找出系統化的解決方式，而是虛偽地怪罪於個人，聲稱環境出了問題，是因為人人都「不負責任」，要怪就怪「大家」。這些公關活動不停叨念，只要人人自掃門前雪，環境問題就會迎刃而解。

伊斯特布在《地球上的一刻》書中所得出的結論是，個人行為是諸多環境問題的根源。他在《紐約時報雜誌》裡寫道：「大多數的環保人士認為，第三世界的伐林問題要歸咎於貪婪的伐木商和無情的畜牧大亨。然而，我認為那些身無分文、到林中收集柴薪的農民才是元兇。」[33]伊斯特布刻意不提，這些「身無分文」的農民，其實是給「貪婪的伐木商和無情的畜牧大亨」驅離歷代生活的土地，不得已才佔據雨林、伐木為薪的。

為了宣傳個人不負責任的行為是污染的根源，企業贊助許多公關團體，當中最有組織的是「讓美國永遠美麗」。麥當勞等約兩百家公司，每年贊助這個團體的金額高達兩百萬美金。根據《綠色和平指南之反環保運動》，大部份的贊助商「製造並銷售鋁罐、紙製品、玻璃瓶、塑膠製品，全美垃圾掩埋場裡約有三分之一的廢料都源自這些公司」。這個團體要告訴消費者，「消費者」應該為這些垃圾負責、改變自己的習慣，才能解決問題。[34]

綠色和平組織指出，自一九七〇年代初期以來，「讓美國永遠美麗」用了所值逾五億美金的贊助廣告時段和版面，來勸導內疚的消費者「把垃圾放在該放的地方」。而既然清理垃圾是個人的責任，對於徵收玻璃和金屬飲料罐回收保證金的法案，這個團體的領導當然是反對到底。其實，「讓美國永遠美麗」是為產業界謀利的空殼組織，真正的目的是讓廠商不用為自己製造的垃圾負責。[35]

出賣地球日

一九九五年四月二十二日，各大環保團體在華府慶祝地球日二十五週年，舉辦了一場眾星雲集的免費演唱會。二十五年來，這些環保團體籌募了數十億美金，來謀求種種環保改革的方案。在白宮，他們還有副總統高爾相挺。高爾是主流環運領袖，他的書暢銷全美，可資為證。此外，從各地歷年來的民調看來，絕大多數的美國人也十分支持環保改革。

然而，生氣蓬勃的環保運動已成往事，儘管表面風光，慶祝活動徒具空殼，並沒有激發新一波的改革力量，只是凸顯了全國環運領袖的無能及其「折衷求全」政策的失敗。

一九七〇年，威斯康辛州參議員、忠誠的保育人士蓋羅・尼爾森借用反戰運動的策略，舉辦了一場由學生參與的環境討論會，第一個地球日於焉誕生。第一個地球日並非任何人所有。遊行、示威、抗議活動在各地如雨後春筍般地出現，彰顯六〇年代行動主義的衝勁。許多策劃活動的人發現，「反越戰」和「反生態破壞」兩個運動殊途同源。在華府的第一個地球日集會上，全國學生代表海斯慷慨陳詞：「我們的國家偷竊窮國的東西，偷竊世代子孫的東西……我們受夠了聽人說企業掠奪環境都是我們的錯……組織本身並沒有良知。我們要企業做對的事，就要督促他們做對的事。」[36]

當時還沒有「企業漂綠」這個詞，但已經有這個問題。海斯在那場具歷史意義的演講中大聲疾呼：「政商領袖要把環保運動變成大型的不丟垃圾運動。企業把環境問題都丟給了公關部門……我們已懂得這些廣告全不可信。」[37]

二十年後，尼爾森自己卻把地球日變成企業的商品。自從競選連任參議員失利，他就一直擔任荒野保護協會的說客兼顧問。荒野保護協會是極有聲望的主流環保團體，受WMX公司、ADM公司等跨國企業贊助。[38]一九九一年，尼爾森和企業環境顧問安德森創立傘狀組織*「美國地球日」，來為地球日二十五週年慶祝活動擘劃及募款。但是，不同於以往的地球日活動，這個組織鼓勵企業認購「官方」地球日，並未設下任何門檻來篩汰主要的污染企業。安德森自稱這麼做的理由是，「大家都有錯，沒有人例外。如果一家公司說要改善環保記錄，也輪不到美國地球日來評判它過去的作為。跟企業起衝突是老法子了。我們要同心協力，不然就是浪費時間，地球都要毀滅了，我們還坐視不管。」[39]

尼爾森也贊同這個說法。他說，漂綠不是問題，「一點都不成問題。要是一家公司朝環保方向邁進，那好呀。現在有很多企業領導人，大學時代參與了第一次地球日的活動，因此成了環保運動者。我非常樂見企業參與地球日活動。就算他們打算收買地球日，也只會幫環保運動做宣傳而已。」[40]

美國地球日甚至委託萬博宣偉——一家專門為企業漂綠的公關公司——來負責策劃、統籌、執行二十五週年慶祝活動。尼爾森也為此辯護：「我覺得這一點都不礙

譯註* 傘狀組織（umbrella organization）是指相關的特定行業組成的機構，一起合作辦活動，共享資源。

事。萬博宣偉是公關公司，公關公司代表各式各樣的客戶。委託他們就像委託律師一樣。律師可能代表殺人犯或不肖商人，這是他的工作。難道就因為這樣不雇用他？」[41]

公關人喜好自比律師，一方面讓這行業看起來體面些，一方面合理化自己服務不公不義之人的作為。儘管如此，公關當然不等同於律師。安德森在華府跟萬博宣偉執行長芬奇共進早餐，因為芬奇願意「大幅降低收費」，才決定委託他們。安德森對芬奇的態度印象深刻：「我看到他對美國地球日一天比一天投入。他跟我所見略同：地球日是一份不可思議的禮物，可能有無窮的影響力。」[42]

就像狐狸樂於管理雞舍，芬奇當然把地球日當成天大的好禮。芬奇在萬博宣偉的工作，還包括以個人身分代表成立已久、惡名昭彰的反環保空殼團體農業科學科技委員會（簡稱「農科會」）。農科會創立於一九七二年，金主有上百家公司。這些公司投資基因

（布條上寫著：1995年地球日榮譽贊助商）

改造食品、農化工業、食品添加劑、企業工廠化農場等事業，如陶氏化學、通用磨坊、藍多湖農業合作社、汽巴嘉基、ADM 公司、孟山都、菲利普莫里斯、優耐陸輪胎。[43]根據《奧德懷》的資料，芬奇試圖憑一己之力把農科會打造成「提供環境相關資訊給決策者和新聞媒體的機構」。[44]

農科會是典型的產業空殼團體，自稱「提供有關食物和農業、即時而公正的科學資訊」。然而事實上，過去二十幾年來，農科會一直積極地為含農藥的食物、含輻射的蔬果、注射生長激素和藥物的牲畜公開辯護，加以推廣。農科會有上百名產業和大學的研究人員，經常收受大筆獎助金及其他捐款，這些錢也都是農科會的金主給的。

萬博宣偉受聘於美國地球日時，客戶另包括汽巴嘉基、大通曼哈頓銀行、福特汽車、魁北克電力公司、孟山都、輝瑞製藥、寶僑、普瑞納米爾斯飼料、日本住友銀行等。一九九二年，萬博宣偉在「環境公共事務服務」上的總淨收入超過一千一百萬美金。[45]為展現服務成果，萬博宣偉自誇為西部畜牧生產聯盟爭取「在公有地放牧費用不調漲」，使此案於第一〇三屆國會大會通過，重挫環保團體。[46]一九九四年，萬博宣偉聲稱：「我們幫助企業把握每一個環保市場機會、減少環境風險、保障獲利。並且提供暢通的管道，讓企業可以影響聯邦政府、各州首府、各地商會、新聞編輯室。」[47]

芬奇加入之後，美國地球日董事會開始拜會柯林頓及其幕僚，並且與各行各業的領袖開會，廣邀企業捐款贊助，預備把一九九五年地球日辦成一場盛大空前的環保宣傳活動。可是，以往全國地球日的活動籌辦人不是拒絕企業大筆捐款嗎？美國地球日的董事克雷蒙認為，這種做法「過時了」。他說：「我們願意跟別人不願意合作的企業合作，是因為我們覺得有必要對企業誘之以利。」克雷蒙的聖路易團隊接受了孟山都的捐款；又因為芬奇的關係，得到萬博宣偉聖路易分公司的免費公關協助。克雷蒙說：「我們需運用大家習慣遵循的策略。這些公關專家顯然摸透了美國人的心思。」[48]

美國地球日從企業界募到鉅款，捐款者也包括萬博宣偉的客戶。如寶僑、漢威聯合、普瑞納、金考、皮斯柏利食品、電信業者 AT&T 等公司各自捐了一萬五千美金。[49] 捐款超過兩萬美金，可成為美國地球日的贊助商。與高層進一步交涉，可買到美國地球日官方標誌的使用權。由美國地球日內部備忘錄可知，高層考慮過成立分支團體，名為「地球日企業小組」，「成員是美國企業內部的環保領袖……性質為獨立的非營利組織」，可是董事會仍由美國地球日的高層來主導。這個小組可以「為美國地球日及關係組織增加募款機會」。為了保護自身形象，美國地球日會「獨立於其企業分支，以維持地球日純樸、兼容並蓄的精神」。[50]

然而，媒體終究揭發了美國地球日為企業漂綠的真相，於是芬奇、安德森、尼爾森三人親商、「兼容並蓄」的策略便分崩離析。負面報導造成美國地球日組織內鬨，最後董事會只好解散。本來打算借白宮之力來向企業募款幾百萬美元，好在華盛頓廣場舉辦大型活動，這計畫也因記者的監督而泡湯。[51]

垂尾乞憐

美國地球日在怨聲之中瓦解，反映了環保運動發展到一九九五年所面臨的危機。企業的「好警察」策略收效極大，使環保團體心防盡卸。國會改選後，共和黨佔了大多數席次，於是全國性環保團體被排除在決策圈之外，又成了一小群苟延殘喘的自由派。那些因環保團體大力遊說才通過的法案規章，旋即在新國會的主導下失去效力。專業的環保說客早已跟他們所背棄的草根運動者切斷關係，現在要對議員施壓更是力不從心。有些環保運動者在絕望中甚至起草請願書，致函給擊潰他們的政治作手——前環保研究學者金瑞契教授*。[52]

事實上，企業贏得如此徹底，公關業都不由得悄悄建議企業客戶：盡量別得意忘形。一九九五年二月號的《奧德懷》寫道，「環保公關人員」應該「好好把握這股共和黨興起的反環保力量……環保公關專家垂涎這次機會，要向客戶證明自己的價值。他們準備好了要爬梳繁雜的法律條文，從中挑出最令客戶頭痛的，然後說服國會議員予以廢除」。但是，《奧德懷》也警告說：「公關專家不應該得寸進尺。因為這事情要是做過了頭，一旦親商的共和黨沒落、環保運動者又得了勢，他們就要自食惡果了。」[53]

博雅公關世界環境業務負責人凱斯也給了類似的建議，他說：「不要抱怨配合環保法規太花錢，這樣會給人貪婪的感覺……可能毀了企業多年來的心血，傷害小心維持的形象。企業界目前佔上風，正得意呢……政府跟人民有了新約定。『與美國有約』**宣言中雖沒有提到『環境』一詞，但許多觀察家認為，與其說這是共和

譯註* 金瑞契（Newt Gingrich）知名共和黨大老，在本書中文版付梓時，正爭取2012年共和黨黨內總統候選人的提名。

** 與美國有約（Contract with America）為1994年共和黨的國會競選宣言。

黨與美國人的約定，不如說是與『雞婆環保說客』的『死亡約定』……趁此時機向環保團體示好，再好不過了。」[54]

一九九五年地球日，伊斯特布發表長七百四十五頁、文辭詭辯的新書《地球上的一刻：環境樂觀主義時代的來臨》。在當時的政治氛圍下，這本書的出版令失勢的環保人士更加難堪。[55]這本書在《紐約時報》上的全版廣告寫著：「地球安然無恙，各位不必為世界末日做準備了。」[56]伊斯特布在書中以偏頗的論證、扭曲的事實，提倡過度樂觀的「生態現實論」*。雖然他出於防衛地自稱自由派、環保人士，但是這本書——一本標榜客觀的記者所寫的書——卻給公關漂綠人士提供了最有說服力的行動宣言。[57]

伊斯特布自己的母親死於癌症；她生前在惡名昭彰的虎克化工廠工作，這家化工廠把有毒廢棄物都埋在愛渠**。儘管如此，《地球上的一刻》卻寫道，重大的環境危機幾乎都解決了，甚至從來就不曾發生。又說，企業已欣然擔起環境和社會責任，即將終止一切污染；並且指摘環保人士對這些「事實」置若罔聞，好讓大眾心生恐懼，以利募款活動。[58]

諷刺的是，《地球上的一刻》成書，就在反環保人士掌控國會、著手肢解環保法規的前夕；伊斯特布在書中竟然還聲稱這些法規可以應許一個生態烏托邦。一九九五年四月二十一日《紐約時報》的地球日專欄裡，伊斯特布公開懇求企業叫說客不要再撻伐環保法規，由此可知他有多麼天真。在文中他顯然由衷驚愕地問：「化工產業有明顯的進步，難道這只是公關技倆？」[59]

譯註* 所謂生態現實論的言論如，主張不要為了滿足環保需求犧牲其他社會需求。

** 愛渠位於紐約州，靠近尼加拉瓜瀑布。

雖然《奧德懷》建議公關業「盡量別得寸進尺」，但公關業已準備好了把環保人士趕盡殺絕，施展「雙面警察」策略中「壞警察」那部份。製造污染的企業既穩操政治大權，就可以在拉攏、聯合環保團體的策略上鬆一口氣。公關業內刊物《公關新聞》建議：「自從二十多年前的地球日以來，這一代的公關專家已慣於幫企業漂綠」，但是，如今反環保的勢力興起，「不論是企業內部或公關公司的公關專家，都可把握這機會……不用再幫企業漂綠，而是替激進反環保的明智利用運動工作」。[60]

事實上，偉達、博雅、愛德曼、萬博宣偉、福萊國際傳播、哈里森等公關公司以及其他漂綠高手私下都一直替明智利用服務。現在，他們既然已經用籠絡戰術把真正的環保人士逼到牆角，也用不著躲躲藏藏了。

狡猾的盟友

根據《華盛頓郵報》報導，早在十年前，博雅公關光是在華府的辦公室就有五名公關專員專職為客戶策劃偽草根聯盟。[61]照某位公關高層的解釋，這些人負責「建立同盟，消除反對意見」。前博雅公關世界公共事務主任林德漢的說法則是：「別忘了化工產業有很多人脈、盟友可以動員……比如員工、股東、退休員工。給他們歌譜，讓他們替產業界發聲吧。」[62]

有時候，企業也找民眾來替自己發聲。一九九三年，伐木業的高層成立「西北太平洋地區暨北加州經濟保護公民團」，寄發一百五十萬封制式信函給民眾，詢問是否贊同這個組織的目標，若贊同則在回條上簽名後寄回。接著，這個組織就派人擔任各州代表。有人問新上任的華盛頓州聯合代表接下來有什麼行動，他答道：「我還不知道這組織的目的是什麼。」《西雅圖郵訊報》有篇社論如此說明這個組織的本質：「找公關來捏造一個活動，付清活動的帳單，然後對外宣稱『這活動由一百多位俄勒岡州、華盛頓州、北加州等地的地方領袖發起』——這招未免也太狡猾了。」[63]

最近，《奧德懷》的華府專題報導：愛德曼公關公司的戴赫為一九九五年六月「為自由而飛」的活動籌備宣傳與安全事宜；這個活動是明智利用在華府舉辦的說客年會，由「西部各州聯盟」*贊助。這則報導讓身兼奧杜邦學會**董事的戴赫處境尷尬。戴赫試圖與「為自由而飛」活動撇清關係，聲稱私底下「從未與西部各州聯盟有任何牽連」。而實情是，戴赫的做法正是用了典型的「雙面警察」策略：一邊收買像奧杜邦學會這樣的環保團體，一邊又策動活動攻擊這些環保團體。[64]

戴赫曾經為民主黨總統候選人杜卡奇處理公關事務，現任愛德曼公關執行副總兼華府事務總經理。愛德曼公關內部另有代表右派的公關團隊，成員包括跟戴赫一樣也是執行副總的迪弗。迪弗是雷根團隊的大內公關高手，協助策劃一九九四年國會選舉時共和黨的「與美國有約」造勢活動。愛德曼公關是反環保運動的漂綠專家。《奧德懷》指出，「這家公司有擅長各類環保議題的專才，處理過無數與超級基金、淨水法案、資源保護修復法案、濕地保存、公共土地等相關的公關議題」。[65]愛德曼公關的客戶「美利堅聯盟」是產業界出資成立的，由六百五十家反環保運動的公司和協會所組成，這些公司和協會都是明智利用運動的支柱。在一九九五年的

譯註* 西部各州聯盟（Western States Coalition）為1993年成立的反環保團體。
** 奧杜邦學會（Audubon Society）歷史悠久的美國環保團體，宗旨為保育及復育生態體系。

「為自由而飛」活動中，愛德曼公關協助美利堅聯盟撻伐「瀕危物種法案」***，欲促使國會予以刪除。

卸下好人的面具

明智利用運動是高利博和亞諾的發明，這兩人分別是自由企業捍衛中心的發起人和會長。該中心位於華盛頓景美市，根據《綠色和平指南之反環保運動組織》，這個組織是「明智利用運動最重要的智囊團和訓練中心」。出資創辦這個組織的有林業公司如喬治亞太平洋、路易斯安那太平洋、波伊斯卡斯卡德、太平洋木材、麥克米倫布婁德公司，以及艾克森和杜邦一類的公司。明智利用運動的任務很簡單，亞諾說：「我們要把環保團體掃蕩一空，以明智利用團體取而代之。」《齷齪的蘇丹：公關與媒體》一書的作者喬伊斯．尼爾森認為，明智利用自成立以來，一直與公關產業合作無間。尼爾森指出，在美國贊助明智利用的企業至少有三十六家，早在八〇年代產業界開始資助基層反環保運動的時候，這些企業已是博雅公關的客戶。[66]

明智利用為了招募新兵、動員部隊，運用了標準的公關技巧——成立偽草根團體。亞諾解釋道：「親產業界的公民運動團體能做到產業界做不到的事。」亞諾在一場懇談會上對安大略林業聯盟闡述這個策略的好處：「這樣的團體可以形成聯盟，建構真正的政治影響力；可以為產業扮演有效又有說服力的代言人；可以喚起人們心中強大的原始意念，如家庭的神聖性、社區的團結力、鄉下人的自然智

*** 瀕危物種法案是美國聯邦政府於1973年通過的環保法案，主要目的在保育受威脅的與瀕危的植物、動物與其棲地。

慧，還有很多例子，我相信各位都可以想見。這種團體可以有謀略地主動攻擊環保人士，而非老是挨打了才來抵抗，還能利用群眾去對抗敵人。」[67]

第一屆明智利用會議在一九八八年召開，贊助商有艾克森、全國步槍協會等各界特殊利益團體。整場會議的重點是高利博提出的「明智利用行動目標」，所舉目標例如：

- 修改「瀕危物種法案」，將「適應不良之物種」從保護範圍移除，如加州禿鷹。
- 立即在「北極國家野生動物保育區」開採原油。
- 開放一切公有土地，如國家公園、荒野保護區，以便開發礦產能源。
- 交由「迪士尼公司這類擅長吸引人潮的私營企業」來經營國家公園。
- 凡依法阻礙「在聯邦土地上的經濟活動或發展」的人，應處以民事罰鍰。

一九九〇年的明智利用會議由能源商雪佛龍、艾克森、殼牌石油、喬治亞太平洋等公司贊助，邀請「媒體準確度」和「學術準確度」兩機構的創辦人厄文發表演講。厄文在這場名為「由紅轉綠」的演講中聲稱，環保運動者是社會主義的最新化身。[68]厄文創立的兩個機構有雄厚的資金後盾，金主包括德萊賽工業、雪佛龍、汽巴嘉基、艾克森、IBM、凱薩鋁業化工、聯合碳化物、菲利普石油、美孚基金會、德士古慈善基金會等等。[69]

在同一場會議中，右翼的山岳諸州法律基金會主持了三場以「控告環保團體」為題的研討會。山岳諸州法律基金會的贊助商有阿莫科、艾克森、福特汽車、德士古、菲利普石油、雪佛龍、酷爾斯基金會。亞諾說：「只要有法律依據，我們一定把環保團體告上法庭。我們認為，一旦環保團體說謊而傷及任何人的經濟利益，就構成民事侵權行為。依美國法律，應該在民事法庭上大力起訴。」[70]

有些反環保團體人士甚至極力主張，要是官司打輸了，就使用更激烈的戰術。一九九〇年六月，前內政部長華特（此人在一九九六年承認犯下企圖影響聯邦大陪審團決定的罪行）對一群肉牛生產業者說：「環保人士造成的麻煩，若無法在法庭或議會上解決，也許得用子彈來擺平。」[71]

第十章／幫施虐者遊說

如果我想撒謊，或者說，如果我們想撒謊、想吹噓，我不會派自己的女兒出馬。花點錢請別人做就好了。

／薩巴（科威特駐美國暨加拿大大使）

一九九三年十月十日，波哥大《時代報》得意地報導柯林頓總統在一場慶祝哥倫比亞新任駐美大使的就職典禮上致詞。致詞中稱讚哥倫比亞是「珍貴的貿易夥伴」，也是「堅實的盟友，不只跟美國一同查緝毒品走私、為世界除害，也跟美國目標一致，渴望南美洲民主繁榮、法治盛行」。

「南半球各國就屬哥倫比亞受毒梟危害最深。」柯林頓說：「貴國上至總統、檢察官，下至平民百姓、街角的警察、沙場上的士兵，都是勇氣可嘉，我們敬佩又感謝。」

柯林頓致詞隔天，哥倫比亞就有一群「沙場上的士兵」殺了三個農民（兩男一女），在馬德里主教位在桑坦德區迪布市的住宅前棄屍，暴露街上三個鐘頭才讓人移走。主教馬德里梅藍諾對此嚴加譴責。軍方指控這些農民是反叛游擊隊，主教反駁說：「農場主人告訴我，這三人在他那邊工作二十多個月了，那女人還是他家的廚子，很受信賴。」[1]

哥國這些「街角的警察」、「沙場上的士兵」，可以說天天都幹下類似的暴行。國際特赦組織見哥國人權淪喪，一九九四年公佈特別報告《迷思與真相》，指哥國迫害人權的案子大多是政府軍所為。此外，美洲人權監察、美洲國際人權委員會等人權組織也公佈類似的報告。在波哥大設有分部的人權組織安第斯法學家委員會彙整資料，顯示一九九三年間，哥國平均每天有十二樁政治謀殺案，七成是軍警人員所為。人權團體估計，目前哥國境內至少有三十萬名難民，另有五萬餘難民已逃到厄瓜多。布魯塞爾國際自由工聯統計，從一九九〇年元月到一九九一年三月，全世界共有兩百六十四名工會會員遭刺殺，超過一半是哥倫比亞人。

對於犯下這些罪行的謀主和劊子手，柯林頓竟然美言「敬佩又感謝」，聽起來簡直荒謬。更別說同一場演講中他還宣告：「所有侵害人權的人，不論意識形態為何、地位高低與否，都必須立刻嚴懲。」不過，柯林頓的說詞僅僅是反映美國人普遍的錯覺——以為哥國的人權問題只是「反毒大戰」引發的副作用。安第斯法學家委員會的薩拉札表示，哥國政府小心地用公關手段塑造形象，讓外界有此觀感。「他們表現得像受害者，說自己『處境很困難，對抗毒梟的當口，難免衍生一些問題』。」薩拉札說：「他們給外界留下了好印象，還說自己打先鋒捍衛人權呢！不過，我們得看看他們到底做了什麼。」[2]

壞人變身受害者

十年前，哥國政府對自己的國際形象還不大在意。但一九八〇年代中期以後，由於對全球最大的毒品帝國百般包庇，名聲愈來愈糟，開始有所顧慮。一九八七年民調顯示，有七成六的美國人覺得哥國政府腐敗，八成希望加以制裁。[3]一九九一年，哥國政府停止把毒梟引渡到美國；又跟聲名狼藉的麥德林販毒集團首腦艾斯克巴談妥條件，讓他留在國內「投降」。這時，哥國的形象更是雪上加霜。當時艾斯克巴因毒品買賣和謀殺等罪，在美國遭起訴九宗案子。哥國政府依投降條件，派了直升機去接他，把他送進豪華監獄。美國眾議員泰菲坎戲稱這是「五星級大牢」。艾斯克巴的山頂「監獄」有按摩浴缸、空調、三間大臥室、一間客房、大型衣帽間、私人浴室、電話、傳真機、一座足球場、一間遊戲室，還可以眺望麥德林山谷。他也可以指定私人守衛；而且警察雖不准進入，還是收了他的賄賂，他要「逃走」還是「投降」，都隨他的意思。[4]

哥國政府為了洗刷臭名，求援於頂尖的媒體顧問公司索耶米勒集團。索耶米勒替民主黨候選人從事競選活動而起家，服務過莫伊尼漢、泰德·甘迺迪、葛倫等參議員，以及一九八四年副總統候選人費拉羅。一九八〇年代中期，索耶米勒把業務從輔選活動轉為議題管理（issue management），服務企業和國際客戶。[5]

索耶米勒先做意見調查，以評估大眾對哥國的看法。由調查結果看來，哥國形象極差，所以藉宣傳以改善形象時，如果一味美化，只會讓人一眼看穿是洗腦手段而不以為然。因此，索耶米勒策劃了多階段的宣傳活動：首先，把大眾心目中哥國的形象從壞人變成受害者；接著把受害者變成英雄，最後把英雄變成反毒大戰的領袖。[6]

單單在一九九一年，哥國就注入三百一十萬美元，在報紙電視上大做廣告宣傳，企圖影響華府決策。有一則電視廣告，播出一幅慘淡的畫面：一輛彈痕累累的汽車、一具棺材、一群送葬的人。旁白道出一連串給毒梟殺害的哥國菁英的名字，並請觀眾「懷念這些每天喪身反毒戰場的英雄」。[7]另有廣告試圖轉移焦點，不提哥國供應毒品，而強調美國對毒品的需求。廣告上是一個吸古柯鹼的年輕女子，文案寫著：「她是毒蟲，還是毒梟？我們怎麼可能把她當成毒梟呢？再怎麼說，這美國姑娘又何嘗開過一槍，做過一顆炸彈。可是，就因為她吸毒成癮，她直接支持著分裂我們國家的毒品恐怖主義……我們得跟她一起抗敵致勝。」

任職索耶米勒的萊斯利自誇說：「你看看那些媒體報導吧，我們推出廣告之後，愈來愈多的新聞、專欄、社論，都在談論毒品需求的問題。」[8]

除了打廣告，索耶米勒又大量印發宣傳冊子，製播預錄新聞，並撰寫文稿、由哥國官員署名後投書報社。美國記者想要採訪哥國官員，都必須先向索耶米勒申請。立場相同的記者很快就獲准採訪，有意批判的記者則吃閉門羹。索耶米勒也安排哥國官員和報社主編會面，以灌輸有利哥國的說法、強調哥國是美國重要的貿易夥伴。《紐約時報雜誌》編輯侯格在一場會面之後，就刊登一篇冗長又不符實情的文章，對哥國總統加維力亞大加讚揚——但事實上，加維力亞的競選經費多由販毒集團贊助。文章刊出後，哥國大使館買下再版權，印製數千份寄給美國各地記者。[9]

索耶米勒還推出一支廣告，畫面上有一列已故或受囚的毒梟頭子，文案寫著：「這些人曾掌管世上最大的毒品帝國，殺害成千上萬的人，恐嚇一個民主國家，靠古柯鹼斂財，享受奢侈的生活……沒有國家像哥倫比亞一樣為這場反毒戰爭付出這麼高的代價。戰爭還沒有停——可是天天都傳來捷報，使我們相信民主終究會打敗毒品。」廣告又美化哥國對毒王艾斯克巴的處置，聲稱「艾斯克巴已經收攤，正在蹲牢。他的監獄就像大多數美國監獄一樣——四週圍著鐵刺網和電柵欄。外圍還有哥倫比亞軍隊看守。艾斯克巴很快就會被審判定罪」。[10]

事實上，軍方跟毒梟經常「合作」，這在哥國人人皆知。由五十五個宗教團體所組成的哥國人權組織「正義與和平」提出證據，顯示哥國長達十年的游擊戰爭裡，軍方資助的「準軍事部隊」*跟販毒集團聯手執行暗殺隊的活動。某位「正義與和平」的研究員害怕報復，匿名指出：「他們會用電鋸斷人手腳，手段極為兇殘。」[II]

由於哥國的形象從反毒戰爭的「受害者」升格為「英雄」，政府的暴行和鎮壓活動就被當成「粗暴但必要的手段」。一九九一年，哥倫比亞開始所謂的「司法改革」，又稱無臉司法（faceless justice）制度。在無臉法庭上，法官在小隔間裡審案，被告和辯方律師都看不見法官的臉。法庭上裝了特殊的電子設備，以掩飾法官的聲音。控方律師和證人也可以隱藏身分；而且被告不得獲悉任何關於司法程序的訊息，也不可查看控訴證據。這個制度的立意據稱是要保護法官，以免他們遭「毒品恐怖份子」恐嚇或暗殺。一九九三年十二月，美國電視節目《六十分鐘》褒揚這些勇氣過人的法官，大讚這個制度甚好。不過，一位活躍於美國人權團體的哥倫比亞女士莎拉德並不同意。她說：「祕密法官、祕密證人、祕密證據——這些真是恐怖。在拉丁文化裡，大家記憶猶新，從前西班牙宗教裁判所的制度下有過無數的殺戮、酷刑、冤案。現在他們又來這一套，真的很恐怖，非常恐怖。」

哥倫比亞有個備受尊崇的耶穌會組織「大眾教育研究中心」，專門監督哥倫比亞的人權狀況。該組織檢視無臉司法制度，發現一九九二年上半年有六百一十八人遭起訴，其中從事社會抗爭或組織公民運動的有五百八十四人——佔總數九成四，而涉嫌毒品交易或參與游擊隊的只佔零點六。

舉例來說，哥倫比亞國營電話公司的工會發動罷工之後，政府聲稱切斷電話線的行為構成恐怖活動罪，逮捕了十三名工會領袖。其他工會成員則因非官方的

譯註* 準軍事部隊（paramilitary group）在哥國指軍方成立的非法右翼武裝集團，用以掃蕩反政府的左翼游擊隊。

暴行而遇害。有一名成員卡依塞多遭人勒斃之後，屍體給淋上汽油焚燒；政府矢口否認行兇，經調查以自殺結案。同年又有一名電話公司工程師賈西亞給汽車炸彈炸死，政府把這起謀殺案列為「懸案」。

威斯康辛州的律師朗恩長年活躍於哥國人權團體，他表示：「這些官方說法有兩個功能。對國際社會，哥國政府可以裝無辜。對受害者，則傳達了很不一樣的訊息，這是向電話公司的員工宣示：『我們殺你不用償命，而且不管我們事後怎麼解釋，大家都會相信。』」[12]

另一方面，哥國司法對毒梟的懲治依然是出了名地寬鬆。一九九四年毒王艾斯克巴在槍戰中喪命，這件事也只是換他敵對的卡利販毒集團掌權，對毒品交易的打擊根本微不足道。桑貝爾繼加維力亞上任哥國總統之後，調查人員發現他收受卡利販毒集團的競選獻金。於是他大張旗鼓地取締毒梟，以示清白。不過記者古特金指出：「那些大毒梟恐怕還寧可在牢裡蹲一陣子……早就有上千個毒販嘍囉看準了反毒法令鬆散，不是自首、就是被捕後跟警方談條件。刑期平均三年，遠比攜帶非法槍枝的處罰來得輕……誰也不認為流入美國的毒品會明顯減少……哥國政府必須定出有意義的刑期——不是用公關手腕安撫美國就算了。」[13]

為法西斯做公關

會監禁、謀殺異議人士的政府，不用特別花心思去維護政府在人民心目中的形象。這樣的政府做公關，對象主要是外國人——特別是那些可以左右貿易和外援政策的企業、決策者、新聞媒體。

澳洲學者凱瑞寫道：「在科技先進的民主社會，固有勢力和特權容易受輿論攻擊；跟一般人的猜想相反，在這樣的社會，政治宣傳反而更重要，而且手段必定更隱密而複雜。」他引述布萊帝對二十世紀上半葉公關史的研究：「大致說來，一個國家愈不民主自由、議會制度愈不深厚，公關就愈不重要。」凱瑞又寫道：

布萊帝認為，義大利和日本實行民主制度的經驗最少，因此政治宣傳的力道也最弱。在德國，固然民主經驗不多，但還是相對地豐富，「不論跟義大利或日本相比，國家社會主義的政治宣傳都更有組織……表達得更激烈，手段更多元」。而另一端的國家，也就是那些自由民主制度悠久的國家，「如美國……政治宣傳手段就更花俏、技巧更精熟，甚至超過英國」。[14]

一九三三年，納粹政府向美國公關學鼻祖艾維．李求教。德國法本化工集團以年薪兩萬五千元美金聘用艾維．李，並邀他參訪德國，拜會希特勒、政宣部長戈培爾及其他納粹官員。艾維．李二十八歲的兒子詹姆斯．李也為法本柏林分公司服務，年薪三萬三千美金。艾維．李的公司員工起草一份報告，建議德國將軍何本托（後來擔任希特勒的外交部長）「用廣播對美國人喊話」，並且「撰寫一篇措辭謹慎的文章，投書美國重要刊物」，以「著手明確的宣傳活動，釐清美國人的想法」。[15]

聘請艾維．李的法本化工高層伊格那是納粹政宣部幕僚的一員。二戰後，紐倫堡軍事法庭把他定罪為納粹戰犯。根據紐倫堡法庭的起訴，「法本公司的外國代表是納粹陰謀的要角，足跡遍及四海。法本高層受公司資助並保護，偽裝成普通商人，暗中從事政治宣傳、情報蒐集、敵情刺探等活動，以供德國備戰及侵略之所需」。

一九三四年，美國眾議院特別委員會指控艾維・李為納粹從事宣傳，要求他到會受詢。受詢時他聲稱，他跟希特勒會面「純屬私事，只是去秤秤這個人的斤兩」，又說他勸過德國人不要迫害猶太人。美國國會對他這番解釋並不滿意，一九三八年通過「外國代表登記法案」，規定任何代表外國政府在美從事政治活動的人，都必須向司法部罪案調查科登記。根據該法案，外國利益團體或代表不得捐贈政治獻金，美國官員也不得代表外國政府行動。[16]

但是，「外國代理人登記法」實行起來簡直毫無效力。作家芊朵寫道：「很多說客根本懶得去登記，有去登記的人，也只給了基本該給的資料。就是發現有人違法，也沒什麼處置。」[17]

拜金共和黨

花大錢向華府遊說和做公關的政府，包括臺灣、南韓、巴基斯坦、墨西哥、沙烏地阿拉伯等，多半都嚴重侵犯人權。一九九二年，位於華府的「公共廉政中心」公佈一份《施虐者遊說團體》研究報告，指出華府的律師和說客（當中有許多人當過雷根、老布希、柯林頓的國策顧問）靠著替横暴的政府改善形象，每年輕鬆賺進三千多萬美金。公關業龍頭偉達公關名列第一，收入共一千四百萬美金；金主如科威特、印尼、以色列、中國、埃及、秘魯等政府，都有侵犯人權、監禁人民、施以酷刑的紀錄。中國政府為了操控人民，不用說，就嚴加管制媒體，囚禁政治犯。一九八九年又在天安門廣場屠殺提倡民主的大學生，舉世譁然。《施虐者遊說團體》提到的政府還包括：

- 土耳其政府花了三百八十萬美金在華府關說，其中一百二十萬給了偉達公關。儘管被美國國務院指控廣泛侵犯人權，仍收到八億美金的美援。
- 瓜地馬拉政府對境內原住民行種族大屠殺，詳情見於諾貝爾獎得主曼茱*的自傳。投下六十五萬美金在華府關說。一九九一到九二年間，正當幾百名瓜地馬拉人遭政治處決之際，一共付給華府的派博律師事務所二十二萬美金的費用。派博的股東包括美國民主黨全委會主席布朗（柯林頓的商務部部長）。
- 奈及利亞軍政府在一九九一到一九九二年間花了兩百六十萬美金關說，其中超過一百萬美金付給博雅公關旗下的布曼公關。布曼公關的業績在《施虐者遊說團體》報告中位居前五。這家公司除了服務奈及利亞軍政府，還跟肯亞政府和安哥拉完全獨立聯盟反抗軍收取一百二十萬的費用。[18]

《施虐者遊說團體》顯示，有一些國家把大量的美援經費拿來支付華府說客的費用。例如，奈及利亞拿了八百三十萬的美援經費，就付了兩百六十萬美金的遊說費用，佔總金額將近三分之一。哈佛法學院人權專案主持人穆楚說：「整個體制很腐敗，這些說客真的很缺德。毫無疑問，很多國家要是沒有美國納稅人的幫忙，根本付不起華府說客的費用。」[19]

譯註* 曼茱（Rigoberta Menchu），瓜地馬拉原住民，致力於為原住民爭取人權，獲1992年諾貝爾和平獎。

每個人在某些時候都需要點安慰

有些公關公司認為自己就像律師一樣，可以說只要客戶付得起錢，就有「義務」接受委託。雷根總統時期的超級說客葛雷公關公司，客戶名單上就包括了綽號「娃娃醫生」、兇殘的海地總統杜瓦立埃。作家芊朵在葛雷公關創辦人的傳記裡寫道，對於接受海地政府委託一事，葛雷公關「用歐威爾式邏輯自圓其說**，這套道理要不是這麼駭人，還說得挺漂亮的」。葛雷公關高層人士霍夫曼的說詞如下：「不管大家如何看待海地政府，……海地政府都有資格對華府表明自己的立場，有權利讓媒體及美國大眾知道自己的說法。因此，它必須請一家專業的公司代理這些工作……大家會聘用說客、公關，自然是因為遇到了問題，有所恐懼，有所需求。」

芊朵挖苦道：「他這麼一說，這個二十世紀數一數二殘暴的獨裁者，倒成了個不知所措、想要尋回童真的可憐人，而葛雷公關儼然是親切又慈愛的治療師。」[20]

一九八〇年代早期，布朗任職派博律師事務所、還未加入柯林頓政府的時候，也親自為杜瓦立埃政府擔任公關。一九八六年人民起義，杜瓦立埃潛逃國外。之後，幾個不得人心的政府迅速更迭，一直到一九九〇年十二月十六日，海地才舉辦史上第一場民主大選。總統候選人共二十三位，最後激進派天主教牧師阿里斯蒂德勝出，獲得六十七%的選票，一九九一年二月七日宣誓就職。但是八個月後，塞德拉斯將軍和方索上校派兵就包圍總統府，把阿里斯蒂德扣押並放逐海外。阿里斯蒂德流亡的那段時期，塞德拉斯政權殺害大約四千名海地人，逼得大批民眾逃往美國和鄰近國家。美國政府和美洲國家組織宣佈，對海地軍政府施行貿易禁運。[21]

** 歐威爾式邏輯（Orwellian logic）語出英國小說家喬治·歐威爾的政治批判。指政府用宣傳手段愚民，用委婉、模糊、似是而非的語言掩飾真相，以合理化自身的行徑。

為回應貿易制裁，塞德拉斯和方索的軍政府大舉抹黑阿里斯蒂德。阿里斯蒂德被逐後，他們搜遍他的日記和私人物品，找出可以把他定罪的證據。可想而知，這些「調查」總結阿里斯蒂德「精神異常、憂鬱狂躁，有殺人狂和戀屍癖的傾向」。[22]軍政府接著委託大批說客和公關，如德穆古（他也代表某家在海地設廠的美國成衣公司）、創意聯合國際公司的霍布里特和方特羅伊等人，把這些指控傳達給美國媒體。[23]有一位說客名叫李夫斯，擔任過佛羅里達州的州代表，專門替塞德拉斯和方索安排與國會議員會面、拓展人脈。李夫斯自己並不公開露面，他對記者說：「沒我這個人。」要是記者追根究柢，他要不就飆髒話，要不就恐嚇記者說要報警抓人。[24]

不過，海地軍政府所聘的說客當中，最引人注目算是麥坎勒斯。他除了服務海地軍政府，還服務一群以布蘭特為首的商人；這些商人在海地經營的生意包括食用油、汽車、蕃茄醬、咖啡。麥坎勒斯與海地軍政府簽訂十六萬五千元的合約，一九九二年三月收下八萬五千美金的預付金。他在「外國代理人登記法」的申報書上描述自己「所主導的公關活動，有利於海地臨時政府*、無利於前總統阿里斯蒂德……最終目的是要獲取金援和物資」。[25]一九九二年春天，美國財政部以違反貿易禁運政策為由，下令麥坎勒斯不得代表海地政府。但是他宣稱自己只是提供「無償」服務，照樣為軍政府做公關。[26]

麥坎勒斯在華府散播意見書和社論。在一九九二年八月十三日的備忘錄上，他重提軍政府的論調，指控前總統阿里斯蒂德是「暴君、殘暴的統治者」，把美國的貿易禁運說成是「種族滅絕政策」，會害死「數不清的無辜百姓」。他建議「走折衷

譯註* 即海地軍政府。

路線」，讓流亡的前總統回到海地，終止這個「滅種」危機。但不是讓他復職，而是要他接受「精選公民小組」的審判，面對貪污、煽動暴民、虐待、謀殺等指控。[27]

為替海地軍政府做公關，麥坎勒斯憑著自己和保守派專欄作家諾維克的私交，邀他造訪海地，撰寫一系列支持軍政府的專欄文章。一九九三年，諾維克寫了一篇〈何苦為難海地軍政府？〉，指控「柯林頓政府態度異常僵硬」，「不肯考慮談條件、讓前總統阿里斯蒂德回國執政，也不肯傾聽不同意見……早在柯林頓執政前，海地政局就出現警兆了。律師麥坎勒斯和海地軍警方關係良好，那時候就願意替美國和海地牽線，共謀解決之道……現在，麥坎勒斯又一次敦請美國總統善用他與海地軍政府領導人的交情，為海地尋求和平出路」。[28]

老布希和柯林頓政府都表態支持阿里斯蒂德，可是海地軍政府早已暗地裡跟美國中情局、保守派參議員赫姆斯和道爾裡應外合，勢力強大。赫姆斯跟中情局拉丁美洲處情報員雷特爾舉辦「機密簡報會」，攻擊阿里斯蒂德的人格，獲得廣大媒體的注意。會上雷特爾以自己捏造的信件為根據，誣指阿里斯蒂德精神異常；這些資料旋即流到《華盛頓郵報》的作家諾維克手上。赫姆斯接著在參議院大發議論、炒作新聞，指阿里斯蒂德「喪心病狂」、教唆支持者去謀殺對手。

有這樣的朋友……

諷刺的是，攻擊阿里斯蒂德的種種公關手段，最具殺傷力的竟是由他「位高權重的朋友」所主導的。這場危機中，美方所支持的談判會議都不斷逼迫阿里斯蒂德讓步。老阿里斯蒂德不從，美國官員就怪他「不知變通」，是海地無法走上和平一途的禍首。

律師克雷格在華府人脈很廣，擔任柯林頓的關鍵幕僚。他是柯林頓夫婦在耶魯大學的同窗，一九九二年大商人梅弗聘請他代表自己的公司。梅弗住在邁阿密，當年在綽號「爸爸醫生」的海地前獨裁者杜瓦立埃*統治下，壟斷海地的糖業而發財。梅弗和他幾個兒子及其他家族成員有「海地小黑幫」之稱，據說跟軍政府一樣鄙夷阿里斯蒂德。全國勞工委員會（代表二十三個工會的勞工教育團體）的報告指出，梅弗是海地政變的主要策動者之一，並指出梅弗家族違反貿易禁運規定，私運水泥到海地賣錢。[29]

因老布希政府考慮要凍結海地政變策動者的資產，梅弗向克雷格請教如何保護自己的利益。克雷格發現美國政府並沒有任何梅弗家族策動政變的證據，就答應代表梅弗在華府關說。老布希卸任之後，克雷格運用自己和柯林頓的私交，成為美國對海地政策的幕後舵手。[30]

老布希和柯林頓政權對海地軍政府的態度搖擺了兩年，期間海地軍政府的支持者依舊不停指控阿里斯蒂德「作惡多端」，指控內容也愈來愈詳細。一九九四年九月，柯林頓政府終於決定派兵前往海地調停，全面特赦發動政變的軍政府。流亡兩年的阿里斯蒂德也獲准回國執政，做滿僅剩十六個月的任期，但不得競選連任。

美國國防情報局少校肯尼桑負責重新訓練海地那些「改頭換面」的警察人員。對於阿里斯蒂德回國執政一事的真正意含，他提出中肯之論：「到頭來，我們還是

譯註*「爸爸醫生」杜瓦立埃1964-1971年在位。前文提到的「娃娃醫生」杜瓦立埃是他的兒子，1971-1986年在位。

得應付同一批人：掌控海地的五大家族、軍隊、有錢人。這批人就是我們所謂的壞蛋，可是你很清楚，不管誰當總統，你永遠都得跟他們打交道。」[31]

他們 vs. 我們

二十世紀後半葉美國政治發展的一大特點，就是民眾懂得了美國外交政策是說一套做一套的，愈來愈感失望。夢醒之後，美國人的態度似乎很矛盾。一方面，民眾每年海外慈善捐款仍高達數十億美元；儘管民眾對於外交政策的態度與時俱變，但由民調可知，民眾一直都很關切國外需要援助的人。根據調查，八十九%的人覺得「哪裡有人挨餓困苦，我們就應當伸出援手」。[32]只有五%的人認為對抗世界上的飢荒「不重要」。消除飢餓和貧窮這件事，遠比「保護美國海外商業」來得重要；就國際事務而言，甚至也比「防衛美國盟友的安全」還重要。[33]

另一方面，最晚從七〇年代早期、民調展開時，民眾對於政府的外交援助政策就已經十分反感了。當受訪者被問到「美國外交政策頭兩、三個重大問題為何」，都認為「減少外援」是首要考量。[34]根據蓋洛普調查，民調專家所指定的「意見領袖」——即公司老闆、專業人士、政客、媒體、工會幹部等（這個分類有誤導之嫌），和民眾的態度大相逕庭。就經濟援助而言，贊成的「意見領袖」超過九成，而贊成的民眾少之又少。民眾多半認為，經援只對受援國有利，對美國則無。此外，他們認為經援所嘉惠的有錢人多過窮人；七十五%的人認為「經援使美國過度干涉他國事務」。[35]大眾對「軍事援助」的支持度更低。雖然有三分之二「意見領袖」支持軍事援助，但也有三分之二民眾反對。此外，八成民眾認為軍援「讓獨裁者壓迫人民」，六分之五則認為軍援讓美國「國際關係惡化」、「過度干涉他國事務」。[36]

同時，外交政策這塊領域也是萌生政治宣傳的肥沃土壤。大多時候，政府藉宣傳以型塑公共意見時，所針對的民眾，不是態度猶豫、就是對相關議題一無所知或略有聽聞而已；政府口中的「外國」，就是遠方的陌生國家，那裡的人語言習俗都跟美國人的不同。第一次世界大戰時，美國「克里爾委員會」發動政宣，公關業會趁勢崛起，並非偶然。*接下來每一場戰爭，公關業的技巧和視野都有所創新和成長。[37]

戰時的政治宣傳歷史悠久，最早可以追溯到匈奴王亞提拉的時代。古代的政宣語言雖粗糙卻很有煽動力。卡瓦洛斯基說：「一般人必須先在心理上把對手『殺死』，然後才能發動計畫性的殺戮——所謂的『戰爭』。這套儀式跟文明一樣古老，又稱『製造敵人』。我們的領袖把『敵人』描述成『異己』，形容他們幾無人性。他們邪惡、殘酷，意圖摧毀我們和我們所愛的一切。『敵人』只懂得一件事，那就是『暴力』。敵人的形象既然如此，結論無非就是：我們必須殲滅敵人。確實，摧毀敵人是英勇之舉，是救贖和淨化的行為。」[38]

舉例來說，作家麥克阿瑟注意到，一戰時期，英、法兩國利用德國佔領比利時的事件，來達到政治宣傳的目的。英國贊助的「德國暴行傳聞委員會」聲稱「德國人是兇手，在比利時各地姦淫擄掠，窮凶惡極，三百年來所有文明國家的戰爭都無法比擬」。這些毫無記錄或資料佐證的指控包括，說德國士兵光天化日下強暴比利時女孩、刺死兩歲小孩、割下農村少女的乳房等等。倫敦《泰晤士報》報導，有目

譯註* 參閱本書第二章。

擊者看到德國人「砍斷嬰兒的手臂，當時嬰兒的手還緊抓著媽媽的裙子」——法國報紙更是加油添醋，刊出一幅圖，圖中德國士兵在吃嬰兒的手。[39]

二十世紀後半葉戰爭的特色，就是戰爭和複雜的公關技巧緊密結合，連戰略本身都因而改變。為了做宣傳，政府換不同的詞彙來描述「戰爭」——如「警察活動」或「有限度的參與」；「死者」成了「罹難者」、「出勤時失蹤的人」或是「附帶傷害」、「誤傷」的結果。

越戰大大地促使美軍開始重視政治宣傳和心理戰。越戰的謀略家發現，用美國軍隊達到傳統的軍事目的——攻城佔地，效果適得其反。美國人在越南領土出現，會激起越南人的反美情緒。當戰事曠日持久，亡兵的屍體一袋又一袋運送回國，更添美國人的反戰情緒。因此，日後策劃戰爭時，應該避免讓美軍在外國領土上不停增兵。替代的策略有二：一、閃電戰，以強大的軍力速戰速決；二、以海外代理人、特種部隊、雇傭兵取代美國兵力，運用非傳統的游擊戰術。無論是那種策略，都首重征服敵人的「心理」，次重攻掠土地、奪取物資。

閃電戰爭

一九八三年美國侵略格瑞那達的行動，標示美國已開始採用新的戰略原則。格瑞那達是小小的島國，人口約十六萬，每人年平均收入三百九十美金。格瑞那達的左派政府政變後，雷根政府趁機派出六千名大兵席捲全島，要讓格瑞那達重返資本主義的路線。格瑞那達的軍隊人數、武器數量都遠不及美軍，加上政變以來士氣低落，毫無招架之力。有一名美國士兵說：「我們這副裝備，就像『星際大戰』的軍隊對抗原始人。」[40]美軍登陸三天後，戰爭基本上就結束了。

和第二次世界大戰的諾曼第登陸不同，美軍入侵格瑞那達時，並沒有記者在場觀察紀錄。雷根的顧問迪弗和傅勒曾經替漢納福公關公司工作；瓜地馬拉政府大舉鎮壓平民時，漢納福公司曾代表瓜地馬拉政府撫平反對聲浪。雷根聽從兩位公關顧問的意見，下令封鎖格瑞那達之戰的相關消息。當記者獲准進入現場時，士兵已經在「善後」了，所以美國人所知的都是消毒過的新聞：美軍大勝，毫無殺戮、破壞或軍隊效力不彰的場面。但是一年後，前軍情局官員蓋博、薩維吉在《波士頓環球報》發表文章，寫道：「格瑞那達的軍事行動可當成軍方無能、執行力低落的案例來研究。」十八名陣亡的美國軍人中，就有十四名因誤傷或意外而死。至於格瑞那達人民的死傷，至今都沒人能估計出可靠的數字。退休副海軍上將麥卡弗回想起格瑞那達之戰，眷戀地形容那場仗打得「乾淨、漂亮」。[41]

由於記者抗議美國政府封鎖新聞，政府就提出「全國新聞庫」的對策。往後若發生戰爭，常駐國防部的記者可以輪番待命，收到通知即出發前往突發的軍事行動現場。理論上，「全國新聞庫」是設計來確保記者安全的，並即時提供記者內部的管道瞭解該軍事行動。實際上，這是典型的公關危機處理策略——軍方得以先發制人，用國防部指定的消息來源來引導記者的行動，控制媒體的報導。[42]

一九八九年十二月二十日，老布希總統派兵入侵巴拿馬，要逼迫諾里加將軍下臺，這次戰役中「全國新聞庫」首度進行測試。諾里加之前是美國中情局、毒品管制局的線人，一直到一九八九年年初才失去美方寵愛。事實上，老布希還是副總統時，還親自表揚過諾里加，感謝他助美反毒。光是為了這個緣故，入侵巴拿馬的新聞就必須謹慎管控，不能讓媒體提出讓老布希難堪的問題。

這次入侵巴拿馬又是一場快如閃電的行動。入侵的頭五個鐘頭，美國國防部把「全國新聞庫」的記者都扣留在巴拿馬的美國基地，等到放記者出來時，最慘烈的軍事行動都已經結束了。除了一些國防部塞給記者的照片，美國大眾知道的實情少之又少。諾里加將軍的總部所在地巴拿馬市有個貧窮的加那利區，這裡至少有三百名平民在戰火中喪生，甚至有人在家中被活活燒死。除了受難者和美軍的攝影團隊，沒有人可以目睹這場襲擊。儘管其他資料來源估計有高達四千名平民死亡，媒體也只能乖乖地照國防部的聲明報導：整場入侵戰，只有兩百零二名平民喪生，五十名巴拿馬士兵陣亡。[43]

不可告人的戰爭

中美洲的革命運動力量十分強大，美國不能像對付格瑞那達或巴拿馬那樣速戰速決。對中美洲的軍事行動，所需的時間更長、策略更複雜——好讓國防部得以對抗「敵人」，而美軍又不用親上火線。華府所中意的就是日後為人所知的「低強度衝突」策略。麥爾斯在一九八六年提出影響深遠的分析：

「低強度衝突」一詞源自它在戰爭「強度光譜」上的位置。光譜上強度從低到高漸次是內亂、傳統戰爭、核子大屠殺……現任美軍第七特種部隊的指揮官華赫斯坦上校解釋道：「精確地說，『低強度衝突』應稱為『革命與反革命戰爭』。」他指出，「低強度」一詞有誤導之嫌，因為它狹義地從軍方的角度來描述衝突的暴力程度。事實上，這類衝突涉及「政治、經濟、心理的戰爭，在很多案例中，武力介入只有一點點而已」。美國官員對這個詞有種種定義，恐怕還是華赫斯坦上校的話最坦白，他直言這衝突是「草根層級的全面戰爭」。[44]

一九七九年尼加拉瓜爆發「桑地諾革命」，推翻了索摩札家族的獨裁政權，這件事讓華府緊張起來。索摩札家族殺害政敵，奪取政權，統治尼加拉瓜長達四十五年，向來以腐敗、暴力聞名，卻被美方視為堅定的盟友。

安納斯塔修・索摩札是拉丁美洲首先體認到公關很重要的獨裁者之一。他雇用紐約的「麥肯奇與麥錢尼公關公司」和前佛羅里達州共和黨眾議員克雷瑪當他的說客。一九七八年，索摩札掌權的最後一年，麥肯奇與麥錢尼公關從索摩札政府那邊收到三十萬美金的費用。隨著革命情勢愈演愈烈，麥肯奇與麥錢尼公關的股東麥肯奇被派去駁斥有關索摩札的負面報導，好比說他腐敗、專政、殘酷、粗暴又肥胖。麥肯奇說：「這位總統跟大家想的不一樣。他聰明有才幹，心地又溫暖，對朋友忠誠不渝，對敵人寬宏大量……索摩札好歹也有些德政吧。就連墨索里尼對義大利都有點貢獻呢！」為了證明索摩札政權之下還有言論自由，麥肯奇特別指出，尼加拉瓜有一份《新聞報》是反對黨辦的。[45]

兩個月後，《新聞報》編輯佩鐸・華金・查孟羅在大街上遭人射殺，兇手是索摩札的生意夥伴。這樁兇案引發癱瘓全國的罷工活動，要求索摩札下臺。因此，索摩札聘請紐約NLPF公司的公關專家沃夫森，每月付他七千美金的服務費。正當索摩札政府發動最後一波恐怖攻擊、派軍機狂炸尼國各城時，沃夫森逢人就抱怨說，記者都存心「打倒」索摩札，對他「不夠公平」。[46]（沃夫森寫了一本回憶錄《出賣索摩札：註定失敗的公關人》，一九七九年七月二十日出版，由巴克禮創辦的保守派《國家評論》雜誌發行。同年七月十九日上市，索摩札正好也是在這天潛逃國外。沃夫森在書中批評索摩札是「被寵壞的臭小子，長成中年人的模樣，自以為無所不知，要人給建議又不聽。真是個粗魯、莽撞、盛氣凌人的暴徒」，整天幻想要把記者都閹了。）[47]

索摩札潛逃國外之前，索摩札家族已經聚斂了四、五億美金的資產。同時，尼加拉瓜全國有一半的人口是文盲；窮人家有三分之一的新生兒活不過一歲；超過兩萬人罹患重度肺結核。桑地諾革命成功後，新政府雄心勃勃，展開大眾疫苗接種和教育計畫，並且突破過往的外交政策，試圖與古巴和蘇聯結為盟友。新版尼加拉瓜國歌有一句歌詞——「我們打跑美國佬，那人性的敵人」，可見新政府有意帶領國家脫離索摩札效忠美國、依附美國的時代。

美國用來瓦解桑地諾政權的「低強度衝突」戰術，整合了越戰時代的反游擊戰術、公民自發行動、心理戰、公關活動、「公民協助發展」計畫（傳統上不歸軍方管），是個很有野心的概念。經濟上，一邊逼迫國際金融機構停止借錢給尼國，一邊施行貿易禁運、使尼國經濟緊縮。政治上，小心翼翼地操控薩爾瓦多和宏都拉斯的選舉。心理上，發動地下破壞活動、廣播政宣，拆新政府的臺。軍事上，避免動員地面部隊，同時千方百計讓尼國恐懼美國入侵。

此外，美國把索摩札手下潰不成軍的「國民警衛隊」改組成「反抗軍」。反抗軍起初沒有領袖，白宮就募集一批不滿政府的尼國商人，替他們編好講稿，好讓他們充當反抗軍「公民領袖」。有個公民領袖是馬拉華市*廣告公司的資深主管，名叫查孟洛，後來很不滿美方的做法。一九八七年查孟洛出書——《包裝反抗軍：美國中情局造謠研究》，忿忿地埋怨美國利用他當公民領袖，管一批他其實無權掌控的軍隊。

中情局給查孟洛每月兩千元的薪水，外加工作津貼。他的工作包括，替美國賄賂宏都拉斯的記者、廣播員，叫他們一邊替反抗軍美言，一邊批判尼國政府、呼籲人民加以推翻。查孟洛說：「大約有十五名宏都拉斯的記者、廣播人員都受中情局賄賂，我們得以影響宏都拉斯各大報紙、廣播、電視臺。」[48]

一九八三年，雷根政府聯合尼加拉瓜反抗軍和薩爾瓦多軍隊，在宏都拉斯啟動一連串大型軍事演習。這些演習是精心策劃的，好營造美軍即將入侵尼加拉瓜的假象。依麥爾斯之見，實情卻是：

> 美軍演習，既不是為了備戰，也不是假裝要打仗：演習本身就是戰爭……使尼國恐懼美國隨時要入侵，這是心理戰的一部份……首要目標是讓尼國把大量資源轉移到國防上，陷入財務危機……接著用心理戰術助長內部衝突。比如在尼國境內散發傳

譯註* 尼國首都為馬拉華市。

單，力勸青年逃走，免得被「馬克思主義極權政府徵召入伍」；又如宏都拉斯的「尼加拉瓜民主力量」廣播電臺煽動人民起義，反抗「傾國庫之財大購軍備、不買糧食的共產黨員」。[49]

中情局為了訓練尼國反抗軍，製作教戰手冊，名為《游擊戰的心理操作》；一九八四年這醜聞被人揭發，使雷根政府顏面無光。手冊中所述及的策略，包括「建議挑幾位尼國官員來暗殺」。批評者指控中情局鼓動反抗軍任意暗殺平民，不過麥爾斯發現這份手冊別有用意：

> 美國意圖削弱尼國平民政府的力量，剷除成功的社會組織及其意識形態……這策略實行起來，就是挑選某些教師、醫護人員、農業專家以及這些人在社區裡的同謀，加以刑求、殺害。許多批評者稱之「任意對平民施暴」，實則不然……這些暴行屬於一套有邏輯、有系統的政策，而且反映出戰爭形態的改變。[50]

自家的戰爭

對於雷根政府，當務之急是叫美國人民支持中美洲政策。美國空軍助理副參謀長凱利說：「當前最要緊、特殊的行動任務，是叫美國人民相信共產黨要來抓我們了。只要我們打得贏這場思想戰，不管到哪裡打仗都會贏。」「從公共事務到抹黑宣傳，都屬於心理戰的範圍，都是替我們的產品打廣告、做行銷。」[51]

凱利口中的「公共事務」，指的就是「公共關係」——政府改稱公共事務，並沒什麼新意，無非是為了迴避一九一三年通過的法律。這條法律禁止聯邦政府各機關從事公關活動，禁止白宮用廣告、電報、信件、印刷品、非官方媒體等方式影響國會立法。至於中情局參與內政的程度，規定又更加嚴格。中情局依法不得在國內行動；只有一些嚴格定義的狀況除外，例如與聯邦調查局合作調查。不過，一九八二年中情局在尼加拉瓜進行的祕密戰爭曝光之後，國會通過「柏藍修正案」，依此案，政府不得繼續軍援尼國反抗軍，雷根政府也不得採取進一步行動推翻桑地諾政府。

為應對柏藍修正案，一九八三年一月雷根政府派中情局局長凱西設立「公共外交」機構。記者派利和柯布隆說，這個機構是「美國首次在昇平時期設置的政宣部門……從事國內的政治活動，相當於中情局對付海外敵手。只是這一次，這個機構對付的是美國民主制度的三大支柱：國會、新聞媒體、知情的選民……當局運用現代公關的科學方法、戰爭試煉過的心理戰術，在國安會議和州政府中設立前所未有的官僚機構，好操控新聞媒體、限制相互矛盾的訊息流傳到大眾耳裡」。[52]

凱西任命雷蒙為「公共外交」行動的領導。雷蒙替中情局進行海外祕密媒體行動長達二十年，政府內部有人稱他是中情局政宣專家第一把交椅。根據《華盛頓郵報》編輯布萊德理的說法，雷蒙參與行動，表示「國安會大規模整合情報和公關組織」。[53]在「伊朗—援尼反抗軍醜聞案」中*，國會調查雷根政府在國內的政宣活動，發現諾斯的行事曆上，雷蒙這名字的出現次數比其他白宮官員或政府雇員都還要多。醜聞案調查委員會的報告草稿中，有一章詳述中情局在國內的政宣活動，卻因

譯註* 1985年雷根政府暗中賣武器給伊朗，用數百萬美元的軍售所得資助尼國反抗軍，事發後陷入醜聞危機。

參眾兩院共和黨員阻撓，最後出爐的報告裡沒有這一章的隻字片語。因此，中情局違反內部規定，在國內進行政宣活動一事，幾乎沒有受到公眾的審視。

朋友幫小忙

一九八三年八月公共外交機構逐漸出現雛形，凱西召集五位公關業高層，開了全天候的機密策略會議。五位公關高層當中，有四位是業界頂尖的專業組織「美國公關學會」的重要成員。五位公關業高層都是「公關研討會」的成員。這個祕密的研討會成立已三十七年，約有一百二十位資深公關主管參與。研討會的內容都「不公開」，會員若透漏消息給媒體，則終生不得再入會。這幾位與凱西會面的人是：

- 杜拉克：哈羅德公關公司創辦人、前主席。一九七二年擔任美國公關學會全國主席，在學會向來以直言不諱、表現傑出著稱。
- 克拉克：杜克電力公司企業公關部副總裁，曾任美國公關學會的財務主任。
- 哈薩爾：全球最大的公關公司博雅的資深副總裁。
- 葛林納：賽爾藥廠企業關係部副總裁。曾任福特總統副新聞祕書，也曾在國防部長倫斯斐手下擔任公共事務次長。
- 寶林：任職於菲力普莫里斯菸草公司，嫻熟華府事務，後來任職博雅公關。一九八五年起，擔任公關業頂尖公會「公共事務委員會」的主席。[54]

根據杜拉克的說法，會議氣氛十分緊張。一早中情局、國安會的幕僚就在一大幅拉丁美洲地圖前做簡報，描繪給他們聽革命運動如何橫掃中美洲、情勢如何危急，要他們出出主意，看如何把尼加拉瓜反抗軍塑造成英雄、桑地諾政府變成壞蛋。應幕僚要求，他們竭盡心思，想出約二十五個點子，寫在討論版上，凱西在一旁做了一堆筆記。

他們的建言可歸結為兩大要點：一、「當局應該仿效現代企業，在白宮內部成立標準的企業公關機制」；二、為了凸顯反抗軍出師有名，他們建議白宮成立「私部門贊助的公共教育計畫」，找一位傑出人士來領軍，「啟動高度曝光的全國募款活動」。[55]

白宮言聽計從，成立「尼加拉瓜自由基金會」，請華爾街投資經理西蒙擔任主席，又聯合「退役」軍人和右翼富豪贊助基金會。捐款者包括家喻戶曉的右翼人士，如電視佈道家羅伯森、科羅拉多州啤酒大亨酷爾斯、石油鉅子杭特、歌手柏恩等，以及《傭兵雜誌》。一九八五年四月，基金會舉辦每人餐費兩百五十美金的「拯救尼加拉瓜難民」募款晚會，凱西和西蒙都出席了，雷根總統也到場致詞。基金會聲稱，藉這類募款活動，已募得超過兩千萬美金。事實上，這個基金會是政治宣傳的煙霧彈，花費幾乎跟募到的錢一樣多。根據一份稽核報告，「難民餐會」共募得二十一萬九千五百二十五元，卻花了二十一萬八千三百七十六元，其中有十一萬六千九百三十八元是「顧問費」。[56]

成立尼加拉瓜自由基金會的用意，主要是聲東擊西，讓人不去注意政府違反了「柏藍修正案」，順利地由祕密管道金援尼國反抗軍。其中有一條祕密管道是「國際企業公關」。這家公司利用免稅基金會的名目，替反抗軍籌募軍備費用，一九八七年承認犯下詐欺罪。這樁「伊朗—援尼反抗軍」醜聞案的國會調查委員會指出，國際企業公關募得五百萬美元來金援尼國反抗軍，其中有一百七十萬入其私囊，可見這門生意利潤豐厚。[57]

依照公關專家的另一點建言——在白宮內部成立企業公關機制。於是雷根政府成立了「拉丁美洲暨加勒比海地區公共外交辦公室」，任命雷蒙為主任。「公共外交」不過是另一個公共關係的同義詞。根據記者派利和柯布隆的報導，公共外交辦公室成立頭一年，「就在廣播、電視、編輯部訪談等媒體安排超過一千五百場演說；出版三本介紹尼加拉瓜的小冊子；把宣傳資料分送給一千六百所大專圖書館、五百二十個政治科學系所、一百二十二位編輯、一百零七個宗教組織。而且對那些家喻戶曉的記者又特別關照」。[58]例如，一九八五年公共外交辦公室職員萊西的備忘錄寫道，辦公室運用「中間人」（此人和辦公室的關係是隱匿的）安排尼國反抗軍領袖羅貝婁訪問美國新聞機構，包括赫斯特報業集團、《新聞週刊》、史庫普斯霍華德報系等，拜會《華盛頓郵報》、《今日美國》、CNN、《麥克尼雷爾報導》、《今日秀》和CBS晨間新聞的編輯部。[59]

公共外交辦公室給國安會的祕密備忘錄中，吹噓辦公室用恐嚇記者、詆毀記者人格等手段，封殺在尼國政策上與雷根政府唱反調的新聞報導。有個右翼組織叫做「媒體準確度」，專門攻擊批評雷根外交政策的記者，公共外交辦公室還把四十萬元的私人捐款撥給這個組織。一九八五年七月，公共外交辦公室又散播下流的謠言，指某些美國記者撰寫偏袒桑地諾政府的報導，換得桑地諾妓女的性招待。[60]

公共外交辦公室從美軍「第四心理戰部隊」中委派五位軍事專家，找出「可利用的主題和趨勢」，並且用意見調查「研究如何讓美國人民反對桑地諾政府」。為達到目標，他們策劃種種噱頭和新聞報導。例如一九八四年白宮洩漏消息給新聞媒體，製造出神祕的「MIG危機」，傳言尼加拉瓜即將收到一批蘇聯戰鬥機。電視新聞大幅報導，甚至當成「重要新聞快報」插播。後來雖查無此事，但「MIG危機」已讓公眾誤以為尼國對美國造成軍事威脅，也讓媒體不去關注同一週稍早發生的尼國大選。尼國首次舉辦自由選舉（桑地諾得票率為六十七％），雖廣受國際觀察家好評，卻被雷根政府草率地貶為「騙局」。[61]

白宮運用「塑造敵人形象」的政宣故技，一面形容桑地諾政府是邪惡的化身，是「第二個古巴、第二個利比亞」，一面說反抗軍「道德水準媲美我們的開國元老」。白宮新聞辦公室主任布恰南聲稱「伊朗人、巴勒斯坦解放組織、利比亞人、義大利恐怖組織紅色旅都現身馬拉華市了」，並警告「要是中美洲都步上尼加拉瓜的後塵，這些人就要攻來聖地牙哥*了」。[62]又指控桑地諾政府販毒、從事恐怖活動、處決猶太人、建造祕密監獄、在街上毆打要去望彌撒的天主教徒。[63]

白宮起用葛雷公關公司資深副總裁、自稱「恐怖主義專家」的李文斯頓，來渲染桑地諾政府從事恐怖活動的指控。事實上，大量間接證據顯示，葛雷公關本身就涉及「伊朗—援尼反抗軍」醜聞案中祕密的軍火輸運和金錢交易。[64]這些證據包括足以將葛雷公關定罪的大筆金融交易紀錄，以及一九八五年九月二十四日在巴黎發生的葛蘭·舒翰槍擊案。葛蘭·舒翰是紐約公關顧問傑哈·舒翰的兒子，傑哈·

譯註* 聖地牙哥是美國西南部邊境城，比鄰中美洲。

舒翰是白宮的常客，他的公司是葛雷公關的關係企業。葛蘭曾對朋友坦言，最近和某個國安局的陸軍中校共事，突然多賺了一筆。《奧德懷》總結：「葛蘭熟悉國際商業、交遊廣闊，所以被人慫恿去參與『伊朗－援尼反抗軍』的案子。他又不假思索地向朋友吹噓此事，才會害自己給人暗殺。」[65]

成功的滋味

到了一九八〇年代末期，桑地諾政府已是形象掃地，所以在美國說起尼加拉瓜，必稱「極權主義的地牢」，否則就會被視為親共邪說。駐尼加拉瓜的記者察覺到自己也必須見風使舵。住在馬拉華市的記者芭特勒說：「我在那裡頭兩年，還有一些記者有心在編輯能接受的框架下，寫一些自己的所見所聞。這些文章傳回去美國就被改寫，三番兩次下來，他們就帶著電報稿子，到處跟人解釋刊出來的文章並不是自己寫的。現在，他們連解釋都懶了。」[66]

給桑地諾政府致命一擊的是全國民主基金會。全國民主基金會與公共外交辦公室是白宮同一條行政命令下所設立的機構，由國會出資，讓美國在海外「促進民主政治」、「從事公民訓練」。一九九〇年尼加拉瓜正籌備大選，老布希總統由全國民主基金會撥款九百萬美金給尼國，其中有四百萬是給反對黨總統候選人薇歐蕾塔・查孟羅的政治獻金。

其實，老布希大可省下這些功夫。到了一九九〇年，因十年來戰火肆虐，加上美國的貿易和投資封鎖，尼加拉瓜已淪為人間煉獄。一九八八年通貨膨脹率高達百分之二萬，經濟學家還在爭論用「支離破碎」一詞是否足以描述尼國經濟的慘狀。桑地諾政府為了抑制通膨，採取一連串劇烈的經濟措施，導致失業人口增加、給窮人的免費糧食和保健援助大減。招來民怨的徵兵、食物配給措施、民心疲憊等因素，在在使得桑地諾政府威信盡失，查孟羅領導的反對黨輕輕鬆鬆就贏了大選。

在美國，白宮的「伊朗—援尼反抗軍」行動曝光後，國會著手調查，起訴涉案人，加以定罪，但後來被推翻。一九八八年，公共外交辦公室解散。在此之前，美國總審計長判定：「公共外交辦公室進行違法的祕密政宣活動，誘使媒體和大眾支持政府的拉丁美洲政策。」[67]

當時，美國公關學會成員哈莉森向學會的倫理委員會提出申訴，那些協助策劃公共外交宣傳活動的公關專家也應受到審視。依照公關學會的職業道德守則，會員應該「嚴守」政府的規定。倫理委員會開會評估哈莉森的申訴後，公佈簡短的聲明，指出學會成員並未違反職業道德守則，「沒有進一步調查的根據」。哈莉森抗議倫理委員會的調查過程失當、涉及利益衝突。倫理委員會反過來控訴哈莉森，聲稱她的申訴違反了職業倫理守則條款：公關學會成員不得「蓄意破壞同行的專業名聲或作為」。哈莉森不予回應，厭惡地退出了公關學會。[68]

眾客戶之母

一九九〇年八月二日，伊拉克軍隊在獨裁者海珊的領導下入侵產油國科威特。海珊就像巴拿馬的諾略加，有將近十年都是美國的盟友。一九八〇到一九八八年間，海珊殺了至少一萬三千名伊拉克同胞，以及約十五萬名伊朗人。雖然國際人權團體不斷抗議，雷根和老布希政府都一直把海珊當成美國對抗伊朗的重要夥伴。遲至一九九〇年七月二十五日——伊拉克入侵科威特的前一週，美國駐伊拉克大使葛蕾斯匹還很同情海珊，批評ABC主播索耶對海珊的報導「粗糙、不公正」，希望海珊可以「在媒體上現身，五分鐘也好，讓他親自向美國人民解釋伊拉克的狀況」。[69]

美國大使的失言也許讓海珊相信，如果他「併吞」鄰國，華府也會睜一隻眼閉一隻眼。然而，入侵科威特這件事，老布希政府卻無法姑息。這個罪行遠比用毒氣毒死庫德族難民還嚴重，因為，這次攸關石油。

從嚴格的道德標準來看，就算受到殘暴的海珊攻擊，科威特也不是值得捍衛的國家。這個小而富裕的國家獨立才二十五年*，一九八六年，掌權的薩巴家族就解散象徵性的國會、集大權於穆斯林貴族，來鞏固他們對「黑金」**之邦的獨裁統治。如今，科威特的寡頭政權在國內血腥地鎮壓小型民主運動，恐嚇記者，審查新聞，又以綁死的合約、奴隸似的工作條件雇用走投無路的外國人，當作主要的勞動力。從埃及到美國，世上各大首都各大學裡，科威特的貴族子弟以嬌生慣養、夜夜笙歌為人所知。[70]

跟格瑞那達、巴拿馬不同，伊拉克軍力雄厚，美國若出兵，沒辦法速戰速決。伊拉克又離美國本土太遠，石油太豐富、國家太有錢，太擅長用政治宣傳和恐怖活動統治，所以也不能像對付尼國桑地諾政府那樣，用低強度衝突的心理戰加以驅逐。發動戰爭把伊拉克軍隊趕出科威特所費不貲，也需要前所未見地大規模軍事

譯註* 1961年科威特脫離英國而獨立。
** 石油色黑、利潤高，故稱「黑金」。

動員。不論征伐理由為何，美國大眾更是出了名地不願意把自家青年送上異鄉的戰場。要美國人民支持出兵中東，這事情可不容易。老布希必須讓美國人民相信，曾經是盟友的海珊現在是邪惡的化身，而獨裁的黑金之邦科威特是正在奮鬥的年輕民主國家。老布希政權要如何讓美國人支持政府去「解放」一個根本反對民主價值的國家呢？如何才能讓這場戰爭顯得高尚又必要，而不是粗蠻地搶佔廉價的石油呢？

退役的軍方公關官員史都華警告：「若真的開火了，記者會懷疑，美國士兵何苦替這些靠石油致富的阿拉伯酋長出生入死。」「美國軍方最好及早提出公關計畫，想出大眾可以接受的說詞。」[71]

不過，史都華倒是過慮了。公關計畫早已就緒，出錢的幾乎都是那些「靠石油致富的阿拉伯酋長」。

推銷科威特

美國國會路易斯安那州議員海斯（保守民主黨員，支持波斯灣戰爭）後來估計，科威特政府出資雇用多達二十家的公關、法律、遊說公司策劃宣傳，以動員美國輿論及力量來對抗海珊。[72]參與的公司包括倫登集團（他們每個月收到十萬美金預付金進行媒體工作）、奈爾公司（每個月收到五萬美金遊說國會）等。前美國駐巴林大使查克漢（巴林也是個富產石油的波斯灣國家），透過兩個空殼團體「美國人危機聯盟」、「自由工作小組」，傾注七百七十萬美金在廣告和關說上。美國人危機聯盟在一九八〇年代就開始活動，扮演支持尼加拉瓜反抗軍的空殼團體。這次，他們負責準備電視和報紙廣告。聯盟有十位固定講者，隨時可以在挺戰的集會和宣傳活動上演說。[73]

偉達公關是當時世上最大的公關公司，擔任這次宣傳活動的首腦。光是這一家公司的活動，就算得上是史上規模最大、由外國資助來操控美國輿論的政治宣傳。依外國代理人登記法，這次的政宣活動本應該讓美國大眾知情，但司法部卻決定不執法。海珊派兵入侵科威特九天之後，科威特政府同意出資和偉達公關簽約，請他們代表「自由科威特公民聯盟」。這個聯盟是典型的公關空殼團體，之所以成立，是要隱藏科威特政府在政宣活動裡的真實角色、與老布希政府的共謀情事。接下來的六個月裡，科威特政府一共撥款一千一百九十萬美金給自由科威特公民聯盟；聯盟其餘的經費來源，不過是七十八筆個人捐款，總額為一萬七千八百六十一美金。聯盟的總預算為一千零八百萬美金，幾乎都以服務費的名目付給了偉達公關。[74]

偉達公關華府辦公室的主任叫做傅勒，是老布希的親信和幕僚。波斯灣戰爭自始至終，新聞媒體都沒有動手調查傅勒所扮演的角色。不過，假使美國媒體的編輯讀過公關業界新聞，也許會注意《奧德懷》戰前所刊登的公告：「傅勒曾任前副總統老布希的參謀長，在偉達公關一直負責科威特的事務，曾經跟迪倫史奈德出差到沙烏地阿拉伯，任務包括視察約二十支影片的製作等等。偉達公關的研究部門衛斯林集團為雷根政府做民意調查……衛斯林集團報告說收到一百一十萬美金，作為研究科威特的酬金。雷根兩次競選總統，華府的偉達公關全國總裁葛雷都是要角，多年來都在服務外國政府……費茲佩卡多是科威特專案的總監、美國新聞署國外業務官員，在一九八二年成立自己的公司，並加入葛雷的團隊。」[75]

除了葛雷、傅勒等共和黨要人，偉達公關也和一批民主黨內部人士維持良好關係；這些民主黨員有助於促成發動戰爭所需的兩黨支持。費茲佩卡多是主導科威特宣傳活動的人，他和代表海地獨裁者杜瓦立埃的超級說客布朗是同事。偉達公關資深副總裁羅斯在卡特政府時期，擔任國防部的發言人。偉達公關為了管理新聞媒體，仰仗副主席曼奇維茲，他來頭不小，曾經是議員羅伯．甘迺迪新聞祕書、麥高文的顧問，還被派去擔任NPR的總裁。偉達公關在他的指導下，針對每日新聞報紙及其他媒體，安排了上百場會議、簡報、電話通訊、信件。

奧德懷報導公關業新聞超過二十年，可是看到偉達公關替自由科威特公民聯盟所做的宣傳工作範圍之廣、進展之快，也不由得稱奇。「從來沒有公關公司像偉達公關一樣影響世界事務。他們運用種類多得驚人的機制和技巧來塑造輿論，使美國人繼續站在科威特這一邊。……不管是召開全面記者會來昭示伊拉克軍方施虐等暴行，還是在各大學校園散發印有『解放科威特』字樣的T恤和汽車保險桿貼紙，宣傳技巧應有盡有。」[76]

美國司法部的檔案顯示，偉達公關全美十二個辦公室裡，共有一百一十九位高層負責監督科威特專案。戰後，勞斯在《進步》雜誌上所發表的文章談到：「根據偉達公關提交給司法部的報告，這家公司的活動包括：安排媒體參訪科威特，準備紀念活動如『全國科威特解放日』、『為科威特祈禱日』、『全國學生資訊日』，組織群眾示威遊行，把戰俘的信發給媒體，分送新聞稿和資料袋，連絡各階層的政治人物，從沙烏地阿拉伯製作阿拉伯語的夜間廣播節目。」另有一本匆促印製的書《強暴科威特》，共一百五十四頁，描述伊拉克的種種暴行。這本書出版後，自由科威特公民聯盟就把它塞在給媒體的資料袋裡，隨後電視談話節目和《華爾街日報》紛紛報導。科威特大使館還買了二十萬本，分送給美國部隊。[77]

偉博公關製作了數十支預錄新聞，開銷遠超過五百萬美金。但這筆投資很划算，因為那些「免費」的新聞播放時段所值就好幾千萬了。世界各地急切的電視新聞導播都放了這些預錄新聞，但幾乎沒人發現這些短片跟報導都是科威特聘請公關公司製作的。各電視臺、新聞網就這樣把這些精心設計的宣傳片放給不知情的觀眾看，觀眾還以為自己看到的是「真實」的新聞呢。戰後，勞斯要求偉達公關讓他看這些預錄新聞，但偉達公關拒絕了。顯然那些假新聞已經達到目的，幫記者披露作假的程度對偉達公關並沒有好處。《不可靠的消息來源》一書的作者馬汀·李和索羅門指出：「麻州大學傳播系研究團隊調查公眾對某地事務的意見，又調查公眾有多了解美國對該地政策的基本事實，研究兩者的關聯程度，得出發人省思的結論：電視看得愈多的人，對政策的基本事實所知愈少；對基本事實所知愈少的人，愈有可能支持老布希政府。」[78]

衛斯林集團在整個宣傳過程中，每天進行意見調查，協助偉達公關抓住關鍵團體的情緒波動，好找出最對民眾胃口的主題和口號，使他們支持美國的軍事行動。戰後，加拿大廣播公司製作了榮獲「艾美獎」的公關活動電視紀錄片《如何推銷戰爭》。片中，衛斯林集團的高層人員阿斯普接受專訪，吹噓自己的功勞，說他如何利用觀眾的意見，讓科威特大使改變穿著和髮型，好在電視上看起來比較討喜。阿斯普解釋，衛斯林集團的工作是「找出引起美國人共鳴的訊息」，而他們發現最能引起共鳴的說法是：「海珊是個狂人，就連對自己的同胞都心狠手辣；他力量強大，會造成更多的破壞，我們必須阻止他。」[79]

受苦的孩子

大型媒體活動都需要記者和公關人所謂的「賣點」。理想的賣點，是新聞之所以被報導出來的要素，它會引發強烈的情緒，被人牢牢記在心裡。波斯灣戰爭的「賣點」就是偉達公關製造出來的。不管從形式、內容、或傳播的媒介來看，這跟英國在一戰時辦聽證會指控德國士兵殺害嬰兒的做法，竟駭人地相似。

一九九〇年十月十日，「國會人權決策小組會議」在國會山莊舉行聽證會，首度正式呈現伊拉克侵犯人權的證據。這場聽證會貌似正式的國會議程，不過這是假象。事實上，人權決策小組會議只是由政客組成的協會，主席是加州民主黨員藍托斯和伊利諾州共和黨員波特。這兩人也是「國會人權基金會」的聯合主席。這個基金會在法律上跟偉達公關是各自獨立的團體，卻在偉達華府辦公室免費使用一年要價三千美元的辦公空間。儘管「國會人權決策小組會議」的名稱聽起來跟「國會」有關，但它其實是偉達公關製造的幌子，就像其他空殼團體一樣，用堂皇的名字掩藏真實的目的。[80]

只有少數敏銳的觀察家發現偉博公關用「人權」這個詞有多麼偽善。其中一位是麥克阿瑟，著有《第二戰線》一書；談波灣戰爭中媒體操控的書，這是至今寫得最好的一本。一九九〇年秋天，麥克阿瑟報導，偉達公關的華府辦公室總機可以同時為您轉接至「國會人權基金會」和「印尼政府代表（偉達公關的客戶）」。印尼就像偉達公關另一個客戶土耳其，明目張膽地侵略鄰國，一九七五年佔據前葡萄牙殖民地東帝汶。併吞東帝汶之後，印尼政府殺害了至少十萬名當地人。[81]

麥克阿瑟也觀察到一九九〇年十月的聽證會有個重要的細節。「在國會委員會，證人顧忌到法律制裁，說謊前會猶豫不決。可是國會人權決策小組會議跟國會並無關係。在國會委員會宣誓後說謊，是犯法；但仗著匿名的保護傘、在國會人權決策小組會議前說謊，只是在做公關。」[82]

事實上，十月十日的聽證會上，最教人感動的證詞出自十五歲科威特女孩之口，大家只知道她名叫納依拉。根據決策小組的說法，納依拉的全名保密，以免她在科威特的家人被伊拉克人報復。納依拉抽抽噎噎地描述她在科威特城的醫院裡親眼目睹的狀況。她的書面供詞被放在「自由科威特公民聯盟」的新聞資料袋裡傳給媒體。納依拉說：「我自願到亞登醫院幫忙。我在那邊的時候，看見伊拉克軍人持槍走進醫院，然後走進放嬰兒保溫箱的房間……。他們把嬰兒拿出來，拿走保溫箱，把嬰兒丟在地上，讓他們在冷冰冰的地板上死掉。」[83]

納依拉作證之後三個月，波斯灣戰爭就開打了。在這幾個月裡，嬰兒從保溫箱裡被拿出來的故事，不斷地有人提起，老布希總統也重複地說；國會、電視臺、廣播談話節目、聯合國安理會，也都當成事實陳述。麥克阿瑟發現：「一切指控都是為了使海珊入罪。伊拉克士兵把三百一十二個嬰兒拿出保溫箱，讓他們在科威特市醫院冰冷的地板上死掉。沒什麼事比這個故事對美國輿論影響還大。」[84]

在國會人權決策小組會議上，偉達公關和國會議員藍托斯並沒有說出一件事：這個作證的納依拉是科威特皇族。她的父親是科威特駐美國大使薩巴，聽證會進行時也在場。國會人權決策小組也沒說，偉達公關副總裁費茲佩卡多還指導納依拉作假證詞，就連科威特政府的調查人員後來也表示那是偽證。

如果納依拉囂張的謊言被當場揭穿，那麼，至少國會和新聞媒體有一些人可以藉此反省自己受人洗腦有多深，才會支持戰爭。對於老布希的波斯灣政策，輿論一直有重大分歧。《紐約時報》和CBS聯合調查指出，遲至一九九〇年十二月，還有四十八%的美國人認為老布希應該暫緩出兵；認為如果到了老布希所訂的一月十五日期限，伊拉克都還沒有退出科威特，那時候再採取行動。[85]一九九一年一月十二日，參議院僅以五票之差贊成老布希政府對伊拉克宣戰。鑑於票差如此些微，恐怕是因為納依拉的故事，整個局勢才轉為對老布希有利。

波斯灣戰後，人權調查員試著去印證納依拉的故事，但始終找不到目擊者或其他證據。國際特赦組織也上當受騙，後來不得不發佈一篇難看的撤稿聲明。納依拉本人則不知去向，無從質詢。國會人權決策小組的主席波特說：「我頭一次聽到有人指控她是大使的女兒……沒錯，我想大家……有權知道她證詞的出處。」加拿大廣播公司的記者問科威特大使，是否可以問他女兒幾個跟這則故事相關的問題，大使則是氣沖沖地回絕了。[86]

空殼陣線公關

波斯灣戰爭開始，美軍先由海空兩路運送數十萬部隊、軍備、補給到沙烏地阿拉伯的整備區——沙烏地阿拉伯是另一個無法容忍言論自由、民主制度及大部份西方習俗的國家。國防部的祕密策略備忘錄裡概述一個嚴密的計畫，教軍方如何限制記者行動、並加以操控。國防部用這個大規模的「保姆行動」，來確保美國大眾不會看到任何完全獨立、未經審查的報導。這則祕密備忘錄寫著：「新聞媒體代表必須隨時隨地有人陪同。」「注意，隨時隨地。」[87]

國防部公共事務次長威廉斯，是國防部波灣戰爭最高層級的公關。按著「好警察、壞警察」的公關慣技，一方面沙烏地阿拉伯的政府扮演「黑臉」，拒發簽證給美國記者、不准記者入境；另一方面，威廉斯擺出同情記者的姿態，代表記者跟沙烏地阿拉伯調停。由於這個策略，新聞媒體爭相討好威廉斯，記者也不去質疑這根本的問題：在軍方陪同、審查之下，新聞獨立是不可能的。

美軍憑著先進的科技，在短暫又殘酷的「沙漠風暴行動」大勝。日後，有些媒體人士低調地坦承自己受軍方操控，製作消毒過的報導；這些報導幾乎都沒有提到戰爭的死亡人數——現在估計，死亡的平民超過十萬。美國大眾對這場戰爭最深的印象，恐怕是國防部製作的噱頭片。片中展現機械操控的「智慧型炸彈」只攻擊鎖定的軍事目標，所造成的「附帶傷害」（平民傷亡）微乎其微。

馬汀・李和索羅門說：「雖然《紐約時報》、《華爾街日報》等有影響力的媒體不斷宣傳『這是場乾淨的戰爭』的假象，但美軍停止地毯式轟炸伊拉克之後，對戰爭的不同報導卻浮現了。……拿破崙說，用不著從頭到尾壓制新聞，只要拖到這條新聞可有可無就成了。波斯灣戰爭的新聞處理模式，正好凸顯了這番話的含意。」[88]

墨西哥攻防戰

波斯灣戰爭當時，偉達公關有一些惡劣的客戶爭議不斷，以致員工士氣低落，在這艱困時期，科威特專案正是公司急需的搖錢樹。戰後，科威特專案的收入用完，偉達公關的狀況就急遽惡化。華府辦公室開始一連串的裁員、辭職，包括有二十四名員工罷工，最後，員工總數從兩百五十降到九十。客戶一一離去，對手博雅公關取而代之，成為全球最大的公關公司。

當美國爭論著是否要通過「北美自由貿易協定」的時候*，博雅公關帶頭展開墨西哥政府的遊說運動。跟這場遊說活動相比，就金錢收益而言，偉達公關的科威特專案根本是小巫見大巫。墨西哥的商業利益團體和執政的革命制度黨，光在美國就花了超過五千萬美金從事公關和遊說活動，確保北美自由貿易協定過關。[89]不過，相較於一九九四年革命制度黨操控輿論、不光明地勝選所花的費用，這筆錢也只是小數目。到了九〇年代中期，廣告巨擘揚雅公司（博雅公司的母公司）每年從墨西哥賺進超過一億美金。分析家預估，為贏得一九九四年大選，革命制度黨和

譯註* 美國、加拿大、墨西哥在1992年簽署的三邊全面貿易協議，1994年正式生效。

富有的支持者就給了揚雅公司十億美金，而左派的敵對黨只花了三百六十萬美金。革命制度黨花大錢不只是要撈選票，還要讓美國和外國投資客相信，一九九四年的大選「清廉、誠實」，不似以往的選舉公然舞弊；而且，墨西哥會維持「良好的投資環境」——也就是低廉的工資、進入主要市場的機會、沒有環保管制、即時支付國債利息。

九〇年代早期美國媒體流行這個論調：墨西哥的經濟正迅速復甦——可見總統薩林納斯施行「自由市場」政策似乎是德政一樁。但是，媒體所忽略的是，墨西哥社會愈來愈不平等。自一九八八年薩林納斯就任以來，墨西哥前兩百大財閥家族靠著承包政府工程、在國內股市內線交易、廉價買下逾九百家國營事業，迅速地累積財富。因公共財富集中到私人手裡，一九九二年墨西哥成為世界上第四多億萬富翁的國家。這些富翁包括在檯面下呼風喚雨的大毒梟，比如卡里歐，財產淨值約為二百五十億美元。（根據《富比士》雜誌，世上前二「首富」，一位是威廉・蓋茲，有一百二十九億，另一位是巴菲特，有一百零七億。可見卡里歐財產之多。）[90]

在一九八〇到九〇年代間，墨西哥的有錢人愈來愈有錢，大多數人的實質工資卻暴跌，愈來愈多小農和原住民被迫放棄自己的糧田。社會科學家和政府批評者指出，這就是何以自稱「薩帕塔民族解放軍」的反叛軍**會在一九九四年元月一日——北美自由貿易協定生效日——起身反抗政府。民族解放軍一起義，墨西哥「經濟奇蹟」的表象就幾近瓦解。接著，一連串的事件更讓墨西哥形象崩潰。樞機主教在瓜達拉哈拉市機場被毒梟殺害，警方和政府官員顯然都是共謀。好幾名億萬富

** 薩帕塔（1879~1919），墨西哥民族英雄。以「土地、自由」為目標，帶領墨西哥南部農民武裝起義，是1910年墨西哥革命的主力。

商被綁架，勒索上億贖金。一九九四年競選時，革命制度黨總統候選人卡洛修遭到刺殺；根據意見調查，大部份的墨西哥人認為是革命制度黨自己人犯下的案子。同年夏天，革命制度黨黨魁也遭刺殺，調查記者認為這是黨內鬥爭所致。這些事件使得外國投資量驟降，披索貶值，墨西哥富人開始把錢大筆大筆轉出國外。

轉移焦點就好，問題不用解決

當墨西哥政府面臨這些危機時，博雅公關、墨西哥本國和國際公關公司都在幕後工作，展現應變能力——或測試公眾意見、或向政府和企業領袖建言、或影響媒體報導、或協助菁英階層對話。危機處理的好壞，關係重大。當時，墨西哥有六十六%的外資都來自美國。為了讓這些錢繼續流動、保持夠多的外國貸款，以防墨西哥無法償還一千五百億的外債，投資人要求獲利有保證、政局能穩定。既然墨西哥並無穩定可言，政治化妝師就努力製造穩定的形象。博雅公關墨西哥分部的經理委婉地說：「我們的工作是提升外國投資者的信心，叫大家去注意墨西哥正面的經濟發展。」[91]

一九九四年墨西哥大選，博雅公關顛倒黑白，宣稱革命制度黨——這連續用暴力和騙術治國近七十年、以貪腐聞名的政黨——如今已經「改造」了。這做給外國投資人看的政治化妝，效果直達柯林頓政府。在大選前九天，博雅公關的客戶歐南特代表墨西哥總統辦公室，和幾位柯林頓的近身幕僚會面，包括白宮幕僚長帕內塔和國家安全顧問雷克。會後柯林頓的幕僚向歐南特表示，白宮並不認為「墨西哥有什麼危機，現在局勢欠安很正常，表示正在轉型成有競爭力的民主社會」。同時，博雅公關另一個客戶「墨西哥商會」對美國投資人再三保證，革命制度黨會乾淨地贏得選舉，正如民調結果所示，而且墨西哥的投資環境會維持穩定。至於墨西哥國內，博雅公關另一個客戶工商業發展部部長，則在墨西哥市召開記者會，特別邀請恰帕斯州的「原住民領袖」在會上譴責薩帕塔反抗軍是「暴力激進份子」。[92]

八月二十一日，墨西哥舉行大選。正如預期，革命制度黨大獲全勝，贏得總統大位，保住立法院絕大多數的席次。美國政府和國際媒體稱之「墨西哥史上最清廉的選舉」，卻忽視那些隨處可見、證據鑿鑿的不法情事：選民舞弊、操縱選民登記、恐嚇、賄賂、非法捐錢、政黨挪用政府資源、扭曲的媒體報導、混淆視聽的民調技巧。正如一九八八年的選舉，革命制度黨和官派的選務幹部，不讓外界觀察員拿電腦票數比對全國九萬個選區已標記的選票封包。[93]

在大選結束、通膨經濟崩潰之後，墨西哥的內亂愈演愈烈，人民上街頭示威、暴動、罷工、封鎖道路、佔領市政廳，甚至起武裝衝突。薩帕塔游擊隊的領袖發誓會繼續反抗，直到全國制憲大會重新舉辦民主選舉為止。

為了使社會恢復「穩定」，墨西哥軍方顯然採用了「低強度衝突」策略，類似一九八〇年代重挫中美洲的消耗戰術。有個國際組織叫做「全球交流」，經常贊助代表團訪察貧窮的恰帕斯州；恰帕斯州位在墨西哥南隅，薩帕塔反抗軍的勢力至今仍盤踞在此。全球交流組織一直在研究墨西哥軍方的戰術，一九九五年六月派代表團赴恰帕斯州東南部，發現軍方「在衝突地區大規模部署軍隊，計畫性地摧毀以社區為基礎、自給自足的生活方式，用選擇性的賞罰方式製造分裂，慢慢分解社區組織的獨立基礎」，這顯然是「由政治、經濟、心理目標所主宰的」作戰策略。[94]

眼見二十世紀將近尾聲，這世界的形象問題似乎解決了不少，但實質問題卻依然存在。外交政策專家整合軍事策略和政宣心戰的手法，複雜得令人咋舌，卻無法消滅饑饉、疾病、暴行、經濟剝削等國際衝突的根源。從一九八〇年到九〇年代早期，美國似乎每戰必勝，然而恰帕斯州的暴動至今不歇，可見這些衝突恐怕只是另一場大戰的序幕；在這場大戰中，美國卻是節節敗退。尼加拉瓜、薩爾瓦多的低強度衝突已經過時，新的衝突牽涉更廣，戰場更近美國國界。只要美國的政策專家依然執著於表象、依然忽視窮人的根本需求，那麼，南美洲及第三世界國家就依然是革命的溫床。那裡的人絕望之中似乎寧戰死也不願餓死，更將助長革命的火勢。第三次世界大戰早已開打，這是千真萬確的，但多虧狡猾的公關，此事尚未公開。

第十一章／適合見報的新聞

記者和政府官員的關係這樣密切：
ABC駐白宮特派員休姆會跟老布希打網球；
《紐約時報》記者傅里曼跟貝克*過從甚密……
所以記者不去質疑政府，只報導官方說辭。換言之，
記者不再是記者，只是掌權者的傳聲筒。

／**柯亨**（公平正確報導組織執行長）

譯註* 貝克（Jim Baker）擔任過雷根和老布希的白宮幕僚長。

我們從通俗文化一窺美國人的想像世界，會發現其實新聞業的地位還頗為崇高。記者，乃至於私家偵探和警察，在美國社會似乎佔有特殊地位，公認為真相與智慧的代言人。通俗文化裡從事這三種職業的典型，是作風平易近人的「小人物」，如報社編輯盧格藍、神探可倫坡、私家偵探馬羅。這些角色總穿著便宜的衣服，天性憤世嫉俗，好抽雪茄，所到之處總要上酒吧喝一杯，工作時間奇怪，老愛麻煩別人且窮追不捨；邋遢的外表下卻有顆聰明的腦袋，善於拼湊線索、找出矛盾之處，辦起案子來必追根究柢，直到真相大白、壞人受到正法才肯罷休。這類形象出現在很多知名的戲劇、小說、電影、電視劇中，如《大國民》、《小報妙冤家》、《約翰多伊》、《滿城風雨》、《媒體先鋒》、《莫菲布朗》等等。更別說，漫畫大英雄超人的分身正是溫文儒雅的記者克拉克，而克拉克的同事露易絲和吉米每每因追蹤新聞而陷入麻煩，超人也總是出馬相救。好萊塢則是把真人真事拍成電影《大陰謀》，由勞伯瑞福、達斯汀霍夫曼分飾《華盛頓郵報》記者伍沃德和伯恩斯坦，調查尼克森在水門案中所扮演的角色。電影的最後一幕用影像彰顯新聞的力量：鏡頭聚焦於新聞編輯室裡喀噠作響的打字機，打字機印出一則又一則關於水門案的簡報，最後以一句簡短的頭條作結：「尼克森辭職」。

水門事件二十多年後的今天，高中課本記述伍沃德和伯恩斯坦的英勇事蹟，來說明新聞業的扒糞精神有多麼大的力量。為了延續記者鍥而不捨揭發黑暗面的神話，許多報紙的刊頭都印有格言，如傑弗遜的名句：「新聞自由是唯一的保障。」美國人從小就相信，受人民珍惜、受憲法保障的自由新聞業，是公共利益的頑強守護者；也相信，每當社會或政治的過失登上《紐約時報》頭版或經由《六十分鐘》報導出來，我們的民主機制便會用某種方式自動回應，矯正過失。

但教科書往往忽略了，伍沃德和伯恩斯坦在追查水門案時幾乎是孤軍奮戰；而且，此案雖於總統大選時爆發，卻對選舉結果毫無影響。根據「專案審查計畫」的調查，《CBS晚間新聞》記者克朗凱原本打算在大選前製播兩集精彩的水門案特別報導，唯因白宮辦公室打了一通電話給CBS主席培利，培利就刪減了報導內容。尼克森大勝對手、贏得連任，竊盜案發兩年後才被迫辭職。即便如此，當時逼他下台的「功臣」還包括至今身分不明的檢舉人「深喉嚨」，以及傲慢的尼克森自己所留下的錄音記錄；記錄中他滿口粗話，與人商量如何遮掩竊聽政敵的行徑，落下被定罪的把柄。此外，就連伍沃德和伯恩斯坦也從未能夠解釋醜聞案中幾個重要的疑點，比如白宮潛入水門大廈的動機何在、深喉嚨又為何願意揭發弊案等等。

搾乾記者

關於記者的浪漫神話吸引很多人想要入行，甚至現有的職缺都供不應求。但現實中，大多數的在職記者會毫不猶豫地承認，這行業的形象和實情天差地遠。記者薪資低、工時長是出了名的。在為這本書蒐集資料的期間，我們遇到一名小鎮日報的記者。他在一九九四年的年收入是一萬三千美金，每週工作六十個小時，待遇比速食店服務生還差。在這家報社的休息室裡，牆上有張報社主管貼的脫口秀主持人林堡的海報，他就坐在這張海報底下，跟我們描述報社如何指使他和同事竄改工時卡，好讓人以為他們每週只工作四十個小時——這麼一來，管理階層就可以私下違反最低薪資法。我們向州立勞工局詢問此事，有個辦事員說，只要那名記者保留實作工時的記錄，就可憑此證明報社造假，要求報社給付他應得的工資。可是這名記者擔心要是投訴，飯碗就不保了。這讓我們不禁懷疑：這麼輕易就任由主管剝削自己的人，還有能力調查或揭發地方上更大的弊案嗎？

在民主社會，我們仰仗自由而獨立的新聞業來提供資訊、抒發意見，藉以引起公眾辯論，揭發弊案，闡明重要的社會議題，讓一群有知識的公民來參與決策的過程。然而，現實卻離這高貴的理想愈來愈遠：新聞業已經崩解，公關業者正好趁虛而入，拓展他們在新聞編輯室裡的影響力。

首先，媒體本身便是一門高利潤的龐大生意，由愈來愈少的跨國大企業所掌控。媒體評論人貝格迪坎在一九八二年出了一本指標性的著作《媒體壟斷》，寫道：「現代科技與美國經濟正悄悄地創造出中央集權式的資訊控制」，「到了一九八〇年代，絕大部份的美國主要媒體（報章雜誌、廣播、電視、書籍、電影）都受到五十家大企業控制。這些企業與其他大型工業、幾家主要的跨國銀行都有利益掛鉤」。貝格迪坎無奈地說，「還有一些媒體未受這五十家大企業控制」，然而「這些媒體的力量多半很小，而且僅限於地方……他們微弱的聲音動不動就被淹沒在一個半數媒體被少數人掌控的社會裡」。[1]

貝格迪坎在一九九三年修訂《媒體壟斷》，發現初版問世後的十年之間，媒體集權的速度愈來愈快，不到二十家的大企業已操控了過半數的媒體。我們在一九九五年八月採訪貝格迪坎，他表示：「媒體業惡化得很快、很劇烈，要舉個數據來比較說明都很難。忽然間，出現了一批強大的新勢力，如迪士尼、時代華納、TCI有線電視、電信業者等超大企業來涉足這個行業。這些玩家的權力大得不可思議。聯手合資的大企業愈來愈多，比方說，時代華納和TCI有線電視公司便共同持有透納廣播電視公司（TBS）的股票。利潤掛帥、毫無新聞專業的企業，正式宰制了新聞業、報導、公共資訊。大眾有其需知的資訊，企業也有其想要公開的『正面』資訊，兩者之間的利益衝突已大大增加。」[2]

唐漢曾在阿肯色州和夏威夷州擔任報社編輯，他說：「有些人感嘆新聞譁眾取寵、煽情媚俗，素質愈來愈差，我大致上都同意。新聞業之所以凋零，多少要歸咎於大企業收購大小媒體的趨勢。想當年，大多數中、小型的報社都是家族事業，有的家族還會鍾情地把出過的報紙傳給下一代。我就為這樣一家報社做過事。《阿肯色公報》是當年是密西西比河以西最有歷史的報社。待遇可差了，那時候是一九六五年，一週才八十五美金。可是在這樣的新聞機構工作真是光榮，薪資微薄也不要緊。」

唐漢說，企業買下一家當地報社時，報紙的品質通常會下滑：

我把大企業的辦報方式稱為「利字當頭的新聞業」。套一句唐．雷諾晚年的話，新聞是「那些灰灰的東西，用來填補沒放廣告的版面」。這些大企業的做法是這樣的：首先，大張旗鼓地買下中、小型的報紙。嘴上說會讓當地的編輯全權掌控，打包票絕不會干預編務，通常也會留任老編。但是，接下來就會慢慢伸出魔掌，報社被買下後不出一年半載，老編通常就會離職。他們又把員工數量減到最少，足以應付每日或每週出刊的工作量就夠了……他們不再把利潤回饋到報紙本身，而是全部運回企業總部；他們不再看重新聞品質，而是強調廣告和發行收入。

大約一年多後，這家報社的流程就變得極為精簡。編輯部所能做的就是埋頭趕稿出刊，沒空做深度的、調查性的報導。不用說，這麼一來膚淺的報導和公關新聞稿就有機可乘了。這些拮据又苦悶的記者若沒有辭職，就只好採訪那些膚淺又簡單的案子，或借助公關新聞稿，或報導轟動一時、不用費神的新聞，如O.J.辛普森事件。記者壓根兒就沒有時間做深入報導，過不久，連意願也沒了。[3]

這樣的環境也許讓記者很洩氣，卻真是公關業的逐利天堂。一九八五年出版的《公關：公關業如何寫新聞》一書中，作者布萊斯卡夫婦寫道：「公關人知道記者怎麼想，所以有辦法寫出能夠讓記者注意和採用的新聞稿。因此，你在報章雜誌上讀到的新聞，或在電視上看到的、收音機裡聽到的，大多是公關人操縱後的結果。整篇整篇的新聞幾乎都是出自公關業之手……報紙的美食版是公關人的天堂，娛樂版、汽車版、房地產版、居家修繕版、生活版也是……很不幸地，公關人協同記者密謀出來的『新聞』，跟有膽識的獨立記者所挖掘出來的真新聞極為相似。因此，大眾無從辨別哪些新聞報導、哪些記者受了公關業的操控。」[4]

今天在美國，公關從業員比記者還多，兩者人數差距日漸擴大。記者每天從公關那裡接到數以百計的電話、信件、傳真以及時興的電子新聞稿。《芝加哥生活》雜誌的發行人伯恩斯估計，她的辦公室每天收到至少一百則公關訊息，她說：「實在很煩，真是吃不消。」[5]

美通社自稱四十年來「將企業、團體、機構的資訊發給媒體和金融單位，是舉世公認的領導品牌」。該公司在全美有十九間辦公室，替一萬五千名客戶每年發佈十萬則新聞給大約兩千個新聞編輯室。另有一種公關新聞發佈服務，則是製造、散佈大量的公關新聞特別報導和意見信，供報社安插在報上，外人讀起來還以為是「真」新聞。[6]例如，北美概要聯合供稿社代表大部份頂尖的公關公司、《財富》前五百大企業，把「即可上報」的報導發佈給一萬家報社。這些報社十之八九會選用一些材料，直接刊在報上。這些報導通常設計來促銷產品、或是為客戶達到政治目的。北美概要聯合供稿社的廣告文宣就寫著：「說客愛死了這些文章。本社為您產生大量可寄給議員的信件。」[7]

美國廣播電臺也從事類似的生意：「本公司提供有品質的廣播新聞稿給全美五千家廣播電臺……我們編輯、排版、印刷、分送即可廣播、有品質的新聞稿……根據不同電臺的驗證標準給予使用報告」。分秒必爭的廣播新聞記者對這些制式文稿非常歡迎，不但不起疑竇，還鬆了口氣。加州聖路易斯奧比斯波KVEC廣播電臺的新聞部主任渥恩說：「你要是每個月必須交出上百篇報導，美國廣播電臺真的很有幫助。」明尼蘇達艾金市KKIN的新聞部主任寇伯也說，美國廣播電臺是「新聞冷清時的救星」。[8]

媒體自己也發佈起了公關新聞。美聯社現在就發佈數位公關照片給超過四百家同意收到照片的報社，以此來賺錢。例如，一九九四年六月二十四日的《紐約時報》刊登了一篇醒目的文章，宣佈聯邦快遞正式從「Federal Express」更名為「FedEx」——這倒也不是什麼驚天動地的消息。其實這則報導是聯邦快遞的公關宣傳，內附一張照片，照片上是一架 FedEx 噴射機，照片來源只註明「美聯社」。而實際上，是聯邦快遞付錢叫美聯社發佈這張公關照片的；佈景、拍照的都是聯邦快遞，而不是美聯社的攝影記者。[9]

真新聞還是預錄的？

在一九八〇年代，預錄廣電新聞剛開始普及的時候，這個做法尚鮮為人知。那時公關公司發現，他們能夠自行拍攝、剪輯、製作新聞片段，甚至整個節目，而廣電業者往往一刀未剪就當成「新聞」播出。比方說，葛雷公關才準備要幫客戶製作《華盛頓鎂光燈》的廣播節目，共同廣播網就主動要求播出。作家芊朵指出：「要是沒人播放，公關公司也不會寄送那些預錄廣電新聞。在一九八〇年代，不只是科技進步，還有整個經濟環境，都讓公關公司很吃香。」

公關公司製作預錄新聞來推銷一個故事，一般而言會準備兩種版本。第一種版本從頭到尾都編輯好了，有配好的旁白，或附上腳本指示新聞主播在什麼片段念什麼臺詞。第二種版本稱為「B路片」(B-roll)，包含用來製作第一種版本的毛片。電視臺收到B路片時，可加以編輯，或是跟從其他管道收到的毛片剪接在一起。葛雷公關的主管解釋道：「基於成本考量，電視臺有兩種做法。大電視臺不要剪接好、錄製好的東西，他們有錢、有預算、有人力自己來做。但是全國各地的小電視臺就會照單全收。」[10]

一九九一年共有超過四千支預錄新聞供新聞播報員採用，其中約一半是「媒體鍵公關公司」所發佈的。這家公司對九十二間電視新聞編輯室做了調查，發現他們全都用過公關公司免費提供的預錄新聞。這些新聞的內容經過公關公司巧妙設計，好替客戶推銷產品或觀點，看起來幾可亂真。例如，一九九一年六月十三日《CBS晚間新聞》有一則新聞報導自動安全帶的風險，而立伯曼在一九九二年的〈假新聞〉一文中指出：「這支影片是某支預錄新聞的片段……由一個說客團體製作，贊助者多為律師。」[11]

偉達公關資深副總葛雷澤表示：「廣電預錄新聞如同報紙新聞稿，也是公關業常用的工具。實際上，許多公關公司對第二代的預錄新聞科技非常熟悉。我們幾乎天天用自己的設備進行衛星傳送；巴不得光纖傳輸系統早日成熟，這樣就可以連上全國網絡了……廣電業者多半拒絕跟我們一起建立預錄新聞的標準，部份原因是他們鮮少會承認自己播過預錄新聞……只要說到預錄新聞，廣電業者往往會否認自己用過，我們確實遇過好幾百個這樣的例子。」例如，西岸曾有食品公司的飲料被動手腳、造成民眾恐慌，事發後，公關公司把一支預錄新聞帶寄給首先報導這事情的城市的三家電視臺。隔天，這三家電視臺都至少播了一次這則預錄新聞，同一地區其他五家電視臺也都播了。可是後來遭人質疑時，這三家電視臺一概不認帳。[12]

芊朵的報導指出，一九八五年葛雷公關發佈了一則預錄新聞，內容是專訪客戶，殘酷的摩洛哥國王哈珊二世。CNN 播出之後輿論大譁。記者聲稱自己遭人設陷，才會播放這支摩洛哥國王雇人製作的政宣影片。葛雷公關有一名主管對媒體如此虛偽的作風很不以為然，他說：「新聞播出後，我在《廣播》雜誌上讀到某些新聞部主任的投書，說播放電子預錄新聞『何其可鄙，我萬萬不會這麼做！』但是，我親口跟這些新聞部主任說過話，他們還回電話給我，跟我確認衛星座標，好確保收得到信號。他們很清楚我們是誰，一天到晚打電話來要東要西的。有時說忘了開啟衛星下行傳送，沒能收到影片，明晚就要播出了，要我們連夜快遞一份片子過去。」

另一名葛雷公關主管也說：「那則新聞播出後，媒體自以為是的嘴臉很令我不平。收到預錄新聞，他們可以自行決定要不要用，或者只用B路片，又或者自己寫新聞稿。但是大部份的人都直接播放衛星傳來的材料，有什麼讀什麼、有什麼播什麼。」[13]

小心間諜

理論上，新聞業應該擔任「看守人」，負責挖掘、報導濫權情事，為民謀福。但實際上，理應受記者監督的人，大多時候卻是記者受這些人監控。

前《華爾街日報》記者羅巴特彙整前同事的個人檔案，供企業用來操控媒體人，他因此在公關業闖得一席之地。羅巴特的公司「TJFR 產品與服務」把這些檔案編成訂閱費甚高的新聞通訊，並且開設客制化的工作坊、發送客制化的報告。

羅巴特在一九九三年美國公關學會的會議中表示，他的工作坊和新聞通訊幫助公關專業人士明白「記者的想法」，「我們有個服務，就是在電腦系統裡蒐集全國各地記者的背景資料，大概有六千筆。你哪天接到某個記者來電，不知對方底細，打電話來吧，我們會在一小時內把他的資料傳真給你。」[14]

羅巴特公司新推出的刊物《TJFR環境新聞報導》，即以記者的個人資料為固定專題。這份刊物的文宣吹噓：這個年費三百九十五美金的公關服務「是為了處理環境議題的溝通專家量身訂做的……讓我們在環境記者會上擔任您的耳目……蒐集重要記者的關鍵資訊……整件事由誰作主？……如何打破談判僵局？……我們不但讓您了解記者的背景，還會告訴您記者的意圖，教您運用策略來使他為您多寫些正面報導，或處理潛在的負面狀況」。[15]

羅巴特的新聞通訊創刊號裡，有一則長篇文章報導CNN環境採訪組，內含該組所有高層人士的背景資料。比方說，該文介紹戴克史陀在綠色和平組織工作了十一年，讀過波士頓大學傳播學院。創刊號裡還有一篇《底特律自由報》記者阿絲卡莉的專訪，文中附上她的背景資料：她是「環境記者學會會長」，「熱愛各種戶外運動；在美國掃盲志工組織中輔導成人識字」。文中也告知公關經理，若不滿她的報導，可以「向她的上層主管巴比．錢柏（採訪主任）投訴」。[16]

有的公關公司專門追蹤特定議題，把記者的相關報導編纂成報告。比方說，有一家位在華府的公關公司「羅文與布雷威特」深入研究乳品產業，分析rBGH的媒體報導，「為的是回答以下問題：這些報導是否聳人聽聞？是否傾向於反對使用

rBGH？與『艾賴農藥』的報導相比，何者篇幅較多？與空氣污染議題相比，如何？與阿拉斯加漏油事件相比又如何？」報告中有圖表細細分析在一長段時間裡每篇報導的內容。[17]另一家專門監視媒體的公司「卡瑪國際」也研究這個議題，並且依報導偏袒rBGH的程度將記者排名。[18]

一九九五年二月號的《環境作家》通訊報導另一種公關業用以了解記者的手段：杜邦化工雇用十二個現職記者來參與實驗，協助研擬農藥議題的公關策略。為了募集參與者，杜邦的公關人員致函邀請「特定的媒體人」，信上保證「杜邦會根據實驗結果來擬定新的農藥政策，包括消費者、政府、農民、媒體所關切的農藥用途及相關資訊……絕不會以任何方式觸犯或危害您（以及貴新聞機構）的職業道德規範……本實驗的宗旨是制訂完善的農藥政策」。[19]

某個不願具名的參與者說：「他們會給我們幾張紙條，上面印有『杜邦製造一流農藥，民眾可安心使用』一類的字句。」接著，記者必須依紙條上的材料草擬新聞大綱；杜邦的研究人員則藏身鏡像玻璃之後觀察記者。實驗完成後，每個記者收到裝著兩百五十美金的信封袋。另一個參與實驗的記者說：「我從那邊出來後，想到自己用這種方式賺錢，實在可厭。」[20]

公關公司也會雇用現職記者來參與訓練課程，讓公關人員操演應對媒體之道。在《山巒雜誌》裡，記者斯蕾特描述她參與「麥爾斯聯營」訓練課程的經驗。麥爾斯聯營是德州休士頓的公關顧問公司，為了協助客戶阿科石油於環境災害之後應付新聞媒體，雇用斯蕾特及另外兩個記者來演練公關計畫。在訓練課程上，公關公司模擬漏油事件的記者會，由斯蕾特等記者扮演「咄咄逼人的媒體」，專業演員扮演環保人士，阿科石油的員工、政府官員則扮演自己。斯蕾特寫道：「藉由這類訓練，公關人員得以練習在危機處理效果不如預期的情況下粉飾真相。大多數公司與政府的發言人應對媒體的方式，就是從無數次訓練課程學來的：用最多的話，透露最少的訊息。」過去六年來，麥爾斯聯營辦過的這類訓練已超過四百場。[21]

有的公關公司提供剪報與資料庫，讓客戶用來監控媒體。例如，企業可以一千美金的月費訂閱LexisNexis資料庫，查詢各種報章雜誌、新聞通訊、廣電節目的報導全文。技巧純熟的研究員可用特定的關鍵字調閱數百篇相關文章。公關公司也有剪報服務，把媒體上事關客戶利益的新聞即時作成報告，供客戶付費閱讀。

例如，為了監控電視報導，公關公司提供錄影監控服務（VMS），標榜「錄下超過一百三十個市場中所有當地電視臺的新聞和公共事務節目，十四個市場中所有廣播電臺節目，以及全國電視網、有線電視、廣播網的報導」。這個服務也監視澳洲、加拿大、德國、以色列、日本等超過二十個國家的報導。根據客戶提供的關鍵字表，公關公司一發現含有關鍵字的報導正在播放，就會立即通知客戶。關鍵字可能是「高層人士、公司、品牌、活動、一般或特殊主題的名稱等等」。根據這類情報，公關公司一方面可以辨認哪些記者和編輯的立場與客戶相同或配合意願高，一方面可以對持異議的記者施壓或加以懲罰，還可以度量報導對輿論的影響。[22]

《六十分鐘》之類的新聞節目若報導關於企業的重大消息，公關公司也會徹夜做審慎的電話民調。企業可根據民調結果決定隔天如何回應，甚至要不要回應。

以前還沒有這類即時民調服務，全國性電視臺若披露企業的罪行或弊案，企業往往覺得非立刻召開記者會不可。今天，若從民調看來，《六十分鐘》的報導對觀眾的影響甚微，公關顧問就會建議客戶不予理會即可，用不著開記者會引來注意。企業也可根據民調結果，擬出策略來設計應答內容。比方說，若從民調看來，支持企業或持其他意見的不乏其人，企業可據此研擬隔天給媒體的回應。

專家背書

多年前廣告業就曉得，最能影響觀眾的方法，就是請科學家、醫師、大學教授等有公信力的專家親口傳遞廣告訊息。電視上漸漸出現一堆這類廣告：演員身穿實驗室白袍，宣稱「實驗證明」某某牌子出品市面上最佳的產品。公關業也愈來愈擅長找「第三方」專家代言，本應凡事存疑的記者，幾乎無不受這招騙術蒙蔽。

例如，公關專員會透過「專家網」來「協助」新聞媒體。專家網是一種線上服務，總部設在紐約州立大學石溪分校。新聞記者要找資料，只要發電子郵件告知專家網，專家網就會轉告十六國研究機構的八百名公關專員。接著，這些公關專員會找教授或研究員來回答問題。不用說，記者採用了這些「免費」資料，報導內容很可能就偏於公關專員要宣傳的說法。[23]

企業也資助「非營利研究機構」，這些機構的「第三方專家」就會為企業喉舌。舉例而言，美國科學健康委員會（簡稱「科健會」）是企業資助的空殼團體，經常用公關手段替食品製造業、化學工業打擊對手。在惠蘭領軍之下，科健會不時對外號稱是「獨立而客觀」的科學機構。一九九〇年三月號的《哥倫比亞新聞評論》裡，《華盛頓郵報》記者庫爾茲為文探討資助科健會的特殊利益團體，一步步拆穿科健會的謊言。他指出，惠蘭讚揚速食的營養價值，因此得到漢堡王的捐款。她聲稱高脂肪食物跟心臟病關聯不大，同時收取奧斯卡邁耶食品、樂事、藍多湖農業合作社的贊助。她為糖精辯護，可口可樂、百事可樂、紐特糖以及全國涼飲協會都捐錢給她。她攻擊內布拉斯加州一名反對熱帶油的生意人（電影院的爆米花內含這種不健康的油），一邊跟棕櫚油廠商拿錢。她宣稱「在美國使用任何經政府核准、管制的農藥，從沒有因此致病的案例」，一邊收取多家農藥廠商的捐款。惠蘭又砲轟主流環保團體，比如她對《班格日報》說，自然資源保護委員會實行「受意識形態驅策的計畫」，「把自由商業和美國企業界視為箭靶。我認為，他們嫌惡『利潤』一詞，將會不惜代價跟企業界起衝突」。[24]

惠蘭說她的研究結果都通過了她旗下科學家的「同儕審查」，藉此為自己的「科學」觀點辯護。但是，公益科學中心的賈柏森認為這些科學家不足採信：「他們並沒有在重要的科學期刊上發表成果，只是出版一些小冊子，由受監管產業的自己人審查。這種科學，是以保守思想為準，勉強篩選出來的。」

記者鮮少會去查明資料來源，所以媒體經常把惠蘭和科健會稱為「科學專家」。例如，克朗凱曾主持名叫《大恐懼小風險》的節目，提到「有愈來愈多科學家認為，誇大化學藥品對環境的污染，反而威脅到美國人的健康，科學家惠蘭正是持此看法」。陶德在《財富》雜誌寫過一篇報導，把惠蘭當成資料來源，文中寫道：「一大問題是，美國政府制定環境政策時，愈來愈常受媒體炒作或黨派政治主導，而不是以理智的科學為依歸。雖然每年都有席捲全美的恐慌潮，但是根據美國科學健康委員會的調查，有五百位科學家認為環境風險對生命的危害微不足道。」不管是克朗凱還是陶德，都沒有告知大眾科健會是工業界支持的空殼團體。[25]

西北大氣保護聯盟的羅斯一直在抵抗產業支持的「科學」，努力提高大眾對溫室效應與臭氧層破壞的關注。羅斯說：「像惠蘭這類說『臭氧層破壞是無稽之談』的科學家才是混淆視聽的人。為達目的，他們在民眾心中散播疑惑的種子，以減少民眾對溫室效應研究的關注和憤慨，讓大眾在政治上噤聲。」[26]

腫瘤的真相

惠蘭與其他「專家」天馬行空地操弄統計數字，掩蓋工業化國家罹癌率上升的事實。她說：「我們知道癌症並沒有蔓延，幾十年來，罹癌數據大多維持不變……我們能夠生長在這時代，實在是太美好了！我們給自己和孩子的禮物，就是更健康、更長壽。」

《洛杉磯時報》的大威．蕭在一系列檢視環境健康風險的文章當中重複惠蘭的說詞。他的文章資料來源是親工業團體「未來資源組織」。他把這個組織稱為「專精環境議題的智囊團」，並引述該組織副總波特尼的話：「要是這一切真像我們說的那麼有害，我們怎麼愈來愈健康、愈活愈久呢？」他又引用國家癌症研究所（該單位雖為政府機構，但與化學工業、製藥工業密相勾結）的說法：「如果八十五歲以上的人口和肺癌患者不算在內，全美經過年齡調整後的癌症死亡率，自一九五〇年來一直減少。」[27]

可是，這些統計資料有誤導之嫌。伊利諾大學公衛學院的艾普斯坦發表在《醫藥工業美國期刊》的研究報告顯示，從一九五〇到一九八八年間，除了肺癌的癌症發病率上升了二十九．一%。英國醫療期刊《柳葉刀》一九九〇年的報告指出，過去二十年來，在美國及其他五個工業化國家，五十五歲以上的人口罹患腦部與其他中樞神經系統癌症、乳癌、多發性骨髓瘤、腎癌、非霍奇金氏淋巴瘤、黑色素瘤的死亡率不斷上升；這份數據與國家癌症研究所的說法恰恰相反。[28]

癌症死亡率沒有急遽上升，是因為醫療進步，而不是罹癌率降低。作家史坦曼表示：「從孩童癌症相關數據看來，只看死亡率是看不出罹癌趨勢的，這點很清楚也很可悲。」據國家癌症研究院研究，從一九七三到一九八七年，孩童癌症死亡人數下降；但是從一九五〇到一九八八年，白種孩童罹癌率卻上升二十一．三%。[29]

儘管業界空殼團體百般安撫，但獨立科學家多半認為，罹癌率不斷上升，而且工業化學藥品是關鍵因素。國家癌症研究院承認，石棉、苯、砷、芳香胺、煤焦油、氯乙烯、鉻和木屑等物質會致癌。[30]愈來愈多科學證據顯示，農藥會增加農人的罹癌率。[31]最近，國家癌症研究院在報告中坦承：「我們漸漸瞭解，因職業及所處環境之故，暴露於某些藥劑或物質當中，對人體健康會造成各種傷害。」「我們不夠了解環境和食物源的污染物有什麼潛在危險；法律、政策、法規都保護並提倡吸食菸草，使得癌症問題惡化，醫療花費攀升。」[32]

旋轉門*

媒體評論家注意到，媒體通常不報導自己，也不報導公關業。因為這些事一旦報導出來，就會暴露媒體有多麼依賴公關業來提供訪問、消息來源、引言、報導以及觀點。根據傑夫與瑪麗．布萊斯卡寫道：「媒體對公關業依賴之深，已到了駭人的地步。外行人（即閱聽大眾）很難自己察覺此事。因為依靠公關業也是媒體幕後作業的一部份……就像酒鬼不認為自己酗酒，媒體人太習於依賴公關業了，所以不覺其害。媒體人看似生來就對公關業既懷疑又鄙屑，其實對於彼此的真實關係缺乏自知，實在可悲。」[33]

發佈罐裝新聞、找產業贊助的「專家」代言，這些公關技倆之所以有效，是因為精打細算的新聞機構都會為之吸引。電視新聞節目播出一段預錄新聞，出錢寫稿、拍攝、剪接的都是公關公司。同理，公關公司提供的專家讓記者花最少的功夫，完成看似真實的報導。大眾很少會發現，由於媒體暗中得公關業之助，新聞早已瀰漫著媒體為謀私利而產生的偏見。

有時財務壓力對新聞報導的影響更為直接。在加拿大，博雅公關受雇於卑詩省伐木業一事，引起《溫哥華太陽報》林業記者帕菲特的調查。然而，一九九一年《太陽報》成為博雅的客戶，編輯政策也隨之改變。《太陽報》還未聘請博雅之前，派了五名全職記者分司林業、漁業、原住民事務、能源礦產、環境等新聞。如今，《太陽報》只保留環境記者的職位，又指示擔任此職的記者只報導大溫哥華區與低陸平原區的環境新聞。這些地方正好離克拉闊特灣保留區很遠；正是在這個保留

譯註*「旋轉門」比喻政界與商界之間的人事流通，常有利益衝突的問題。比如國會議員轉行當說客，回到國會去遊說前同事。又如企業人士擔任公職，從被監督者轉為監督者。

區，博雅幫助伐木業砍伐世上最後一大片未受侵擾的沿海溫帶雨林。[34]

帕菲特寫過一篇文章，賣給另一家雜誌社《喬治亞週刊》。他在文中探討博雅公關幹過的勾當，比方說，在阿根廷軍政府殺害上千名異議人士的時候為阿根廷清理國際形象。帕菲特也曾報導，有個博雅公關的資深員工兼伐木業顧問名叫利茲，是水門案的關鍵共謀。這篇報導刊出後，《太陽報》不再讓他跑林業新聞。帕菲特說：「我試著自己來揭發博雅公關的黑幕，卻不得報社青睞。」[35]

儘管編輯矢口否認，其實企業廣告對新聞報導影響甚鉅。光是為了在美國媒體上打廣告，大企業每年就投入一千億美金。貝格迪坎指出：「藉篩選新聞來提高廣告效益的做法愈形普遍，甚至已兼具科學的精準與編輯的智慧。」公關業高層人士迪倫史奈德也承認：「新聞媒體以為商業考量與編輯決策毫不相干，這是一大迷思。」[36]

兼併、收購、電子科技進步等趨勢，讓新聞報導、廣告、公關的界線更加模糊。全球前兩大公關公司，博雅和偉達，分別為揚雅和WPP兩大廣告集團所有。這兩大公關暨廣告集團買下的媒體版面、電視與廣播時段值好幾億美金。他們的客戶包括菲利普莫里斯、麥當勞、福特汽車、嬌生集團、AT&T、百事可樂、可口可樂、紐特糖、露華濃、銳步以及好幾百個重要的廣告主。

一九九二年，非營利組織「商業化研究中心」邀請約兩百名記者到華府參加新聞研討會，並在會上公佈《支配內容：廣告壓力如何破壞新聞自由》的報告。這份學術報告記錄數十個「在廣告主與廣告相關要求的壓力下」媒體自我審查的例子。

這個研討會，受邀記者幾乎都沒有出席，媒體報導也寥寥無幾。因此，索諾馬州立大學為監督媒體所設的「專案審查計畫*」才會把《支配內容》列為一九九二年十大「最佳受審查」報導。[37]

企業發現，討好媒體有個訣竅，就是向成名的記者獻殷勤，重金邀請他露個面、講講話。一九九三至九四年間醫療改革議題延燒之際，據《國家期刊》的報導，製藥廠和藥商公會「為了邀記者到活動上致詞，簡直是往他們身上灑錢」。《新共和國週刊》的巴尼斯、《新聞週刊》的克莉弗特和昆恩、CBS的阿納特博士、ABC的優連博士等名嘴都索取七千五百到兩萬五千元美金不等的開口費。[38]一九九五年六月的《政治金融與說客報導》指出，「五月時，ABC的蘿伯茲在大勞德代堡地區青年同盟演講，收到三萬五千美金的演講費。這場演講由JM家族企業贊助，這個市值四十二億美金的私人企業專門經銷豐田汽車……蘿伯茲拒談演講費的事。《美國新聞評論》記者雪弗要求採訪蘿伯茲時，ABC發言人莫菲表示：『她深感此事無論如何都不宜公開討論。』」[39]

當然，絕大多數的記者從來沒有出名到可以靠巡迴演講撈錢。企業集團化和「縮編」的現象已讓新聞記者維生不易。很多記者到了三十歲，發現靠記者的薄薪難以養家、存退休金、資助子女上大學，只好捨棄本行。他們眼見同學、同事一一離開新聞界，轉入公關業掙錢，想起當初欲成為下一個伍沃德或伯恩斯坦的夢想，不免顯得天真可笑。佛蒙特新聞記者迪倫說：「旋轉門現象讓掌大權的公關業更輕易地混淆現實的界線。旋轉門不只存在於政府與說客之間，也存在於媒體與公關

譯註* 專案審查計畫每年選出二十五則事關公眾利益，卻因媒體審查而不為人知的報導。

業之間。國會助理憑著在任時累積的門路與知識，來換取說客的高薪，同樣地，記者疲乏又窘困時，也會受公關業更好的待遇與前途引誘。」[40]

芊朵說，旋轉門，以及這現象促成的華盛頓菁英團體相互勾結，是美國政治停滯不前的主因。「看樣子什麼也沒改變，什麼也沒進展，什麼也沒整頓。從水門案、韓國門事件、辯論門事件、房屋暨都市發展部醜聞，到國際商業信貸銀行醜聞案**似乎總是同一批人重複做同樣的事，從來沒有人受懲，似乎也沒有人在乎。媒體、政府、說客與公關公司形成鐵三角，互相包庇。」[41]

快炒新聞

隨著「資訊高速公路」***的概念進入美國主流文化，新聞媒體正經歷一場科技轉變。資訊高速公路的骨幹是網際網路，網際網路起先是軍方通訊系統，後來變成政府補助、價格低廉的資料大雜燴。這資料庫包含晦澀的電腦術語和各類鬆散的資料，涵蓋從巴西蜜蜂遷移模式到古撒克遜語動詞配價結構等費解的學術主題。此後，由於電腦科技進步，網路日趨便利普及，企業也開始覬覦其中商機。

資訊高速公路被媒體捧為「電子民主」的極致，據稱會變成「全球資訊聚寶盆」，讓人經由即時而便宜的管道，獲得近乎無窮的圖書館資料、教材、娛樂。在某些地方，有的人甚至以傳福音似的熱情宣揚數位時代；正如網路狂熱份子預言，嶄新的烏托邦時代將會扭轉一切，「屆時傳播科技會讓世界各地的人更加自由，勢必可以為全人類發聲」。[42]

** 以上是1972-1991年期間美國政壇幾樁重大醜聞。

*** 1993年柯林頓政府推行的全美高速網路建設計畫。

其他觀察者則發覺網路的隱憂，並指出如電話、收音機、電視等傳播科技剛面世時，眾人也是寄予厚望。媒體史學家麥伽斯尼表示，大部份媒體如今既然都受少數企業掌控，「也難怪私部門已運用廣大資源掌握先機，把網路空間急遽商業化，簡直變成了巨型購物中心。」他預測，「企業在網路上爭奪一陣子，少數幾間大企業就會稱霸，形成寡頭壟斷的局面……資訊世界裡也會出現貧富之別，使得這社會裡許多既有的社經不平等更加惡化。」[43]

公關公司也趕上這波網路熱潮，紛紛建立全球資訊網，運用調查、遊戲來收集網友的意見和行銷資料，發展新的技術來鎖定、影響特定記者和網友。

資訊高速公路並非公關公司「最直接、最有效影響特定觀眾」的唯一方式。哈拉汗在一九九四年《公關季刊》夏季號中寫道：「現在的公關人可用的宣傳方式多了，也就沒有像以前那麼依賴大眾媒體。……接下來十年裡，美國大企業將會承包下所有接受贊助的頻道。如寶僑等企業可以避開大眾媒體，直接資助又能促銷產品、又能為企業宣傳的節目，例如新聞、脫口秀、電視購物節目、受贊助的娛樂活動或運動比賽。……《娛樂今宵》這類節目會成為未來電視節目的典型；在這類節目中，提供資訊的人身兼傳遞資訊的角色……也就是說，頻道贊助商可以針對自己企圖影響的長期觀眾去設計節目，全權掌控播出的內容，然後把特定的訊息傳達給這些人！」

諷刺的是，哈拉汗擔心新聞與廣告日益互相滲透的問題會變得「很棘手」，因為這樣會讓傳統新聞媒體失信於大眾。他寫道：「報紙每刊出一則廣編特輯免費為廣告商宣傳，電視每播出一次置入性行銷的節目……新聞就貶值一次。……過去媒體報導一則新聞，新聞贊助商不僅獲得曝光的機會，更讓客戶、產品或是觀點顯得重要、可敬、正當。」他警告，若大眾分辨不出新聞與付費宣傳的差異，新聞媒體所賦予的正當性就會失效。哈拉汗寫道：「雖然公關人偶爾可以不經由新聞媒體來宣傳，可是也不要總是這麼做。我們可別自斷財源；公眾若對大眾傳播媒體失去信賴，公關業將會損失慘重！」[44]

第十二章

收復家園

廿世紀有三大發展，對政治影響極大：
民主發展、企業權力壯大、企業大做公關宣傳來對抗民主政治。

——**凱瑞**（《消滅民主的危機》作者）

公關主管惠特妮曾經說過：「摸清對手底細，就能百戰百勝。」關於這點，她特別在一九九四年十二月的一場公關研討會上舉例說明。她曾替一家汽車抗凍劑的廠商擔任公關，暗中調查對手。

一般抗凍劑的主要原料是乙二醇。乙二醇含劇毒，可是氣味香甜，聞起來不覺得有毒。只要兩茶匙的抗凍劑就可以致命或導致失明，每年都有小孩、寵物誤食而死。在歐洲，抗凍劑廠商會在產品裡添加苦味劑「苯甲地那銨」以防中毒。苯甲地那銨在《金氏世界紀錄》裡列為現知最苦的物質，成本每加侖兩毛錢，可使抗凍劑其苦無比，小孩誤食會馬上吐掉。

但美國的情形卻不是這樣。在美國有團體推動立法，要求抗凍劑廠商添加苦味。抗凍劑廠商委託惠特妮所任職的全國草根傳播公司，就是要破壞這個團體的名聲，不讓法案通過。惠特妮說：「我們策劃了一個行動，假裝替一位老太太處理遺產；這老太太生前希望把一大筆錢捐給幫助兒童和動物的團體。我們找到了這麼個團體，登門拜訪，說打算把這幾十萬遺產捐給一個團體；又說我們看中了三個團體，你們是其中一個。你們的財務記錄、免稅文件、明年的計畫書、打算在哪幾州活動、如何達到目標等等資料，都給我們評估評估吧。我們會再跟你們聯絡。」[1]

惠特妮愈說愈得意，笑得嘴都咧開來了。「我們拿到了資料，發現這團體的免稅資格失效了，法律上站不住腳。我們還發現，這團體的錢哪來的呢——正是苦味劑廠商給的呀！我們沒有留下一點蛛絲馬跡，就讓當地媒體都知道了這件事，因此這法案在各州都過不了。」[2]

惠特妮對著一大群公關人說出這則故事，大部份的人聽了都沒有反應，但筆者卻心頭一震。雖然她沒有明說她所調查的是哪個團體，我們還是打定主意追查下去，看能不能查個水落石出。我們上網讀了一些新聞報導，發現惠特妮口中的「團體」，原來是一名奧瑞岡州的家庭主婦，名叫娣札克。娣札克說，有一回看公共電視紀錄片，介紹二十年前英格蘭有人發現了苯甲地那銨這種物質、並加以應用，她於是展開「防毒計畫」，推動立法，強制抗凍劑廠商添加苦味劑。

我們把惠特妮的故事說給娣札克聽，她笑了起來，覺得整件事太荒唐了。她不屑地說：「她的客戶好笨。她屁話連篇，牧場裡的牛還沒放那麼多屁呢！」

娣札克說，當時惠特妮的間諜給她打過電話，自稱代表一個叫做「堡壘信託」的德州基金會，她一聽就覺得有蹊翹。說穿了，整個騙局「太好識破了，我先打電話給德州和奧勒岡州的政府官員……查證過後，我寄給她瞎掰的計畫書和預算案，叫她的客戶在這事情上花大錢做白工。」

惠特妮聲稱公關公司「讓這個法案在各州都過不了」，但娣札克指出，一九九一年奧勒岡州就通過了抗凍劑強制加入苦味劑的法律，一九九五年五月生效。她說：「除了我，其實沒有人在推這個法案。她說這法案在其他州過不了，我不懂是指什麼。」「我的目標是讓法案先在奧勒岡州通過，先把這裡棘手的問題解決掉，再來叫別州跟進。這目標也確實達到了。」

惠特妮說她受苦味劑廠商贊助，她格外不悅。她說：「我六年來為這案子付出，希望孩子們別再中毒。為了這理念，我把自己存下來的五萬塊家用都花光了。

惠特妮說苦味劑廠商捐錢給我，其實也只有一百塊錢，付點影印費和郵資而已。還有一批人對這案子也有興趣，捐錢付了些法律費用，好成立免稅非營利組織，但我從未動用過這筆錢；我也從未招募會員、收會費、募款、花錢請人。……這些事惠特妮小姐知道嗎？她應該知道呀。她去演講半年前，她的客戶才要我出庭，要我提出所有個人資料和財務記錄。諷刺的是，我這一切努力，唯一拿過的錢，就是抗凍劑公司給的作證具結規費跟庭外和解費。這些錢也都捐給了慈善機構。我從來沒有從無辜中毒的孩子身上揩油，以後也不會。我會繼續為他們努力，一毛錢也不拿。」

你說你要改革……

美國近年來出現一群草根運動人士，把企業界嚇得不知所措；娣札克只是其中一例。這些人大多因親身遇到了一些事而投入運動、為理念奉獻。他們眼見自己的生命、自己所居住的城市和社區危在旦夕，通常單獨一人，或幾個人組成公民團隊，挺身保衛家園。專業的環保人士、為健康奔走的人士、總部設在華府的公益團體，都瞧不起他們。他們沒有經費，沒有說詞動聽的補助款申請書，拿不到基金會和捐款大戶的贊助。反觀美國政府和企業，卻花上幾千萬美金遊說、宣傳，打擊這些在各地從事社區運動的人，又把他們戲稱為「鄰避份子」(NYMBYs)——「鄰避」是英文「別在我家後院」(Not in My Back Yard) 的縮寫。

第一章談到作家史坦曼，寫了一本關於殺蟲劑污染食物的書，這本書被祕密公關活動盯上。他就是發現自己遭到超標有害化學物污染，於是開始關心在自家週圍發生的事。

我們當初著手寫核能工業的那一章，是因為認識了住在拉斯維加斯的崔可兒，她抗爭多年，以阻止核電公司在自家附近儲存核廢料。當地的公關威廉斯受核電公司之託，策劃擁核宣傳活動。他把這活動稱做「要他們老實點聯盟」，指崔可兒「搞宣傳破壞」，是「憎核狂人」，「大半輩子鬼叫什麼核電好恐怖啊，應該禁止核試」。我們跟崔可兒說話，她可沒有鬼叫，只是拿出一疊她多年來不倦地蒐集、內容詳盡的資料，回答我們的問題。

全國性的環保團體，既沒有抗議廠商把下水道污泥棄置於農地，也沒有揭露「生物固形物」的騙局及其潛在危機。那些身家性命為有毒污泥所害的農人，儘管承受政府和公關業的攻擊，仍自己出錢出力抗爭；他們才是英雄。至於環保署，那就甭提了——環保署跟污泥產業早已同流合污。真正為公眾謀福利的人，是這些公民運動人士，例如加州士拉克市的貝茲維克、德州拉瑞多市的拜南、華盛頓州林登市的桑德夫婦。

在筆者自己的家鄉威斯康辛州麥迪遜市，公民運動人士激勵人心的事蹟所在多有。他們是有瑕疵的凡人，站出來成就了不起的事業。幾十年前，威斯康辛州酪農第四代子弟金斯曼患病，病得愈來愈重。醫生束手無策，認為他恐怕是中了毒。金斯曼因此不再使用殺蟲劑，改用古老而有效的有機農法。他身體康復，農場因少了化學農藥的成本也更加賺錢。金斯曼不禁質疑政府和企業為了圖利，用種種方式剝削農民。一九八五年，他發現孟山都等公司給牛隻注射基因改造的生長激素來提高牛乳產量。他到威斯康辛州立大學抗議，要告知學生，他們愛吃的校園冰淇淋是用含 rBGH 的牛奶做成的。這小小的抗議行動醞釀成為國際抗爭事件，直到今天，仍在有人在捍衛農民和消費者的權益。

麥迪遜市從事公民運動的人還不只關心地方議題。威斯康辛州和尼加拉瓜向來關係友好；一九八〇年代，麥迪遜市民質疑聯邦政府對中美洲的戰爭政策，發展出自己對尼加拉瓜的「城市外交政策」。全美有一百多個城市起而效尤，紛紛跟飽受戰爭之苦的尼加拉瓜城鎮締交姊妹市。美國外交政策公關發言人費考夫抱怨說，他遇過最難纏的對手，就是「美國這些瘋婆子突然發現尼加拉瓜位在自己家後院」！[3]

一九九〇年代期間，這些「瘋婆子」用自己的方式援助中美洲，堅持不懈，卓有成效，費考夫一類所謂的政策「專家」都比之不如。好比說梅耶，七十一歲，是一位已退休的社工。她把退休金拿去投資麥迪遜在地的計畫，貸款給尼加拉瓜的低收入社區，作為開發之用。《國家天主教通訊報》指出：「梅耶說，不管金錢、道德、甚至精神，回報都非常豐厚」，「美國近年來有愈來愈多人本著對社會的關懷，投資『尼加拉瓜社區開發貸款基金』，協助尼加拉瓜戰後重建。梅耶就是一例。」[4]

美國民間各地都進行著公民運動，上述這些例子所呈還不及一斑。近來公民在各地發起的運動正收復民主，直接對抗公關產業的暗箱操作。鄰避主義者最亮眼的表現、最重要的成績，就是把有毒的廢棄場和排黑煙的焚化爐拒於社區之外。作家道威認為，大眾要乾淨健康的環境、要與自然共存共榮，這是不爭的事實；想實現這個願望，就靠最近這一波草根民主運動了。他說：「今天，民間發起的反毒運動對污染工業的威脅，遠勝於主流的環保運動。草根運動人士不僅互通消息、分享戰術、防堵了許多垃圾場和工業開發，更堅持不投降、不妥協，因為他們擔不起投降和妥協的後果。他們的作為和成果也漸次把『別在我家後院』引申為『別在大家的後院』」。[5]

「要是所有人都參與鄰避運動呢？」莫瑞絲在《鄰避指南》書裡這麼問。這本書不談理論只談實務，說明政府如何運作。書中不僅詳述鄰避主義的力量和潛能，也指出不足和難處。莫瑞絲與道威看法一致，認為民主的復甦始於新興的鄰避運動。[6]

莫瑞絲長年組織非營利的草根公民運動，經驗老到。她說：「從事鄰避運動時，會深深改變你對政府的理解，會更有洞察力。同樣地，你對自己、對旁人也會幡然改觀，你會明白每一位公民都能促成更大的改變。……鄰避運動不阻礙，而是激發大家去探求長遠之計，而非靠著短暫且往往破壞環境的技術來解決問題。從事鄰避運動，是主動締造自己的未來，管理自己的政府，而非給政府牽著鼻子走。」

民主過頭了？

公關業造「鄰避」一詞，本意是挖苦公民運動人士，如今這個詞反倒成了這些人的榮銜。道威指出：

造這個詞，是叫人去質疑公民運動人士的動機。並暗示說，捍衛自己的健康、家庭、社區這樣的行為，是道德有缺，甚至更糟，是社會有病。政府垃圾收集處理協會的執行副總希克曼是推行垃圾焚化的要角。他說鄰避主義是「極嚴重的大眾病。這種病會復發，不停傳染」。希克曼所開的方子是「發起除病大戰」。有人則認為鄰避主義恐怕會導致無政府主義。廢物處理產業的顧問布朗納警告：「一個多世紀之前托克維爾*就警示過，美國可能太民主了，大家都覺得人人平等。他預計這樣的觀念遲早會淪為無政府主義……他斷言民主治國行不通，鄰避運動發展到後來，會不會證明他所言為真呢？」7

這般輕蔑民主的態度，襲自公關理論之父柏納斯。他把企業的「共識工程學」視為消除民主社會之「亂」的辦法。民主政治的確亂七八糟、不可預測——而最教公關業頭痛的是，民主政治所促成的決定，往往超乎客戶的預料和掌控。

「共識工程學」與「民主政治」之別，正如澳洲學者凱瑞所點出的「政治宣傳」與「教育」之別。依他的定義，政治宣傳「不管採取什麼形式、傳達什麼內容，都只有一個目的，就是叫特定的一群人去接受贊助宣傳的金主所預先選定的態度和信仰」；反之，教育是「鼓勵批判性的思索，教人對於任何觀點，不管贊成或反對，都能敞開心胸去思辨道理何在；而非封閉思想，只接受某一種觀點，把其他觀點都排除在外」。8

公關人努力地操縱我們的意見和情感，不是因為他們邪惡，而是因為公關業是一門賺錢生意。從他們眼裡看來，他們不過是服務出錢的客戶。公關威脅到民主的價值，追根究柢是反映了美國企業界更深層的矛盾——理想上，以「民治、民享」

譯註* 托克維爾（Alexis de Tocqueville）是十九世紀法國政治思想家及歷史學家，著名的作品是《論美國的民主》。

治國；現實上，卻不是人人可以致富掌權，社會嚴重分裂。

如曼德所言，就連一些思想開明的企業高層，也認為企業所能擔起的社會責任有限。他說：「業界沒有哪個經理會把公共利益擺在企業利益之前的……美國企業法規定，公開招股的公司營運時，務必首重股東的利益。如果違反這條原則，管理階層會被股東控告，員工勢必會被解雇。所以，如果公共利益礙到了財路，公司的管理階層依法必須把它忽略。」[9]

美國少數的大企業老闆，深明利潤至上的道理。以僅僅每加侖兩毛錢的成本就能使兒童免受毒害；但就是為了獲得最大利潤，抗凍劑廠商雇用公關間諜，以阻撓法案通過。企業不求最大利潤，簡直就是自殺。輕忽這條規則的公司很快就會學到教訓。其他更賺錢的公司，會以更低廉的價格、更動人的廣告，搶佔他們原有的市場。

今天主宰我們生活的不是民主價值，而是企業價值。我們是員工、客戶、消費者，所遵循的規矩法則，首先決定了我們有什麼樣的制度。公關公司本身也是公司，成立的宗旨就是要服務客戶的宣傳利益。上班族都知道，工作場合並沒有民主。首都華盛頓或各州政府也沒有民主；企業著眼自身利益，掌控政治錢脈，靠這些錢，候選人才當得上官，才能穩坐官位。

公關的目的，就是要製造必要的假象，來填補美國社會理想和現實之間的缺口。不過在這假象之中依然看得見理想。如果公關業只是以胡謅撒謊為業，那麼，要看穿他們的騙局還容易些。但他們狡猾地粉飾真相、扭曲新聞，之所以吸引我們，影響我們，是因為他們手中的材料正是我們給的。公關業一面舉辦民意調查、意見調查、焦點團體訪談*，一面蒐集我們申請銀行貸款、用信用卡購物、在報上刊登出生啟事、投票、講電話時所透露的訊息，時時刻刻探刺我們的心理。每個人每一天都在不同的商業場域留下個人資料，就像電子指紋和DNA樣本一樣，給公關業採集分析，用來操控我們的思想。

不過，公關業的力量終究有限。它固然可以轉移眾怒，讓個別的企業、政客免於承擔自己所造成的後果，可是如林肯所言：「你不可能永遠把所有人都耍得團團轉。」

好在企業並不是唯一型塑我們生活的組織。家庭在社會裡就自有一套組織規則，與企業的組織規則大不相同。比如，沒有哪個神智清醒的人會說，孩子可以為家裡賺多少錢，就有多少價值。此外，像是鄰里、教會、志工團體、一般的朋友圈，這些形式各異、大小不等的組織也可以取代企業的霸權，合為鄰避運動發芽開花的沃土。

我們並不佯稱自己有萬靈丹，可以根治公關業給社會造成的問題。事實上，任何辦法都可能是問題的一部份，因為真正的民主是大家共同的課題，是大家合作所創造出來的。不過我們確實有一些辦法：一、學著辨識公關手段對生活的影響；二、多方取得資訊；三、親自參與地方活動，在地方層級直接處理重大議題。

總之，與鄰人團結起來，並重新發現自己，這就是我們的解決之道。我們必須天天實踐民主，讓民主價值在社會紮根，民主才會真實而長久。民主不是先人

譯註* 焦點團體（focus group）訪談是指找來特定的一小群人訪談，以了解他們對某產品、廣告、政策、議題等等的意見和態度。

留下來的，也不是在上位者策劃好的。民主不像速食，沒有樣板可循，不能大量製造，也不會變得可預測又「方便」。

就算遏制了企業的權力，也沒辦法終止政治宣傳和公眾操弄這些問題；事實上，怎麼做都沒有辦法。政治領袖和既得利益者為了自己的好處，總是有法子操控大眾的看法、行為以及公共政策。要捍衛民主、推進民主，並揭穿公關騙術、免受洗腦，「時時保持警覺」這句箴言仍是最有用的。

等等！我們這麼說也許有失公道

可想而知，公關業一直很注意自己的形象，當獲悉我們正在寫本書《有毒污泥愛你好》的時候，業內刊物就出現一些騷動。一九九五年六月十九號出刊的《公關新聞》報導，北美概要聯合供稿社總經理勒維質疑我們「寫這本書批判公關業是為了賣書，而不是客觀報導公關這一行的情況」。勒維寫道，我們既「有義務告知真相」，又「意圖寫一本會賣的書」，這兩回事有「利益衝突」。要評斷我們是否盡了義務，勒維建議讀者評評看書裡是否「只寫大公關公司的骯髒事；還是壞事好事都寫，包括大公關公司正在做哪些好事……有沒有拯救生命，使人免於蒙昧，健康無虞，活得更快樂」。[10]

事實上，我們自己也明白本書並沒有道盡公關業的一切。很多公關業者也為診所、學校、值得贊助的慈善團體等裨益人群的機構從事推廣和公關活動。公關技巧的本質並不全然是壞的。每個人有時總會用到勸誘的手段來表達思想、推銷產品、打屁拉交情。但是，產值數十億美金的公關業為富有的利益團體從事宣傳、操控人心、左右輿論和決策，即使公關技巧也用於善行，還是無法減輕違背民主價值的惡果。我們也沒有義務替公關業整頓門面；早在本書付梓前，公關業已是惡名昭彰了。世上沒有產業比公關更長於宣揚自己的善行，它形象不好，只能說是因為沒有做到自己建議別人該做的事，也就是艾維．李說的：「把家裡清理乾淨，然後告諸世人。」

公民和個別的公關業者可以用合乎道德的公關技巧，為社會糾正錯誤，整頓環境，提升少數人的權益，保護勞工並改善他們的生活。但是，把公關想成是一種「中性」的技術，以為可以不辨是非地運用，來造福社會，我們覺得這是妄想。

這樣的妄想很危險。所有環保團體的公關預算加起來，無論如何也比不上單單一家殺蟲劑大廠的公關預算。污染環境的人，總是有法子比保護環境的人花更多的錢、使更強的手段；而且只需開一張金額更大的支票，或求援於同受改革威脅的業者，簡直就可以無限地宣傳遊說操控議題。

公關活動的另一個危險是，它不希望個人為自己行動，而是把人當成被動的群眾、宣傳的目標。要締造合乎美國傳統的民主運動，每一位公民必須挺身而出，親身參與其事，而不是公關在上策劃，公民在下奉行。

這樣的民主運動有可能出現嗎？過去是不是一度可能發生呢？光從有公關這個行業這件事看來，這是可能的。企業和政府每年不得不花上數十億美金來操控大眾，這樣的舉動似乎是很看得起人性和道德觀念，而本質上卻不然。

公關業偷走了我們的夢，包裝成一堆幻象還給我們。我們有責任做更大的夢，起身一同實現夢想。

本書是「媒體與民主中心」的專案。媒體與民主中心是公益團體，旨在調查公關業並撰文報導，服務公民、記者、研究人員。我們接受非營利組織和個人的捐款，謝絕政府或企業贊助。

請參訪我們的網站 PRWatch.org 與 SourceWatch.org，給予支持。

附錄

高樂氏公司的公關危機管理計畫

在今天，幾乎所有公司都會藏一份「公關危機管理計畫」，針對外部發生了損害利潤的問題做準備，以降低突如而來的衝擊，高樂氏公司也不例外。氯化物是高樂氏漂白劑產品中的有效成份，但研究卻顯示氯化物容易引發許多健康問題，諸如不孕、幼兒發展障礙、免疫系統受損、癌症；除此之外，也有許多持久性化合物如戴奧辛、橘劑、多氯聯苯、氟氯碳化物（CFCs），他們的基本成份也是氯化物。

一九九一年，高樂氏公司求助於首屈一指的「漂綠」高手——凱旋公關，協助他們面對綠色和平組織呼籲全面淘汰氯化物的訴求。凱旋公關的草案勾勒出各種策略以對付數種可能發生的「最壞狀況」，但他們顯然忘了列出還有更壞的狀況，那就是有良心的內部人士把計畫洩漏給綠色和平組織，本附錄的機密資料便是由此管道而來的。

以下為凱旋公關對高樂氏公司的提案精華，幫助他們「展現為眾人著想的立場，時而運用客觀角度以消除敵意，或表現出博取他人同情的堅定態度」。隨著各大企業磨刀霍霍，準備在被公關顧問稱為「邪惡戰役」的氯化物爭議中大顯身手時，以下的文字揭穿了「消除敵意的客觀角度」背後，有著怎麼樣縝密的策劃。

高樂氏公司的危機管理計畫草案　凱旋公關一九九一年

……此次可能波及高樂氏公司的環境危機可以事先防範，建立策略以應付由各種已知大眾關心議題所導致之情境……我們試圖提供未卜先知的「水晶球」，鎖定來年可能被提出的某些議題，對於每種情境，我們均建議不同層次的關注與回應……

情境一

……綠色和平組織運動人士帶著標語、布條、大聲公和幾名當地電視記者，前往高樂氏企業總部進行集會抗爭。示威者懸掛大型布條……他們發表最新研究成果，顯示暴露於氯化物較易罹患癌症。兩家當地電視臺跑了這條新聞，並在午間新聞中以現場連線實況播出。美聯社廣播和《舊金山紀事報》都派人在現場，訪問了三名出外用餐、毫無心理準備的高樂氏員工，他們承認氯化物可能不是那麼安全……

目標：確保此為單一媒體事件，不會有後續報導，使其對高樂氏的商譽或市場地位之傷害降到最低。

策略：

- 宣佈公司將尋求獨立第三方審查，檢驗綠色和平組織的研究，並承諾回報各家媒體……（最重要是引發記者質疑綠色和平組織的誠信及科學可信度。）
- 可邀請記者入內，在公司內召開記者會，但綠色和平組織成員不得參與……

・公關團隊即時通報關鍵影響人物、科學家、政府環保、衛生官員和其他先前確認為潛在同盟的夥伴。

・提供媒體願意討論氯化物議題的獨立科學家之名單。（這些名單應已存在於主危機計畫中。）

・關於提出疑慮的員工……應加強改善溝通教育。

・民意調查公司開始進行五百名消費者的隨機電訪，以評估事件衝擊，根據隔天早上九點前調查的結果，由團隊決定進一步的措施……

情境二

愈來愈多消費者積極地想要為更乾淨地球盡一份心力，使用較「天然」的家用清潔產品也愈來愈普遍……知名專欄作家在全國各大報章雜誌發表文章，抨擊含氯液態漂白劑對環境的危害，並呼籲消費者抵制高樂氏的產品，而各地方的綠色和平組織分部也紛紛響應……幾週內，高樂氏的產品銷售量一落千丈……國會即將召開公聽會，討論含氯漂白產品的環境安全性……

這類事件是每間公司最大的夢魘，此刻企業需充分準備，採取積極明快的處理，以保持市場上的競爭力……不只是產品，甚至連企業的未來，都危在旦夕。

目標：傾全力重建高樂氏及其產品的商譽。

策略：盡一切可能動員公司所有職員及其家屬為公司代言並支持公司……

・派遣獨立科學家與專欄作家會面，討論該議題。

- 不管是獨立科學家或高樂氏內部科學家，一起組成科學家團隊……進行媒體參訪。
- 邀集較同情的媒體、各級政府領袖、消費者專家發表聲明，為產品辯護……
- 在主要市場廣告，請高樂氏員工及親屬見證他們對產品的信心……
- 廣告標語：「停止環境恐怖主義」，要求綠色和平組織與專欄作家負責，停止不理性的行為……
- 發送影音新聞稿來影響市場。
- 尋求工會和國家工會領導人的支持，因為工作機會受到影響。
- 判斷是否有控告專欄作家與綠色和平組織誹謗的可能性。
- 在受影響的城市寄送大量郵件給消費者。
- 如果情況已到了無可挽回的地步，團隊將同意考慮將產品暫時下架，等待特別報告審查，但前提必須是特別報告可以很快出爐。
- 每日進行民調以掌握公共關係、態度轉變、認知等等。

中度案例事件：全國知名專欄作家抨擊家庭用高樂氏漂白劑對環境有害，呼籲消費者使用「更安全」的無氯替代品……文章在美國二十五個主要城市的報紙上發表，但並未引起後續跟進……雖然消費者產生質疑，但銷售量並未因此減少。

目標：防止議題的溫度升高與可信度增加。

策略：讓媒體的興趣降到最低，防止聯邦或州政府採取行動。

行動方案：

- 張貼員工公告……
- 媒體策略：只要媒體興趣不大，一律冷處理。
- 向專欄作家簡報液態含氯漂白劑的環境安全性。
- 開發媒體參訪行程，但以「你問我答」的方式，拐彎抹角地提到氯的實用性與安全性。

情境三

氯化物產業中不只一位科學家顧問提出警告表示，美國毒理學計畫分析師將做成氯化物可能使動物致癌的結論。由於美國的法律規範，與癌症的關聯性將引發民眾顧慮，會對該重要化學物質進行嚴厲管制。

最壞情況：美國毒理學計畫最後研究分析總結，氯化物的確會讓動物致癌。在研究宣佈的同一天，綠色和平組織在華府、紐約、舊金山舉辦衛星連線記者會，推出共同造勢活動，要求停止美國所有氯化物的使用，媒體大篇幅報導記者會內容，許多電視記者使用高樂氏產品的罐子來說明含氯的「危險產品」。美國環保署決定重新評估並緊縮生產製程中氯化物的使用規範，引發……負面媒體報導。

目標：聯合同業與「氯化物研究所」共同阻撓（一）所有立法或規範行動；（二）維持客戶量與忠誠度。

策略：公司展現客觀的一面——民眾確有理由擔心，就某些問題亦有權要求知道答案。公司應承諾在最短時間內解決問題，但仍相信氯化物不對人體構成危害……可能的話，忽略綠色和平組織，貶抑其可信度……協助人們了解綠色和平組織並非此議題上態度嚴謹的一方……

- 透過氯化物研究所，讓第三方科學專家前往華府提供證詞……
- 由於事前的規劃，給記者、顧客、消費者、員工的書面資料均已備妥，各目標讀者分別清楚定義。
- 由業界、公司、獨立發言人針對重要環保線和消費線的記者、新聞媒體，進行媒體簡報。
- 安排第三方發言人接受主要電視、報紙媒體的訪問。
- 由業界出資，動員基層民意，寄信給議員，呼籲他們知所節制。信件內容強調綠色和平組織過度反應，並非主流民意。
- 透過氯化物研究所，持續進行消費者調查，以得知消費者的態度和顧慮，進而發展清楚可信的訊息。
- 成立消費者熱線以解答各種疑難雜症。

註釋／譯名對照

註釋

第一章：書還沒印出來就燒了它

1 Ketchum Public Relations Confidential Memo to CALRAB Food Safety Team, September 7, 1990.
2 *O'Dwyer's Directory of Public Relations Executives 1995*, p. 178.
3 David P. Bianco, ed., *PR News Casebook: 1000 Public Relations Case studies* (Potomac, MD: Phillips Publishing, 1993), pp. 120-121.
4 David Steinman, *Diet for a Poisoned Planet: How to Choose Safe Foods for You and Your Family* (New York: Harmony Books, 1990).
5 *O'Dwyer's Directory of Public Relations Firms 1994*, pp.96-97.
6 *O'Dwyer's PR Services Report*, Vol. 8 No. 2, February 1994, p.42.
7 *O'Dwyer's Directory of Public Relations Executives 1995*, p. 178.
8 Ketchum Public Relations Confidential Memo to CALRAB Food Safety Team, September 7. 1990.
9 Jean Rainey, Memo for Roland Woerner Regarding David Steinman Booking on Today Show, undated.
10 Elizabeth M. Whelan, American Council on Science and Health, to John Sununu, Chief of Staff, White House, July 12, 1990.
11 Daniel P. Puzo, "The New Naturalism: Controversy Eats at *Diet for a Poisoned Planet*," *Los Angeles Times*, November 29, 1990, p27.
12 Kenneth N. Hall et al., U.S. Dept. of Agriculture, to Food Safety Contacts, October 29, 1990.
13 Ken Miller, "Meltdown in EPA Watchdog Office Puts Millions at Risk, Workers Say," Gannet News Service, May 4, 1995. 並請參見 "EPA Reinstatement, Compensatory Damages Awarded Toxicologist Removed by EPA," *BNA Chemical Regulation Daily*, December 11, 1992.
14 *O'Dwyer's Directory of Public Relations Firms 1994*, pp. 124-125.
15 Carol Ward Knox, Morgan & Myers, to dairy industry representatives, September 17, 1992.
16 John F. Berry, "Suit Says Du Pont Co. Pressured Publishers; Author Alleges His History of Family Was Financially Doomed," *Washington Post*, September 22, 1981, p.A2.
17 訪談 Dan Barry.
18 David Helvarg, *The War Against the Greens* (San Francisco: Sierra Club Books, 1994), pp. 365-366.
19 Susan B. Trento, *The Power House: Robert Keith Grey and the Selling of Access and Influence in Washington* (New York: St. Martin's Press, 1992), p.233.
20 出處同上 p.196.
21 出處同上 p.62.
22 James Flynn, Paul Slovic and C.K. Mertz,"The Nevada Initiative: A Risk Communication Fiasco" 未公開的手稿, May 6, 1993, pp.6-8.
23 Peoples Bicentennial Communication, *Voices of the American Revolution* (New York: Bantam Books, 1974), pp.114-116.

第二章：強迫推銷的藝術和政治宣傳的科學

1 Edward L. Bernays, *Public Relations* (Norman,

OK: University of Oklahoma Press, 1957), pp. 38-39.
2 出處同上 p. 36.
3 出處同上 p. 60.
4 Scott Cutlip, *The Unseen Power: Public Relations: A History* (Hillsdale, NJ: Lawrence Erlbaum Associates, Inc., 1994), p. 51. 關於二十世紀初期公關傳播經紀公司的說明請參見 Neal Gabler, *Winchell: Power and the Culture of Celebrity*, excerpted in *O'Dwyer's PR Services Report*, December 1994, pp. 24-25.
5 Will Irwin, "Press Agent, His Rise and Fall," *Colliers* Vol. 48, December 2, 1991. 轉引自 Cutlip, p. 51.
6 Bernays, p. 51.
7 出處同上 pp. 53-55, 63-64.
8 Cutlip, p. 21.
9 出處同上 pp. 47-48.
10 出處同上 p. 58.
11 出處同上 pp. 52-53.
12 Sherman Morse, "An Awakening on Wall Street," *The American Magazine*, Vol. LXII, September 1906.
13 Cutlip, pp. 64.
14 出處同上 p. 23.
15 轉引自 Bernays, p. 74.
16 Cutlip, pp. 64-71.
17 出處同上 pp. 121-122.
18 出處同上 p. 144.
19 出處同上 p. 160.
20 Edward L. Bernays, *Propaganda* (New York: 1928), pp. 47-48.
21 Edward L. Bernays, ed., *The Engineering of Consent* (Norman, OK: University of Oklahoma Press), pp. 3-4.
22 Cutlip, pp. 193-214.
23 John T. Flynn, "Edward L. Bernays, The Science of Ballyhoo," *Atlantic Monthly*, May 1932.
24 Cutlip, pp. 170-176.
25 Bernays, *Public Relations*, p. 4.
26 Edward L. Bernays, "What Do the Social Sciences Have to Offer Public Relations?" interview with Howard Penn Hudson for *PR: The Quarterly Journal of Public Relations*, Winter 1956. Reprinted in Edward L. Bernays, The Later Years: Public Relations Insights, 1956-1986 (Rhinebeck, NY: H&M Publishers 1986), p. 11.
27 Bernays, *Propaganda*, p. 9.
28 Cutlip, p. 185.
29 Edward L. Bernays, *The Biography of an Idea: Memoirs of Public Relations Counsel Edward L. Bernays* (New York: Simon and Schuster, 1965), p. 652.

第三章：代打菸民上場

1 Richard W. Pollay, "Propaganda, Puffing and the Public Interest," *Public Relations Review*, Vol. XVI, No. 3, Fall 1990, p. 40.
2 出處同上 p. 41.
3 出處同上 p. 40.
4 Stuart Ewen, *Captains of Consciousness: Advertising and the Social Roots of Consumer Culture* (New York: McGraw-Hill, 1976), p. 160.
5 Pollay, p. 41.
6 出處同上 p. 42.
7 出處同上 p. 50.
8 Scott M. Cutlip, "The Tobacco Wars: A Matter of Public Relations Ethics," *Journal of Corporate Public Relations*, Vol. 3, 1992-1993, pp. 26-31.
9 Mike Moore, Attorney General, State of Mississippi in lawsuit field on May 23, 1994.
10 Cutlip, "The Tobacco Wars," p. 28.
11 Cutlip, *The Unseen Power*, p. 288.
12 Pollay, p. 45-49.
13 Cutlip, *The Unseen Power*, p. 501.
14 出處同上 p. 497.
15 Michael Evans Begay et al., "The Tobacco Industry, State Politics, and Tobacco Education in California," *American Journal of Public*

Health, Vol. 83, No. 9, September 1993, p. 1214.
16 Carolyn Henson, "World Health Organizations No Tobacco Day," Associated Press, May 30, 1994. 並參見 Robert Evans, "Third World, Women Boost Smoking Death Forecasts," Reuters wire service, May 30, 1994.
17 Peter H. Stone, "It's All Done With Some Smoke and Some PR," *National Journal*, May 28, 1994, pp. 1244-1245.
18 "Anti-America," *The National Smokers Alliance Voice*, Vol. 2, Issue 4, June/July 1994.
19 John Schwartz, "California Activists' Success Ignites a Not-So-Slow Burn," *Washington Post*, May 29, 1994.
20 "State Official Challenges Tobacco Firm; California Initiative Said to Be Deceptive," *The Washington Post* wire service, June 2, 1994.
21 B. Drummond Ayres, JR., "Philip Morris on Offensive in California," New York Times, May 16, 1994, p. 1.
22 Gaylord Walker, "Smoke Hits the Fan - American Cancer Society Thrilled," PR Newswire, November 9, 1994.
23 Advertising Age/Gallup poll, 轉引自"Tobacco Industry's Own Health is the Latest Victim of Marketing Practices," *Inside PR*, April 1994, p. 6.
24 "Tobacco Institute Relies on PR to Help Smoke Out P.C. Police," *O'Dwyer's Washington Report*, Vol. IV, No. 12, June 6, 1994, pp. 1, 7.
25 Bernays, *The Later Years*, p. 115.
26 "3 of 4 Flacks Agree: No Ifs About Butts," PR Watch, Vol. 1, No. 4, Third Quarter, 1994, p. 2.
27 Bernays, *The Later Years*, p. 139.

第四章：轉吧！七彩原子能

1 Cutlip, *The Unseen Power*, pp. 508-511.
2 出處同上
3 Peter Stoler, Decline and Fail: *The Ailing Nuclear Power Industry* (New York: Dodd, Mead & Company, 1985), pp. 27-28.
4 Daniel Ford, *The Cult of the Atom: The Secret Papers of the Atomic Energy Commission* (New York: Touchstone/Simon and Schuster, 1982, 1984), pp. 40-41.
5 Stoler, p. 28.
6 David E. Lilienthal, *Change, Hope, and the Bomb* (Princeton, NJ: Princeton University Press, 1963), pp. 97-100.
7 Stoler, p. 16.
8 出處同上 p. 37.
9 Lilienthal, pp. 111-112.
10 Stoler, pp. 41-45. 並參見 Peter Pringle and James Spigelman, *The Nuclear Barons* (New York: Holt, Rinehart & Winston, 1981), pp. 263-272.
11 Stoler, pp. 52-56.
12 Harvey Wasserman, *Energy War: Reports from the Front* (Westport, CT: Lawrence Hill & Co., 1979), pp. 5-6.
13 Stoler, pp. 97-98.
14 Wasserman, p. 6. 並參見 Stoler, p. 99.
15 Stoler, pp. 102-103.
16 出處同上 pp. 39-40.
17 Sheila Harty, *Hucksters in the Classroom* (Washington, DC: Center for Study of Responsive Law, 1979), p. 40.
18 出處同上 pp. 42-44.
19 Robert L. Dilenschneider, *Power and Influence: Mastering the Art of Persuasion* (New York: Prentice Hall Press, 1990), p. 165.
20 David M. Rubin, "The Public's Right to Know," in *Accident at Three Mile Island: The Human Dimensions* edited by David L. Sills, C.P. Wolf and Viven B. Shelanski (Boulder, CO: Westview Press, 1982), p. 133.
21 Stoler, pp. 110, 113.
22 Dileschneider, pp. 167-168.
23 Fred Wilcox, ed., Grassroots: *An Anti-Nuke Source Book* (Trumansburg, NY: The Crossing Press, 1980), p. 118.

24 Stoler, p.2.
25 Flynn et al., "The Nevada Initiative," p.2.
26 Kent Oram and Ed Allison, "The Nevada Initiative: The Long-Term Program: An Overview," unpublished proposal to the American Nuclear Energy Council, Washington, DC, September 1991, pp.8-9, 12-14, 17.
27 Flynn et al., p.3.
28 Allen J. Keesler, letter, October 25, 1991.
29 Flynn et al., pp.4-5.
30 出處同上 pp.6-7.
31 出處同上 p.8.
32 出處同上 p.2.
33 "The Public Relations Behind Nuclear Waste," *Nukem Market Report*, March 1995, pp.4-5.
34 *Facts on File World News Digest*, February 5, 1988, p.71G2.
35 "The Public Relations Behind Nuclear Waste," pp.6-7, 9-10.

第五章：諜影幢幢

1 訪談 Jennifer Lyman.
2 訪談 Dan Barry.
3 Diane Alters, "The Business of Surveillance," *Boston Globe*, July 9, 1989, p.27.
4 出處同上
5 Joseph Demma, Michael Slackman and Robert E. Kessler, "High Stakes in Covert War: Spies Used by Animal Rights Foes," *Newsday*, February 5, 1989, p. 7.
6 Seymour D. Vestermark, Jr., ed., *Indicators of Social Vulnerability: Social Indicators in Civil in Civil Defense Planning and Evaluation* (McLean, VA: Human Sciences Research, Inc., 1968), pp. iii, xviii.
7 *New York Times*, March 27, 1976, p.3, col. 1.
8 Seymour D. Vestermark, Jr. and Peter D. Blauvelt, *Controlling Crime in the School: A Complete Security Handbook for Administrators* (West Nyack, NY: Parker Publishing Co., 1978), pp.10, 45, 159, 189, 218, 257, 277.
9 Trento, pp.93-113.
10 轉引自 *Mormon Spies, Hughes and the CIA* by Jerald and Sandra Tanner (Salt Lake City, UT: Utah Lighthouse Ministry, 1976), p.13.
11 J. Anthony Lukas, *New York Times Magazine*, January 4, 1976.
12 Tanner, pp.17, 19, 29.
13 出處同上 pp.30, 36.
14 "Pagan International: Formed by Public Affairs Strategists Who Resolved Nestlé Boycott," *Business Wire*, May 10, 1985.
15 Paula M. Block, Hazel Bradford and Laura Pilarski, "Forging a Public Affairs Apparatus for Business," *Chemical Week*, June 19, 1985, p.42.
16 Alters, p.27.
17 "Pagan International," *Business Wire*, May 10, 1985.
18 "Ex-Nestlé Firm Goes Bankrupt," *O'Dwyer's PR Services*, November 1990, p.1.
19 Samantha Sparks, "South Africa: US Clergy Group Linked to Shell Oil," Inter Press Service, October 7, 1987.
20 "Ex-Nestlé Firm Goes Bankrupt," p.1.
21 Jack O'Dwyer, "Study Shows High Cost of Info-gathering," *Jack O'Dwyer Newsletter*, August 16, 1989, p.7.
22 "MBD: A Brief Description," internal document, undated.
23 Dilenschneider, p.96.
24 "MBD: Core Issue Monitored By MBD," internal document, undated.
25 "MBD: A Brief Description," internal document, undated.
26 訪談 Jim Goodman.
27 訪談 Dr. Michael Hansen, Consumers Union.
28 出處同上
29 訪談 Dr. Richard Burroughs.
30 訪談 Dr. Michael Hansen.
31 訪談 John Kinsman.
32 John Dillon, "Poisoning the Grassroots," *Covert Action*, No.44, Spring 1993, pp.35-36.

33 出處同上
34 出處同上
35 出處同上
36 訪談 John Dillon.
37 John Brady, Direct Impact, to John Seng, Kaufman PR, January 12, 1990.
38 Bill Lambrecht, "Firms going All Out In Milk Fight," *St. Louis Post Dispatch* April 7, 1991, p. 1. 並參見 Carol Matlack," Barnyard Brawl Over Cow Hormone," *National Journal*, April 6, 1991.
39 Demma et al., "High Stakes in Covert War."
40 訪談 Heidi Prescott, May 20, 1995.
41 Lisa McGurrin Driscoll, "A Corporate Spy Story," *New England Business*, Vol. 11, No. 5, May 1989, p. 28.
42 Denise Lavoie, "'Crazy' Invention Grows Into Giant Firm," *Chicago Tribune*, November 22, 1992, Business section, p. 10.
43 Carole Bass, "Animal Activities: Target of Covert Campaign?" *Connecticut Law Tribune*, December 9, 1991, p. 1.
44 Driscoll.
45 Joseph Demma, Robert E. Kessler and Michael Slackman, "Bomb Suspect: 'I was Set Up,'" *Newsday*, January 27, 1989, p. 3.
46 Driscoll.
47 出處同上
48 Bass.
49 "Witness Given Money, Cars to Befriend Activist," UPI wire story, February 22, 1989.
50 Bass.
51 Driscoll.
52 Bass.
53 Dan Mangan, "Tax Leins Field Against Controversial Stratford Private Security Firm," Vol. 31, No. 25, June 15, 1992, p. 7.
54 Carole Bass, "Substitute School Teacher's Double Life as an Informant," *Connecticut Law Tribune*, December 9, 1991, p. 14.
55 Celestine Bohlen, "Animal-Rights Case: Terror or Entrapment?" *New York Times*, March 3, 1989, section B, p. 1. Also see Demma et al., "High Stakes in Covert War."
56 Bass, "Animal Activities: Target of Covert Campaign?"
57 出處同上

第六章：各個擊破

1 Michael Levine: *Guerrilla PR How You Can Wage an Effective Publicity Campaign ... Without Going Broke* (New York: Harper Collins, 1993), p. 46.
2 Jane Meredith Adam, "MADD Founder Lightner Takes Job As Lobbyist for Liquor Industry," *Chicago Tribune*, January 15, 1994, Section 1, p. 3.
3 "Take An Activist Apart and What Do You Have?" *Calf News Cattle Feeder*, June, 1991, pp. 9, 14.
4 出處同上
5 "Green PR is Dollars and Sense Issue," *O'Dwyer's PR Services Report*, February 1994, p. 6.
6 "Links with Activist Groups Get Results in Environmental PR," *O'Dwyer's PR Services Report*, February 1994, p. 1.
7 出處同上
8 出處同上 p. 20.
9 出處同上 p. 22.
10 The Public Affairs Council 1993, pp. 18-23.
11 Foundation for Public Affairs, *1993-1994 Annual Report*, p. 2.
12 Foundation for Public Affairs, *1992-1993 Annual Report*, p. 5.
13 Foundation for Public Affairs, *Public Interest Profiles 1992-93*, pp. v-x.
14 Conference Call, Annual Conference on Activist Groups and Public Policymaking: Agendas, Strategies, and Alliances with Business, Washington, DC, October 20-21, 1993.
15 出處同上
16 Annual Conference on Activist Groups and

Public Policymaking, October 20-21, 1993, Speakers & Registrants.

17 "Taint of Tobacco," *Multinational Monitor*, July/August 1993.

18 News release from the Safe Food Coalition, November 4, 1994.

19 訪談 Carol Tucker Foreman.

20 Sheila Kaplan, "Porter/Novelli Plays All Sides," *Legal Times*, Vol. XVI, No. 27, November 22, 1993, pp. 1, 21-23.

21 出處同上

22 Press kit from Hill & Knowlton on behalf of Partners for Sun Protection Awareness, 1994.

23 Video News Release, Press kit from Hill & Knowlton on behalf of Partners for Sun Protection Awareness, 1994.

24 "Profiles of Top Environmental PR Firms: Hill & Knowlton," *O'Dwyer's PR Services Report*, February 1994, p. 40.

25 Business for Social Responsibility, 1995 *Membership Directory*.

26 Rob Inerfeld 訪問 Craig Cox.

27 Rob Inerfeld 訪問 Bob Dunn.

28 Rob Inerfeld 訪問 Craig Cox.

29 "Corporate 'Do-goodism' Helps Win Consumers' Hearts and Cash," *O'Dwyer Washington Report*, May 5, 1994, p. 7.

30 Business for Social Responsibility, 1995 *Membership Directory*.

31 Rob Inerfeld 訪問 Craig Cox.

32 Anita Roddick, *Body and Soul: Profits with Principles, the Amazing Success Story of Anita Roddick & The Body Shop* (New York: Crown Publishers, 1991), audiotape.

33 Rob Inerfeld 訪問 Jon Entine.

34 出處同上

35 出處同上

36 Rob Inerfeld 訪問 Craig Cox.

37 出處同上

38 Rob Inerfeld 訪問 Jon Entine.

39 Paul Hawken, *The Ecology of Commerce: A Declaration of Sustainability*, (Harper-Business, 1993), p. xiii.

第七章：毒害草根團體

1 Benjamin Franklin, "Information to Those Who Would Remove to America," from Franklin's *Autobiography*. Reprinted in *Great American Essays*, edited by Norman Cousins with Frank Jennings (New York: Dell Publishing, 1967), p. 22.

2 Keith Bradsher, "Gap in Wealth in US Called Widest in the West," *New York Times*, April 17, 1995, p. 1.

3 Bill Clinton, State of the Union address, February 24, 1995.

4 "Grassroots Lobbying Glossary," *Campaigns & Elections*, December/Jan 1995, p. 22.

5 William Greider, *Who Will Tell The People* (New York: Simon & Schuster, 1992), p. 35.

6 Back cover advertisement, *Campaigns & Elections*, December/Jan 1995.

7 Trento, *The Power House*, p. 75.

8 訪談 Matt Reese.

9 "Grasstops: The Ultimate in Corporate legislative Leverage, Public Policy Services," from Reese Communications Companies.

10 出處同上

11 Ron Faucheux, "The Grassroots Explosion," *Campaigns & Elections*, December/Jan 1995, p. 20.

12 Greider, p. 11.

13 出處同上 pp. 35-39.

14 Guy Gugliotta, "A Man Who Fertilizes the Grass Roots," *Washington Post*, August 23, 1994, pA17.

15 Stephen Engelberg, "A New Breed of Hired Hands Cultivates Grass-roots Anger," *New York Times*, March 17, 1993, pp. 1, 11.

16 Greider, pp. 35-36.

17 Joyce Nelson, *Sultans of Sleaze* (Monroe, ME: Common Courage Press, 1989), pp. 74-75.

18 Dilenschneider, p. 111.
19 Mike Malik speaking at "Shaping Public Opinion: If You Don't Do It, Somebody Else Will," Chicago, December 9, 1994.
20 出處同上
21 Ralph Reed speaking on "State-of-the-art Grassroots: The Christian Coalition Model," at Public Affairs Council conference, Sarasota, FL, February 7, 1994.
22 出處同上
23 Neal Cohen speaking on "Coalitions and Ally Development: The New Imperative In Public Policy Work" at Public Affairs Council conference, Sarasota, FL, February 7, 1994.
24 Michael Dunn speaking on "Charting a Course for Grassroots Success," at Public Affairs Council conference, Sarasota, FL, February 7, 1994.
25 出處同上
26 Advertisement, *Campaigns & Elections*, December/Jan 1995, p. 4.
27 John Davies speaking at "Shaping Public Opinion: If You Don't Do It, Somebody Else Will," Chicago, December 9, 1994.
28 出處同上
29 Pamela Whitney at "Shaping Public Opinion: If You Don't Do It, Somebody Else Will," Chicago, December 9, 1994.
30 出處同上
31 "Public Interest Pretenders," *Consumer Reports*, May, 1994.
32 出處同上
33 David B. Kinsman, "What's Ahead for Public Affairs Officers in '94," *Impact*, December 1993, p. 2.
34 Eric A. Rennie, "Grassroots: Mobilizing Your 'Extended Family': the Pros and Cons," Impact, April 1994.
35 Kinsman, p. 3.
36 James Fallows, "A Triumph of Misinformation," *The Atlantic*, Vol. 275, No. 1, p. 28.
37 "Rx Partners," in promotional information from Beckel Cowan.
38 Robert Hoopes speaking at "Shaping Public Opinion: If You Don't Do It, Somebody Else Will," Chicago, December 9, 1994.
39 出處同上
40 "Public Interest Pretenders," p. 317.
41 Thomas Scarlett, "Killing Health Care Reform," *Campaigns & Elections*, October/November 1994, p. 34.
42 Blair Childs speaking at "Shaping Public Opinion: If You Don't Do It, Somebody Else Will," Chicago, December 9, 1994.
43 出處同上
44 Robin Toner, "Harry and Louise and a Guy Named Ben," *New York Times*, September 9, 1994.
45 Blair Childs speaking at "Shaping Public Opinion: If You Don't Do It, Somebody Else Will," Chicago, December 9, 1994.
46 出處同上
47 Fallows, p. 28.

第八章：屎尿齊飛

1 Nancy Blatt, letter to John Stauber, May 3, 1995.
2 Myron Peretz Glazer and Penina Migdal Glazer, *The Whistle Blowers*, (New York Basic Books, 1989), p. 135.
3 訪談 Hugh Kaufman.
4 Abby Rockefeller, "Sewage Treatment Plants vs. the Environment" (unpublished document), October 1992, p. 1.
5 Pat Costner and Joe Thornton, "Sewage Treatment Plants," *We All Live Downstream: The Mississippi River and the National Toxics Crisis*, December 1989, p. 35.
6 Debra K. Rubin, Tom Ichniowski, Steven W. Setzer and Mary Buckner Powers, "Clean Water Act Debates Swirls On," *Engineering News-Record*, Vol. 227, No. 14, October 7, 1991, p. 27.

7 Ronald A. Taylor, "Clean-Water Campaign Springs Some Leaks," *US News & World Report*, December 24, 1979, p. 59.

8 Tim Darnell, "Till the Cows Come home: Rural Wastewater Treatment Plants," *American City & Country*, Vol. 106, No. 10, p. 26.

9 Rockefeller, p. 2.

10 Gareth Jones, et al., *HarperCollins dictionary of Environmental Science*, (New York: HarperPerennial, 1992), p. 372.

11 Stephen Lester, "Sewage Sludge... A Dangerous Fertilizer," *Everyone's Backyard*, October 1992, p. 9.

12 Jim Wells et al., "Nuclear Regulation: Action Needed to Control radioactive Contamination at Sewage Treatment Plants," *GAO Reports* B-255099, June 23, 1994.

13 "In Waste Water, the Talk is About Toxics," *Chemical Week*, October 12, 1977.

14 Costner and Thornton, pp. 35-37.

15 訪談 Hugh Kaufman.

16 "Recycling Sludge Onto Farmlands," *Business Week*, November 7 1977, p. 84B.

17 "For WPCF: New Directions," *Engineering News-Record*, April 10, 1986, p. 60.

18 "Recycling Sludge Onto Farmlands."

19 Geordie Wilson, "New Name Sought to End Grudge on Sludge, er, Biolife," *Seattle Times*, May 22, 1991, p. A1. Also see "WPCF Reports Strong Support for Name-Change Campaign," *Sludge*, Vol. 16, No. 9, April 24, 1991.

20 "Water Group Plans Earth Day Launch for National Campaign on biosolids Recycling," PR Newswire, April 21, 1994.

21 Geordie Wilson, "Its Name Is Mud, So Sludge Gets a New One," *Seattle Times*, January 31, 1992, p. A1.

22 "WPCF pins Hopes on Biosolids' to Replace the Term Sludge," *Sludge*, Vol. 116, No. 17, August 14, 1991.

23 James W. Bynum, "EPA-Sludge: The Fox Guarding the Chicken House" (unpublished manuscript), May 8, 1995, pp. 3, 14.

24 Debra K. Rubin, "New Name for an Old Group," *Engineering News-Record*, Vol. 227, No. 16, p. 9.

25 "Water Group Plans Earth Day Launch."

26 Paul Hodge, "Trying to Cope With a 600-ton-a-day Sludge Problem Naturally," *Washington Post*, January 6, 1997.

27 Milwaukee Metropolitan Sewerage District, promotional brochure for Milogranite, 1995.

28 Melvin N. Kramer, Ph.D., executive summary of testimony given October 1, 1992 before the U.S. House of Representatives, Committee on Merchant Marine and Fisheries, Subcommittee on Coast Guard Navigation, Hearing on Ocean Dumping Enforcement and the Current Status of Research Efforts, pp. 1-2.

29 Dianne Dumanoski, "Specialist Debunk Claim of Sludge-Pellet Hazards," *Boston Globe*, July 16, 1992, p. 27.

30 Joseph Zinobile, letter to Environmental Quality Board, Harrisburg, PA, December 27, 1994.

31 Stanford L. Tackett, " The Myth of Sewage Sludge Safety," delivered at the Municipal Sewage Sludge Conference, State College, PA, May 21, 1994.

32 Stanford L. Tackett, "The Sewage Sludge Scam," *The Gazette*, Indiana, PA, October 2, 1994.

33 出處同上

34 訪談 Alan Rubin

35 Jane Beswick, "Some Interconnected Persons and Organizations in Sludge" (unpublished manuscript), 1994.

36 1994 Annual Report and Form 10-K of N-Viro International Corporation, p. 1.

37 出處同上 pp. 2-4.

38 William Sanjour, statement to the Georgia State Senate Committee on Natural Resources, February 14, 1990.

39 Patricia L. Deese, et al., *Institutional Constraints and Public Acceptance Barriers to Utilization of Municipal wastewater and Sludge for Land Reclamation and biomass Production* (Washington, DC: US EPA, 1981), pp. 22, 27.
40 出處同上 pp. 3, 33-34.
41 Kelly Sarber, "How to Strategize for Successful Project Development," *BioCycle*, April 1994, p. 32-35.
42 出處同上
43 出處同上
44 Dennis Hevesi, "Investigation Begun Into New York City Sludge Removal Program," *New York Times*, April 16, 1992, p. B3.
45 "Ocean & Medical Waste Dumping, P.L. 100-688," *Legislative History, Senate Report No. 100-431*, pp. 5869-5872.
46 Kevin Flynn, "Sludge Withdrawals Leave City Mired," *Newsday*, November 15, 1991, p. 21.
47 "Oklahoma Places Moratorium on Sludge from Out-of-State," *Sludge*, Vol. 17, No. 9, April 22, 1992.
48 Michael Specter, "Ultimate Alchemy: Sludge to Gold: Big New York Export may make Desert, and Budget, Bloom," *New York Times*, January 25. 1993, p. B1.
49 Michael Moss, "Officials Seek Probe on Sludge Haulers," *Newsday*, February 4, 1991, p. 21.
50 Kevin Flynn, "Sludge Plan Probe: DA Checks Ties Between Firms and Politician," *Newsday*, April 15, 1992, p. 23.
51 Kevin Flynn, Tom Curran and Kathleen Kerr, "Mobster: Sludge Firm Tied to Crime Family," *Newsday*, June 4, 1992, p. 110.
52 Selwyn Raab, "Mafia Tale: Looting the Steel of the West Side Highway," *New York Times*, May 9, 1993, Section 1, p. 27.
53 Kevin Flynn and Michael Moss, " Stink Over Sludge: Arizona Says City's Waste Contaminated," *Newsday*, August 2, 1992, p. A08.
54 出處同上
55 Kevin Flynn, "City Sludge Plan Kept Under Wraps," *Newsday*, December 10, 1991, p. 21.
56 Keith Bagwell, "Sewer Sludge from NYC is Deposited on Farmland," *Arizona Daily Star*, May 22, 1994, p. 1B.
57 Keith Bagwell, "Tainted Sludge Used for Years on Pima Farms," *Arizona Daily Star*, May 22, 1994, p. 1B.
58 Bagwell, "Sewer Sludge from NYC."
59 Keith Bagwell, "Sludge Test Could Result in Cleanup," *Arizona Daily Star*, June 25, 1994, p. 1B.
60 Keith Bagwell, "Sludge is Found to Harbor Germs Far Beyond Limit," *Arizona Daily Star*, July 28, 1995.
61 "Texas County Tempted by Financial Rewards of Dumps," National Public Radio All Things Considered, March 21, 1994, Transcript No. 1428-6.
62 *Sludge*, September 27, 1994.
63 Maggie Rivas, " W. Texans Fight to Reject Dumping Site: Climate to Store Nuclear Waste, Sludge Called Ideal," *The Dallas Morning News*, March 20, 1994, p. 45A.
64 "Abraham Angry With TNRCC," *Texas Industry Environmental Advisor*, Vol. 7, No. 4, February 25, 1994.
65 Michael Moss and Kevin Flynn, "Flushing Texas: Exported City Sludge is Tainted," *Newsday*, August 3, 1994, p. 7.
66 Transcript of TV Nation program, NBC Television, August 2, 1994.
67 出處同上
68 "EPA Whistleblower, Sony Inc. Named in $ 33 Million Libel Suit," *BNA Chemical Regulation Daily*, January 6, 1995.
69 "Whistleblower Seeks Special Prosecutor, Alleges Obstruction in Texas Sludge Case," *BNA National Environmental Daily*, April 5, 1995.
70 Timothy M. Straub, et al., "Hazards from Pathogenic Microorganisms in Land-Disposed Sewage Sludge," *Reviews of Environ-*

mental Contamination and Toxicology*, Vol. 132, (New York: Springer-Verlag, 1993), pp. 55-91.
71 出處同上
72 Letter from Kenneth Dobin to Sandra Messner, February 10, 1994.
73 "Community Organizers: Some Composting Sites Could be Harming Neighbors' Health," Sludge, Vol. 19, No. 7, March 29, 1994.
74 訪談 Ed Rollers.
75 Ed Merriman, "Farmers, Public Warned of Sludge Danger,"*Capital Press*, July 19, 1991, p. 3.
76 Statement of Karl Schurr, presented to the Coschocton County Board of Health, Coschocton, OH, November 1992.
77 Gene Logsdon, "Public Acceptance: How Does Society Learn About Sludge Safety?" *BioCycle*, May 1992.
78 "Acceptance Strategy Should Include World Wide Web Site Media Relations," *Sludge*, Vol. 20, No. 16, August 1, 1995, p. 127.
79 Letter from J.M. Dryer, Heinz USA, to Jane Shumaker, November 19, 1992.
80 Letter from Chris Meyers, Del Monte, to Alice Gallagher, March 24, 1995.
81 訪談 Rick Jarman.
82 訪談 Brain Baker.

第九章：打壓春天

1 Rachel Carson, *Silent Spring*, (New York: Houghton Mifflin, 1962).
2 Frank Graham, Jr., *Since Silent Spring*, (New York: Houghton Mifflin, 1970), pp. 1-94.
3 "Monsanto Chemical Company published a rebuttal to Rachel Carson's *Silent Spring*," *PR News Casebook*, (Detroit: Gale Research, 1993), p. 439.
4 Janet Raloff, "Beyond Estrogens," *Science News*, Vol. 148, No. 3, July 15, 1995, pp. 44-46.
5 E. Bruce Harrison, *Going Green: How to Communicate Your Company's Environmental Commitment*, (Homewood, IL: Business One Irwin, 1993).
6 News release from E. Bruce Harrison, April 14, 1994.
7 *O'Dwyer's Directory of Public Relations Firm 1994*, pp. 75-76.
8 *O'Dwyer's Directory of Public Relations Firm 1990*, p. 220.
9 沒有確切數據，這是作者參考公關產業觀察人士的估計所推測出來的。
10 Kevin McCauley, "Going Green Blossoms as PR Trend of the 90s," *O'Dwyer's PR Services Report*, January 1991, p. 1.
11 E. Bruce Harrison, "Managing for Better Green Reputations," *International PR Review*, Vol. 17, No. 3, 1994, p. 25.
12 Rush Limbaugh, *The Way things Ought to Be* (New York: Simon & Schuster, 1992), p. 167.
13 Judi Bari, *Timber Wars* (Monroe, ME: Common Courage Press, 1994), pp. 98, 135, 178.
14 Carl Deal, *The Greenpeace Guide to Anti-Environmental Organizations* (Berkeley, CA: Odian Press, 1993), p. 84.
15 Joe Lyford, Jr., " Trade Uber Alles," *Propaganda Review*, No. 11, 1994, p. 26.
16 Howard Muson, "Winds of Change," Across the Board, June 1994, p. 23.
17 出處同上
18 Harrison, p. 8.
19 Ron Arnold, "Getting Rich: The Environmental Movement's income, Salary, Contributor, and Investment Patterns" (The Center for the Defense of Free Enterprise, 1994), p. 7.
20 Harrison, p. 216.
21 Keith Schneider, "For the Environment, Compassion Fatigue," *New York Times*, November 6, 1994.
22 McDonald's news release on PR Newswire, April 11, 1995.
23 Tom Kuntz, "The McLibel Trial," *New York Times*, August 6, 1995, p. E7.
24 Mark Dowie, *Losing Ground: American Envi-*

ronmentalism at the Close of the 20th Century, (Cambridge: MIT Press, 1995), p. 140.
25 Harrison, p. 277.
26 Jerry Mander, *In the Absence of the Sacred: The Failure of Technology and the Survival of the Indian Nations*, (San Francisco: Sierra Club Books, 1991), p. 131.
27 "S.W.A.R. Team blitzes the Nation," Monsanto news release, March 1994.
28 Allen Center and Patrick Jackson, *Public Relations Practices*, 4th edition (Englewood Cliffs, NJ: Prentice hall, 1990), p. 354.
29 Peter Stisser, "A Deeper Shade of Green," *American Demographics*, March 1994.
30 Jenni Laidman, *Bay City Times*, Saginaw, MI, September 12, 1994.
31 *The Green Business Letter*, Washington, DC, March 1994, pp. 1, 6-7.
32 出處同上
33 Gregg Easterbrook, "Forget PCBs, Radon, Alar," *New York Times Magazine*, September 11, 1994.
34 Carl Deal, pp. 62-63.
35 出處同上
36 *Earth Day – The Beginning*, (New York: Arno Press & *New York Times*, 1970), p. xv.
37 出處同上
38 Arnold, p. 9.
39 訪談 Bruce Anderson.
40 訪談 Gaylord Nelson.
41 出處同上
42 訪談 Bruce Anderson.
43 Mark Megalli and Andy Friedman, *Masks of Deception: Corporate Front Groups in America* (Essential Information, 1991), pp. 90-93.
44 "Profiles of Top Environmental PR Firms: Shandwick Public Affairs," *O'Dwyer's PR Services Report*, Feb, 1995, p. 41.
45 *O'Dwyer's Directory of PR Firms 1993*.
46 "Profiles of Top Environmental PR Firms: Shandwick Public Affairs," *O'Dwyer's PR Services Report*, Feb, 1995, p. 41
47 訪談 Jerry Klamon.
48 *O'Dwyer's Directory of PR Firms 1993*.
49 Internal memorandum, Earth Day USA, September 28, 1994.
50 Terry Mollner and James Dixon, "The Earth Day Corporate Team," memo, pp. 7-9.
51 John H. Cushman, Jr., "A Tug-of-war Over Earth Day '95," *New York Times*, October 29, 1994. 並參見 Jack Anderson and Michael Binstein, "Earth Day and Corporate Greenwashing," *Washington Post*, March 27, 1995.
52 "Working Draft – An Environmental Petition to Newt Gingrich," January 1995.
53 "Don't Get Hopes Up With GOP Congress," *O'Dwyer's PR Services Report*, February 1995, p. 6.
54 "GOP Set to Slash, Not Trash, Green Regs, Say PR Execs," *O'Dwyer's PR Services Report*, February 1995, pp. 1-8.
55 Gregg Easterbrook, *A Moment on the Earth*, (New York: Viking, 1995).
56 Advertisement, *New York Times Book Review*, April 16, 1995, p. 5.
57 Peter Montague, "Rush Limbaugh with Book Learning," *Rachel's Environment & Health Weekly*, No. 437, April 13, 1995.
58 Easterbrook, *A Moment on the Earth*, p. 255.
59 Gregg Easterbrook, "The Good Earth Looks Better," *New York Times*, April 21, 1995.
60 "New Environmental Grass Roots Sprouting," *PR News*, Vol. 51, No. 2, January 9, 1995, p. 1.
61 Stuart Auerbach, "PR Gets Entrenched as a Washington Business," *Washington Post*, February 18, 1995, 轉引自 Joyce Nelson, "Great Global Greenwash," *Covert Action*, Spring 1993, p. 58.
62 James Lindheim, "Restoring the Image of the Chemical Industry," *Chemistry and Industry*, August 7, 1989, p. 491. 轉引自 Joyce Nelson, "Great Global Greenwash," *Covert Action*, Spring 1993, p. 57.

63 "A Stealth Campaign by Timber Industry," *Seattle Post-Intelligencer*, December 26, 1993, p. D2.
64 "Edelman Helps 'Wise Use' Group Get Coverage from DC Fest," *O'Dwyer's Washington Report*, Vol. V, No. 12, Jun 5, 1995, p. 31.
65 "Profiles of Top Environmental PR Firms," *O'Dwyer's Services Report*, February 1995, p. 31.
66 Joyce Nelson, "Dangerous Anti-Environmental PR," sent to authors, 1995.
67 Claude Emery, SHARE Groups in British Columbia, Canada Library of Parliament, December 10, 1991, p. 20.
68 Dean Kuipers, "The Gambler's Summit," *Propaganda Review*, No. 11, 1994, p. 17.
69 *The Greenpeace Guide to Anti-Environmental Organizations*, p. 25.
70 Kuipers, p. 21.
71 David Helvarg, *The War Against The Greens: The "Wise Use" Movement, The New Right and Anti-Environmental Violence*, (San Francisco: Sierra Club Books, 1994), p. 358.

第十章：幫施虐者遊說

1 Sheldon Rampton, "Columbia: The Bosnia in Our Own Backyard," *Z Magazine*, March 1994, p. 34.
2 出處同上 pp. 34-35.
3 Barry Siegel, "Spin Doctors to the World," *Los Angeles Times Magazine*, November 24, 1991, p. 18.
4 Kevin McCauley, "Sawyer Miller Ads Battle Drug-Marred Image of Colombia," *O'Dwyer's PR Services*, August 1991, p. 1.
5 Siegel.
6 出處同上
7 "Juan Valdez, Call Your Office," *Newsweek*, June 20, 1988. p. 53.
8 Siegel.
9 Ana Arana, "The Colombia Connection: What Did Sawyer/Miller Do For Its Money?" *Columbia Journalism Review*, Vol. 31, No. 3, September/October 1992, p. 32.
10 McCauley.
11 Rampton, pp. 35-37.
12 出處同上 pp. 37-38.
13 Steven Gutkin, "Is Colombia's Drug War for Real?" *Washington Post*, July 22, 1995.
14 Alex Carey, *Taking the Risk Out of Democracy: Propaganda in the US and Australia*, (Sydney, Australia: University of New South Wales Press, 1995), p. 12.
15 Scott M. Cutlip, *The Unseen Power: Public relations: A History* (Hillsdale, NJ: Lawrence Erlbaum Assoc., 1994), pp. 143-155.
16 出處同上
17 Trento, p. 205.
18 John Omicinski, "Capital Insider Get Millions from Rights-Abusing Countries," Gannett News Service, December 14, 1992.
19 "Agent of Influence," *The National Journal*, Vol. 24, No. 51-52, December 19, 1992, p. 2904.
20 Trento, pp. 209-210.
21 *Haiti: A Look at the Reality*, (Hyattsville, MD: Quixote Center, 1993).
22 Phil Davison, "'Shadow' Plays Dirty Tricks in Haiti," *Independent*, November 2, 1993, p. 12.
23 Dick Kirshten, "Haitian Headache," *National Journal*, March 13, 1993.
24 Nancy Nusser, "Ex-Dade Politico Helps Haiti's Army," *The Palm Beach Post*, September 3, 1993, p. 1A.
25 Robert C. McCandless, Foreign Agents Registration Act statement, May 20, 1992.
26 James Ridgeway, "Family Business: Haiti's Behind-the Scenes Warriors Come Out in the Open," *Village Voice*, October 26, 1993, p. 22.
27 Robert C. McCandless, "A Suggested Compromise: To End the Haitian Embargo Stalemate" (attachment to a letter to US Rep. Charles Rangel), August 13, 1992, p. 2.
28 Robert D. Novak, "Why So Hard on Haiti's

Military?" *Washington Post*, October 21, 1993.

29 Robert D. Novak, "Allegations About Aristide," *Washington Post*, October 28, 1993.

30 Ridgeway, p. 21.

31 Don Bohning and Christopher Marquis, " Powerful Haitian Clan's Tie to Peace Process Criticized," *Miami Herald*, March 2, 1993, p. 1A.

32 "Haitian Army: Docile Instrument of US Hegemony," *Haiti Info*, Vol. 2, No. 26, September 23, 1994.

33 Gary Gunderson and Tom Peterson, "What We Think: American Views on Development and US-Third World Relations," *Needs*, June 1987, p. 6. (This Citation, along with footnotes 33-37, was quoted previously in Liz Chilsen and Sheldon Rampton, *Friends In Deed: The Story of US-Nicaragua Sister Cities* (Madison, WI: Wisconsin Coordinating Council on Nicaragua, 1998), pp. 91-92.

34 Nick Eberstadt, "The Perversion of Foreign Aid," *Commentary*, June 1985, p. 19.

35 出處同上

36 Andrew E. Rice and Gordon Donald, Jr., "A Constituency for Foreign Assistance," *in U.S. Foreign Assistance: Investment or Folly?*, ed. By Gerry Feinstein and John Wilhelm (New York: Praeger, 1984), p. 358.

37 出處同上 p. 360.

38 Vincent Kavaloski, "The Alchemy of Love," Foreword to Chilsen and Rampton, *Friends In Deed*, p. ix.

39 John R. MacArthur, *Second Front: Censorship and Propaganda in the Gulf War*, (Berkeley, CA: University of CA Press, 1992), pp. 51-53.

40 Sheldon Rampton, "Soldier Tired of 'Blowing Things Up,'" *Daily Register*, December 31, 1983, p. 1.

41 MacArthur.

42 出處同上

43 出處同上

44 Sara Miles, "The Real War: Low-Intensity Conflict in Central America," *NACLA Report on the Americas*, Vol. XX, No. 2, April/May 1986, p. 19.

45 Rudy Maxa, "Managua, Nicaragua, Is a Hell of a Spot," *Washington Post Magazine*, November 13, 1977, p. 5.

46 Karen DeYoung, "Politics by Media in Managua: Self-described 'Flack' Helps US Reporters 'Understand' Somoza," *Washington Post*, February 9, 1978, p. A22.

47 Norman L. Wolfson, "Selling Somoza: The Lost Cause of a PR Man," *National Review*, July 20, 1979.

48 Edgar Chamorro, written affidavit, September 5, 1985.

49 Miles, pp. 30-32.

50 出處同上 p. 34.

51 出處同上 pp. 40, 42.

52 Robert Parry and Peter Kornbluh, "Iran/Contra's Untold Story," *Foreign Policy*, No. 72, Fall 1988, p. 4.

53 Ben Bradlee, Jr., *Guts and Glory: The Rise and Fall of Oliver North*, 轉引自"Gelb Fights to Restore USIA Satellite TV Network," *O'Dwyer's PR Services*, October 1989, p. 1.

54 Jack O'Dwyer and Jerry Walker, "PR Played major Role in Events of Iran-Contra Affair," *O'Dwyer's PR Services*, October 1989, p. 1.

55 出處同上

56 *New York Times*, August 13, 1985; Washington Post, September 3, 1985.

57 O'Dwyer and Walker.

58 Parry and Kornbluh.

59 "Alleged 'White Propaganda' of S/LPD Criticized by Comptroller General," *O'Dwyer's PR Services*, January 1989, p. 42.

60 Parry and Kornbluh, p. 25.

61 出處同上

62 *Washington Post*, March 1986.

63 Ronald Reagan, televised presidential address, March 16, 1986.

64 Trento, chapter 12.

65 Jack O'Dwyer, "Glenn Souham, Son of PR Exec,

is Youthful Victim of Iran-Contra Affair," *O'Dwyer's PR Services*, March 1989, p. 10.
66 Judy Butler, 訪談 George Vukelich, January 1987.
67 "Gelb Fights to Restore USIA Satellite TV Network, "*O'Dwyer's PR Services*, October 1989, p. 1.
68 "Harrison, Who Accused Four PRSA Members, Resigns," O'Dwyer's PR Services, May 1990, p. 34. 並參見 "PRSA/DC May Hold Debate on CIA Ethics Case," *O'Dwyer's PR Services*, August 1989.
69 MacArthur.
70 出處同上
71 Hal D. Steward, "A Public Relations Plan for the US Military in the Middle East," *Public Relations Quarterly*, Winter 1990-91, p. 10.
72 "H&K leads PR charge in behalf of Kuwaiti cause," *O'Dwyer's PR Services*, Vol. 5, No. 1, Jan 1991, p. 8.
73 "Citizen for Free Kuwait Files with FARA After a Nine-month Lag," *O'Dwyer's FARA Report*, Vol. 1, No. 9, October 1991, p. 2. 並參見 Arthur E. Rowse, "Flacking for the Emir," *The Progressive*, May, 1991, p. 22.
74 *O'Dwyer's FARA Report*, Vol. 1, No. 9, October 1991, p. 2
75 *O'Dwyer's PR Services*, Vol. 5, No. 1, January 1991, pp. 8, 10.
76 出處同上 p. 1.
77 Rowse, pp. 21-22.
78 Martin A. Lee & Norman Solomon, *Unreliable Sources: A Guide to Detecting Bias in News Media* (New York: Lyle Stuart, 1991), p. xvii.
79 Transcript, "To Sell A War," pp. 3-4.
80 MacArthur, p. 60.
81 出處同上
82 出處同上 p. 58.
83 出處同上
84 出處同上 p. 54.
85 *New York Times/CBS News* poll, as reported in *O'Dwyer's PR Services Report*, January 1991, p. 10.
86 "To Sell A War," pp. 4-5.
87 MacArthur, p. 7.
88 Lee & Solomon, p. xix.
89 Herminio Rebollo and Leticia Rodriquez, "Mexico Spent $ 56 Million to Promote NAFTA in the US," *El Financiero Internacional*, April 1993, p. 10.
90 Christopher Whalen, *The Mexico Report*, August 3, 1994, p. 14. Also telephone 訪談 Whalen, August 9, 1994.
91 訪談 Carlo Diaz in Burson-Marsteller's offices in Mexico City, August 12, 1994.
92 Jim Cason and David Brooks, "La Situación en México no se Percibe en EU," *La Jornada*, August 13, 1995, p. 8.
93 Luis Javier Garrido, "El Fraude Imperfect," *La Jornada*, August 26, 1995, p. 14.
94 Richard Simpson, et al., "Report on Low-Intensity Conflict in Marquéz de Comillas," Global Exchange, July 5, 1995.

第十一章：適合見報的新聞

1 Ben Bagdikian, *The Media Monopoly*, 4th edition, (Boston: Beacon Press, 1992), p. xxvii.
2 訪談 Ben Bagdikian.
3 Buck Donham, "All the Criticism of Journalism" (internet posting to alt. journalism criticism), March 3, 1995.
4 Jeff and Marie Blyskal, *PR: How the Public Relations Industry Writes the News*, (New York: William Morrow & Co., 1985), p. 28.
5 訪談 Pam Berns
6 PR Newswire promotional material, 1994.
7 North American Precis Syndicate promotional material, 1994.
8 RadioUSA promotional material, 1994.
9 訪談 Feature Photo Service 總監 Bob Goldberg.
10 Trento, p. 245.
11 David Lieberman, "Fake News," *TV Guide*,

February 22-28, 1992, p. 10.
12 George Glazer, "Let's Settle the Question of VNRs," *Public Relations Quarterly*, Spring 1993.
13 Trento, pp. 231, 233.
14 Speech by Rotbart at November 1993. PRSA conference.
15 TJFR promotional material.
16 *TJFR Environmental News Reporter*, February 1995.
17 Rowan and Blewitt report to National Dairy Board, July 13, 1989.
18 CARMA report to National Dairy Board, May-Aug, 1989.
19 "12 Reporters Help Shape Pesticides PR Policies," *Environmental Writer*, Vol. 6, No. 11, National Safety Council, Washington, DC, February 1995, pp. 1, 4-5.
20 出處同上
21 Dashka Slater, "Dress Rehearsal for Disaster, " *Sierra*, May/June 1994, p. 53.
22 Promotional information, Video Monitoring Services, 1994.
23 Jonathan Rabinovitz, "Computer Network Helps Journalists Find Academic Experts," *New York Times*, May 23, 1994.
24 Howard Kurtz, "Dr. Whelan's Media Operation," *Columbia Journalism Review*, March/April 1990.
25 出處同上。並參見 Ann Reilly Dowd, " Environmentalists Are on the Run," *Fortune*, September 19, 1994, p. 92.
26 Rhys Roth, *No Sweet News*, Olympia, WA, Fall 1992.
27 David Shaw, "Feeling Bombarded by Bad News," *Los Angeles Times*, September 11, 1994.
28 Samuel S. Epstein, "Evaluation of the National Cancer Program and Proposed Reforms," *American Journal of Industrial Medicine*, No. 24, 1993, pp. 102-133.
29 David Steinman, Brainwashing Greenwashers: Polluting Industries Are Waging a Long-Term Disinformation Campaign to Attack the Environmentalist Agenda," *LA Village View*, November 18-23, 1994, pp. 11-12.
30 *Measures of Progress Against Cancer – Cancer Prevention, Significant Accomplishments 1982-1992*," The National Cancer Institute.
31 Rick Weiss, "How Goes the War on Cancer? Are Cases Going Up? Are Death rates Going Down?" *Washington Post*, February 14, 1995.
32 *Cancer at a Crossroads: A Report to Congress for the Nation*, National Cancer Advisory Board, September 1994.
33 Blyskal, p. 34.
34 Kim Goldberg, *This Magazine*, Toronto, August 1993.
35 Ben Parfitt, "PR Giants, President's Men, and B.C. Trees," *The Georgia Straight*, Vancouver, BC, February 23-28, 1991, p. 7.
36 Dilenschneider, p. 177.
37 Ronald K.L. Collins, *Dictating Content*, (Washington, DC: Center for the Study of Commercialism, 1992).
38 *National Journal*, October 9, 1993.
39 "Resisting Disclosure," *Political finance & Lobby Reporter*, Vol. XVI, No. 12, June 28, 1995, p. 12.
40 John Dillon, p. 36.
41 Trento, p. xi.
42 John Keane, *The Media and Democracy*, (Cambridge, UK: Polity Press, 1991), p. 63.
43 Robert W. McChesney, "Information Superhighway Robbery," *In These Times*, July 10, 1995, p. 14.
44 Kirk Hallahan, "Public Relations and Circumvention of the Press," *Public Relations Quarterly*, Summer 1994, pp. 17-19.

第十二章：收復家園

1 Pamela Whitney at "Shaping Public Opinion: If You Don't Do It, Somebody Else Will," in Chicago, December 9, 1994.

2 出處同上

3 Mark Falcoff, "Why Europeans Support the Sandinistas," *Commentary*, August 1987.

4 Leslie Wirpsa, "Poor Seek Way Out of Nicaraguan Crisis," *National Catholic Reporter*, May 27, 1995, p. 7.

5 Dowie, p. 133.

6 Jane Anne Morris, *Not In My Back Yard: The Handbook*, (San Diego, CA: Silvercat Publications, 19994) p. 185.

7 Dowie, p. 131.

8 Carey, p. 20.

9 Mander, p. 123.

10 *PR News*, June 19, 1995.

譯名對照

譯名以首次出現的頁碼順序排列。

前言

第一章：書還沒印出來就燒了它

第二章：強迫推銷的藝術和政治宣傳的科學

page

第三章：代打菸民上場

page

第四章：轉吧！七彩原子能

page

第五章：諜影幢幢

第六章：各個擊破

第七章：毒害草根團體

page

第八章：屎尿齊飛

page

160 阿姆斯壯 Armstrong, Donald
160 佩柏 Pepper, Ian
161 布朗 Brown, Kirk
161 麥克斯 Michaels, Ian
161 芳達爾 Fondahl, Laura
162 賽拉布蘭加 Sierra Blanca
162 莉查 Richards, Ann
162 德州有益運用聯盟 Texas Beneficial Use Coalition
162 弗爾 Fore, George
162 瑟斯 Theus, Leonard
162 艾汀頓 Addington, Bill
163 麥斯特 Masters, Jon
163 麥克·摩爾 Moore, Michael
163 電視節目《電視國度》TV Nation
164 索尼影業 Roth, Rhys
164 密蘇里州時代灘戴奧辛污染事件 Times Beach
164 拉維兒 Lavelle, Rita
165 杜賓 Dobin, Harry
166 洛勒 Rollers, Ed
166 哈格 Haag, Ed
167 桑德夫婦，琳達和雷 Zander, Linda and Ray
167 庫可 Cook, Susan
167 舒爾 Schurr, Karl
167 波吉亞兄妹 Borgia, Cesare and Lucrezia
167 羅格森 Logsdon, Gene
168 紐頓 Newton, Charlotte
168 台爾蒙食品公司 Del Monte Foods
169 梅爾斯 Meyers, Chris
169 美國國家科學院 National Academy of Sciences (NAS)
169 賈曼 Jarman, Rick
169 加州有機認證農人 California Certified Organic Farmers
169 貝克 Baker, Brian

第九章：打壓春天

page
172 瑞秋·卡森 Carson, Rachel
172 飛佈達 Heptachlor
172 地球日 Earth Day
172 偉斯克化學 Velsicol Chemicals
172 全國農業化學協會 National Agricultural Chemical Association
172 〈荒涼的一年〉The Desolate Year
172 蘇立文 Sullivan, Walter
173 有機氯類 organochlorine
173《公關內行人》雜誌 *Inside PR*
174 酷爾斯啤酒 Coors Brewing
174 維士塔化學 Vista Chemical
174 交通工具抉擇聯盟 Coalition for Vehicle Choice
174 萬博宣偉公關 Shandwick, Weber PR
176 明智利用運動 Wise Use movement
176 地球優先！ Earth First!
176 人類優先組織 Putting People First
176 瑪卡特 Marquardt, Kathleen
176 自然保育協會 Nature Conservancy
176 萊弗 Lyford, Joe, Jr.
176 世界野生動物基金會 World Wildlife Fund
176 野生動物保護協會 Defenders of Wildlife
176 全國野生動物協會 National Wildlife Federation
176 阿科石油 ARCO Petroleum
176 包仁 Boren, Frank
177 靈通公司 INFORM Inc.
177 安德伍 Underwood, Joanna
178 以薩克華頓聯盟 Izaak Walton League
178 夸普 Krupp, Fred
180 曼德 Mander, Jerry
181 雜草特攻隊 Spontaneous Weed Attack Team
181 殺光光除草劑 Roundup
181 橙劑 Agent Orange
181《華盛頓新聞評論》*Washington Journalism Review*
181 責任關懷 Responsible Care
181 蕾曼 Laidman, Jenni
181 WMX 公司（原廢棄物管理公司）WMX, Inc. (was Waste Management Inc.)

182 環境溝通協會 Environmental Communication Associates
182 葛藍特 Grant, A. J.
182 麥考爾 Makower, Joel
183 伊斯特布 Easterbrook, Gregg
183 讓美國永遠美麗 Keep America Beautiful
184 蓋羅·尼爾森 Nelson, Gaylord
184 海斯 Hayes, Denis
185 荒野保護協會 Wilderness Society
185 ADM 公司 Archer Daniels Midland
185 安德森 Anderson, Bruce
186 芬奇 Finch, Allen
186 農業科學科技委員會 Council for Agricultural Science and Technology
187 通用磨坊 General Mills
187 藍多湖農業合作社 Land O'Lakes
187 優耐陸輪胎 Uniroyal Tires
187 大通曼哈頓銀行 Chase Manhattan Bank
187 魁北克電力公司 Hydro-Quebec
187 輝瑞製藥 Pfizer
187 普瑞納米爾斯飼料公司 Purina Mills
187 日本住友銀行 Sumitomo Bank
187 西部畜牧生產聯盟 Western Livestock Producers Alliance
188 克雷蒙 Klamon, Jerry
188 普瑞納公司 Ralston, Purina
188 金考 Kinkos
188 皮斯柏利食品公司 Pillsbury Company
189 凱斯 Kehs, Michael
190 虎克化工 Hooker Chemical
191 福萊國際傳播諮詢公司 Flishman-Hillard
191 林德漢 Lindheim, James
191 西北太平洋地區暨北加州經濟保護公民團 Citizens to Protect the Pacific Northwest and Northern California Economy
192 戴赫 Dach, Leslie
192 西部各州聯盟 Western States Coalition
192 杜卡奇 Dukakis, Michael
192 資源保護修復法案 Resource Conservation and Recovery Act
192 美利堅聯盟 Alliance for America
193 高利博 Gottlieb, Alan
193 亞諾 Arnold, Ron
193 自由企業捍衛中心 Center for the Defense of Free Enterprise
193 喬治亞太平洋林業公司 Georgia-Pacific
193 路易斯安那太平洋林業公司 Louisiana-Pacific
193 波伊斯卡斯卡德林業公司 Boise Cascade
193 太平洋木材 Pacific Lumber
193 麥克米倫布婁德公司 MacMillan Bloedel
193 《齷齪的蘇丹：公關與媒體》*Sultans of Sleaze: Public Relations and the Media*
193 安大略林業聯盟 Ontario Forest industries Association
194 迪士尼 Disney
194 媒體準確度組織 Accuracy in Media
194 學術準確度組織 Accuracy in Academia
194 厄文 Irvine, Reed
194 德萊賽工業 Dresser Industries
194 凱薩鋁業化工 Kaiser Aluminum and Chemical
194 菲利普石油 Phillips Petroleum
194 美孚基金會 Mobil Foundation
194 德士古慈善基金會 Texaco Philanthropic Foundation
194 山岳諸州法律基金會 Mountain States Legal Foundation
194 阿莫科 Amoco
194 德士古 Texaco
194 酷爾斯基金會 Coors Foundation
195 華特 Watt, James

第十章：幫施虐者遊說

page

197 薩巴 Nasir al-Sabah, Saud
198 《時代報》*El Tiemp*
198 馬德里梅藍諾 Madrid Merlano, Luis
198 美洲人權監察組織 Americas Watch
198 美洲國際人權委員會 Inter-Amercian Human Rights Commission
198 安第斯法學家委員會 Andean Commis-

第十一章：適合見報的新聞

第十二章：收復家園

page

附錄：高樂氏公司的公關危機管理計畫

page